AMÉNAGER, DESSINER, DÉCORER

SON JARDIN

Aménager, dessiner, décorer son jardin
est l'adaptation française de *Garden DIY,*
conçu, réalisé et publié en 2001 par Hamlyn,
Octopus Publishing Group Ltd 2-4 Heron Quays, Londres E14 4JP

Graphisme : Martin Topping
Recherches iconographiques : Zoe Holterman
Textes supplémentaires : Susan Stephenson, Toby Buckland et Richard Bird
Nouvelles illustrations : Jane Hughes
Index : Alan Thatcher

ÉDITION FRANÇAISE
Réalisée par ML Éditions, Paris
Traduction : Irène Lassus
Suivi éditorial & PAO : Anne Papazoglou-Obermeister
Lecture-correction : Christiane Keukens-Poirier

Sous la direction de l'équipe éditoriale de
Sélection du Reader's Digest
Direction éditoriale : Gérard Chenuet
Responsables de l'ouvrage : Christine de Colombel,
Bénédicte Robbe-Féri et Anne Thomas
Lecture-correction : Béatrice Le Squer-Argentier

Suivi technique : Olpan

PREMIÈRE ÉDITION

ISBN 2-7098-1323-8

NOTE

Nous vous invitons à prendre toutes les précautions et mesures de sécurité nécessaires avant d'entreprendre tout travail. N'utilisez que des outils et des appareils dont vous connaissez parfaitement le fonctionnement. Lisez les modes d'emploi et conseils des fabricants. L'auteur et les éditeurs ne peuvent être tenus responsables des accidents pouvant survenir au cours des travaux ou du fait des objets réalisés.

AMÉNAGER, DESSINER, DÉCORER
SON JARDIN

Sélection du Reader's Digest
PARIS • BRUXELLES • MONTRÉAL • ZURICH

Sommaire

Introduction

Lors de l'acquisition d'une maison, il arrive souvent que le jardin qui l'entoure soit loin de correspondre à nos rêves : espace nu agrémenté de quelques graviers et d'un semblant de gazon, ou ensemble impersonnel composé de bruyères et de conifères, en raison de leur facilité d'entretien. Il se peut aussi qu'ayant été conçu aux goûts du précédent propriétaire, il soit aussi difficile à conserver en l'état que le papier peint du salon ou l'aménagement de la salle de bains.

Les émissions de télévision et les magazines spécialisés nous invitent de plus en plus à « décorer » notre jardin de la même façon que nous le faisons pour la maison. Ils nous incitent à le personnaliser en y installant le mobilier et les végétaux vendus dans les jardineries ou chez les pépiniéristes et vantés par les journalistes professionnels. Mais il n'est pas facile de modifier un jardin, ni de le soumettre à un style ou à une mode : il faut souvent se résoudre à supprimer les éléments autrefois juxtaposés sans projet d'ensemble.

Beaucoup de maisons possèdent en fait deux jardins. Celui situé devant la maison et menant à la porte d'entrée est purement décoratif et destiné à être vu. Transition entre les espaces public et privé, il est soumis à des normes, comme la hauteur des clôtures, des arbres et des haies.

Le jardin d'agrément est, lui, en général situé à l'arrière de la maison. On y dîne le soir en été, et on y reçoit ses amis. C'est un espace de détente, souvent équipé d'un barbecue. Les enfants peuvent y jouer en toute sécurité, à proximité de la cuisine ou du salon. On peut y faire pousser quelques légumes, des fruits et des herbes aromatiques, ou s'amuser à tailler les ifs en topiaires pour leur donner des formes intéressantes.

Les jardins évoluent lentement. Les plantes poussent et changent, tout comme les désirs et les besoins de ceux qui les cultivent. Une famille avec enfants aménagera son jardin différemment d'un amateur de plantes rares ou d'espèces particulières. Certains préféreront avoir de l'espace pour recevoir et organiser des barbecues quand d'autres chercheront à protéger la petite faune locale. Entre ceux qui souhaitent récolter des fruits et des légumes et les amateurs de plantes fragiles et rares, tout jardinier doit pouvoir identifier ses désirs et les faire coïncider avec un programme de travaux.

Ce livre lui procurera des conseils faciles à suivre : de l'évaluation de la situation à l'énumération des besoins, en passant par la réalisation des travaux de fond et des aménagements, ils lui permettront de mener à bien son dessein.

Les idées que nous vous proposons englobent toutes les dimensions de la conception d'un jardin. Vous pourrez entreprendre des projets pour des petits jardins dont une seule structure, une tonnelle ou un jet d'eau, forme l'élément central. Vous combinerez plusieurs de ces structures pour des jardins plus importants. Vous aurez la possibilité d'élaborer des projets à long terme : réaliser des allées, des dallages et des constructions importantes telles que serres et abris de jardin. En fonction du temps et des moyens dont vous disposez, nos propositions, nos idées de matériaux et nos méthodes vous permettront de concevoir et de développer le jardin correspondant à vos désirs, en harmonie avec votre personnalité et les habitudes de votre famille. Que vous souhaitiez un lieu classique, avec un magnifique dallage de pierre, ou un espace plus naturel, avec caillebotis et allées sinueuses, vous trouverez dans cet ouvrage des idées et des conseils pratiques en vue de réaliser le jardin de vos rêves.

CONCEPTION ET ÉLABORATION

Appréciation des possibilités

La conception ou l'amélioration d'un jardin reposent essentiellement sur l'observation et sur la connaissance du site, car la personnalité du terrain dépend de sa forme, de son aspect et de la vue (ou de l'absence de vue) qu'il offre en différents endroits. Au premier abord, l'ensemble est souvent décevant, mais il n'existe aucun jardin qui ne puisse être amélioré par une réflexion sérieuse et des plantations adéquates.

Avant et après. Une friche boueuse devient un jardin luxuriant.

Premières étapes

Que votre jardin soit vierge de toute plantation ou déjà aménagé de plates-bandes et de bordures, les mêmes principes s'appliquent à sa conception. D'abord, vérifiez la superficie et la forme du terrain. Puis pensez à ce que vous attendez réellement de votre jardin, ainsi qu'au temps et à l'argent que vous coûtera la réalisation de votre rêve. Sachez que rien ne pousse du jour au lendemain et que vous ne vous retrouverez pas, un beau matin, devant un jardin totalement transformé par rapport à la veille ! Une planification judicieuse vous permettra néanmoins d'arriver peu à peu à vos fins.

La superficie

Vous ne pourrez bien sûr rien changer aux dimensions de votre jardin, mais elles vous imposeront d'une certaine façon le nombre d'éléments que vous y installerez et de plantes que vous y ferez pousser. Si votre jardin est petit, sachez qu'il existe un grand nombre d'astuces pour utiliser l'espace avec efficacité. Par exemple, faites grimper des plantes sur les surfaces verticales et suspendez des paniers fleuris. Installez des plates-bandes surélevées et des terrasses pour agrandir l'espace, ainsi que des bacs et des pots sur les parties dallées. Si vous disposez au contraire d'un vaste jardin, divisez-le en chambres vertes à l'aide de haies et de clôtures ; cela vous permettra de l'entretenir plus facilement : vous vous occuperez de plusieurs petits espaces, plutôt que d'un jardin tout entier, ce qui est parfois décourageant pour les débutants.

Un jardin paraît plus grand si l'on garnit les bordures de plantes à fleurs claires et à feuillage argenté, qui font visuellement reculer l'espace. À l'inverse, un jardin paraît plus petit si l'on recourt à des couleurs chaudes – des rouges et des orangés –, qui donnent une impression de rapprochement. Un jardin en longueur semblera plus court si l'on plante tout au fond des cannas (balisiers) ou des dahlias de couleur vive.

Si votre jardin est petit et triangulaire, résistez à l'envie de placer un élément décoratif à son extrémité : il ne ferait qu'accentuer le manque de profondeur. Placez-le plutôt vers l'avant et garnissez-le de plantes luxuriantes. Ce procédé vous permettra de mettre en valeur la largeur et de créer l'illusion d'une perspective. Un gros pot rempli de fleurs de couleurs vives diminue l'impression de profondeur, alors qu'une petite statue l'accentue, car tout élément de taille réduite paraît plus éloigné.

Dans un jardin long et étroit, une allée qui s'élargit vers le fond écrase la perspective. Au contraire, une allée qui se rétrécit donne une illusion d'éloignement et ajoute de la profondeur.

La forme

La conception d'un jardin dépend de sa forme, et plus celle-ci sera compliquée, plus le projet devra être étudié avec soin. Il est bien sûr difficile de modifier la forme d'un jardin, mais vous pourrez facilement dissimuler des contours inélégants et accentuer les aspects positifs.

Un jardin en forme de triangle ou en L offre davantage de possibilités qu'un rectangle. Mais la forme la plus délicate à travailler est le carré, surtout s'il est petit et, de plus, situé à l'avant de la maison.

Un espace long et étroit peut être divisé en plusieurs compartiments, séparés par des cloisons. En aménageant une ouverture sur toute la longueur du jardin, vous créez une perspective intéressante. En ajoutant un élément décoratif à son extrémité, un banc ou une statue par exemple, vous mettez en valeur la longueur et en supprimez les inconvénients grâce aux subdivisions.

La topographie

De même que la forme et la superficie du jardin, sa topographie joue un rôle important. Ne supprimez aucune pente sans réfléchir. Aussi surprenant que cela puisse paraître, un jardin parfaitement plan offre moins de possibilités qu'un jardin sur plusieurs niveaux. Les pentes, les remblais et les reliefs permettent en effet de construire des terrasses, des marches, des murets de soutènement et des plates-bandes surélevées. Ils rendent également plus facile la création de bassins ou de rocailles.

Formes et styles

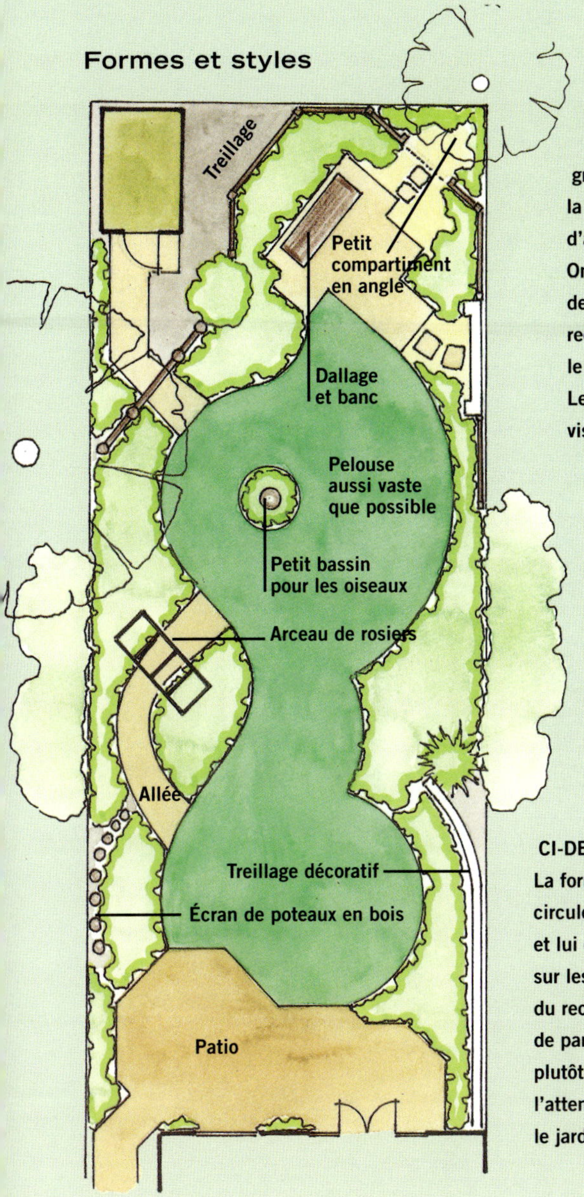

À GAUCHE Un jardin long et étroit devient plus intéressant grâce à l'utilisation de la perspective et à l'aménagement d'allées et de parties dallées. On peut aussi créer l'illusion de compartiments secrets et de recoins dissimulés qui invitent le promeneur à les explorer. Le jardin n'est pas totalement visible à partir du patio.

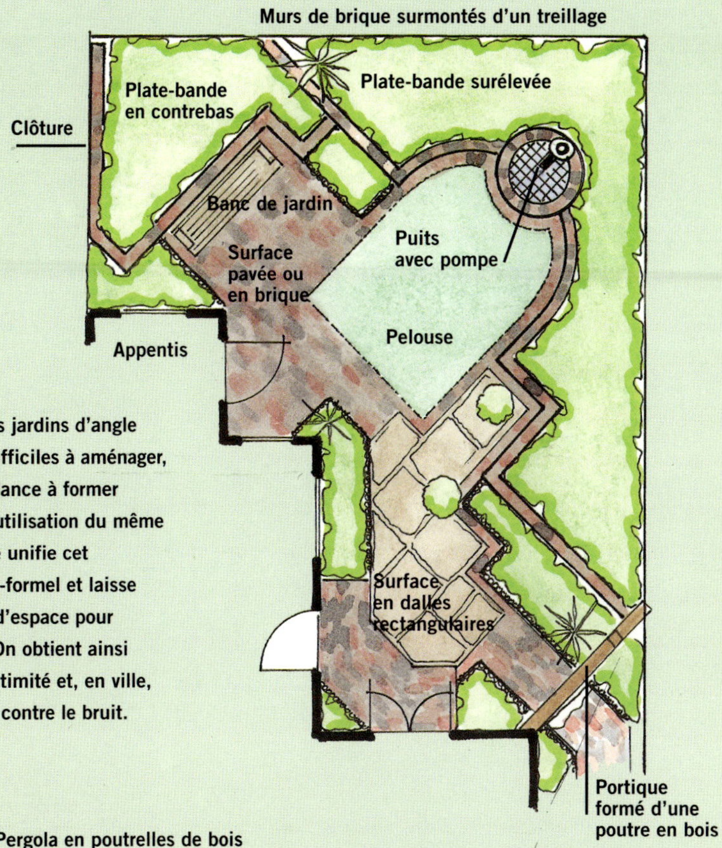

À DROITE Les jardins d'angle sont souvent difficiles à aménager, car ils ont tendance à former des recoins. L'utilisation du même type de dallage unifie cet ensemble semi-formel et laisse suffisamment d'espace pour la végétation. On obtient ainsi une certaine intimité et, en ville, une protection contre le bruit.

CI-DESSOUS À DROITE La forme ronde de la pelouse fait circuler le regard autour du jardin et lui évite ainsi de se fixer sur les contours un peu stricts du rectangle. Les éléments placés de part et d'autre de la pelouse, plutôt qu'au fond, attirent l'attention et font paraître le jardin plus large qu'en réalité.

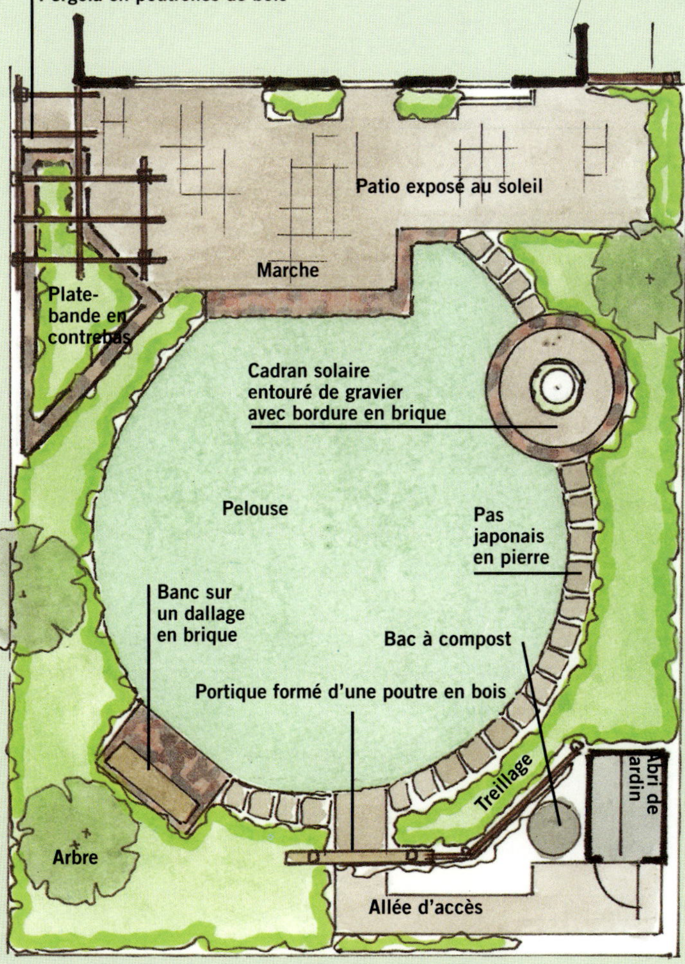

Les styles

Avant de concevoir un projet, décidez d'un style. Les jardins de ville se prêtent bien à une conception classique, car il est plus facile d'intégrer les murs mitoyens dans une organisation nette et précise. Souvenez-vous qu'un tel jardin est visible aussi bien depuis les étages de votre maison que d'en bas, et que, vu de haut, un jardin formel est plus satisfaisant.

Dans les jardins classiques dominent en général les formes géométriques – ovales, cercles et carrés –, en symétrie axiale. Les pelouses sont rondes ou carrées, et les bassins rectangulaires et souvent surélevés.

À la campagne, où arbres et champs prolongent visuellement les jardins, vous pourrez préférer un espace naturel, avec des allées et des bordures sinueuses. Mais naturel ne signifie pas désordonné, et de nombreux jardins de maisons individuelles ont des bordures, des pelouses et des allées bien dessinées, tout en présentant des contours souples. Les dallages sont souvent irréguliers, et les bassins, de forme fantaisiste ou conçus pour attirer la petite faune locale.

Observation du site

Après avoir évalué la forme et la taille de votre jardin, puis avoir défini le style que vous voulez lui donner, il reste d'autres facteurs à prendre en compte avant d'en arrêter la conception définitive.

Climat et microclimat

Le climat détermine le type de plantes que vous pouvez installer, et il influencera votre projet. Si vous aménagez dans une région nouvelle, renseignez-vous sur les températures moyennes et les précipitations, en sachant que certains jardins sont sujets à des conditions extrêmes.

Le climat est influencé par des facteurs géographiques de base, mais les microclimats, naturels ou artificiels, peuvent se développer dans des zones extrêmement peu étendues. La plupart des villes souffrent très peu du gel en raison de la chaleur emmagasinée entre les immeubles et libérée pendant la nuit. Un grand nombre de plantes fragiles peuvent rester dehors tout au long de l'année, alors qu'à la campagne il faut les protéger.

On peut parfois atténuer les effets du climat : la construction d'écrans de protection contre les vents froids permet d'introduire un grand nombre de plantes fragiles qui ne survivraient pas sans ces précautions.

Tableau d'analyse des sols

Type de terre	Caractéristiques	Qualités physiques	Composition chimique
Terre argileuse	Sol conservant l'humidité par temps de pluie. Présence de roseaux, d'aulnes, de saules et de renoncules	Drainage lent. Terre formée de particules peu espacées, grasse et collante par temps de pluie, dure par temps sec. Difficile à travailler, souvent compacte	Naturellement riche en nutriments, nécessite une certaine mise en valeur. Souvent neutre (pH7) ou acide
Terre lourde	Sol à tendance argileuse		
Terre moyenne	Convient aux rosiers, arbustes, graminées	Drainage relativement rapide. Assez facile à travailler, mais saturée d'eau après la pluie	Assez riche, nécessite un certain travail pour libérer les nutriments
Terre légère	Sol à tendance sablonneuse		
Terre sableuse	Couleur claire. Convient aux genêts, ajoncs, pins d'Écosse	Drainage rapide. Formée de particules de grosse taille et espacées. Sablonneuse au toucher	Pauvre en nutriments. Souvent acide (pH inférieur à 5). Perte de nutriments due au drainage rapide
Terre crayeuse et calcaire	Sous-sol de couleur claire ou blanc. Présence de morceaux de calcaire dans le sol. Convient aux clématites, viornes, cornouillers *(Cornus)*	Collante par temps de pluie (en raison de la craie). Granuleuse au toucher (en raison du calcaire). En général, facile à travailler	Pauvre en matières organiques. Nutriments éliminés par l'eau. Alcaline (pH supérieur à 7)
Terre tourbeuse	Couleur sombre, aspect fibreux. Odeur d'humus. Convient aux bruyères, saules, aulnes	Spongieuse et conservant l'humidité	Pauvre en phosphate. Acide (pH inférieur à 7)
Terre caillouteuse	Couleur claire ; renferme des cailloux. Végétation naturelle rare. Convient aux sorbiers	Peu profonde. La présence de nombreux cailloux la rend difficile à travailler	Pauvre en nutriments et matières organiques, qu'il faut apporter en grande quantité et régulièrement
Sol acide	Souvent de couleur sombre. Convient aux bruyères et rhododendrons	Qualités variables	PH variable inférieur à 7
Terreau	Convient à la plupart des plantes, à l'exception de celles qui exigent un sol acide ou alcalin	Friable au toucher, structure riche et vivante. Couleur brune et odeur agréable. Facile à travailler et drainage aisé	PH autour de 6,5. Bon équilibre entre les nutriments et les oligoéléments

Les types de sols

Il va sans dire que les plantes prospèrent mieux dans un sol de bonne qualité. Si le sol est pauvre et peu fertile, il vous faudra l'améliorer. Cependant, les sols varient énormément dans leur texture, leur structure et leur qualité, et votre première tâche sera d'en déterminer le type.

Pour la plupart des jardiniers, seule la distinction entre sol argileux et sol sablonneux est importante. Le sol argileux retient l'humidité et est souvent fertile, mais il est difficile à travailler et collant quand il est humide. Lorsqu'il fait chaud et sec, il se dessèche, et sa surface se craquelle. On peut l'améliorer en le retournant souvent et en y incorporant un compost de bonne qualité. Quant au sol sablonneux, s'il est facile à travailler, il sèche rapidement. On peut augmenter sa capacité à retenir l'eau en y incorporant du compost bien décomposé ou du fumier.

Les deux types de sols apprécient les apports de matières organiques, sous forme de compost ou de feuilles décomposées, qui en améliorent la structure et favorisent le développement d'organismes utiles.

Sol acide et alcalin

Pour certains jardiniers, il est plus important de savoir si un sol est acide ou alcalin plutôt qu'argileux ou sableux. En sol alcalin, il est impossible de faire pousser les plantes réfractaires à la présence de calcaire, comme les rhododendrons, les camélias, les azalées et certaines bruyères. Si le sol est acide, les œillets *(Dianthus)*, clématites et seringas ne pousseront jamais.

L'un des meilleurs moyens de connaître le sol de votre jardin consiste à observer la végétation chez vos voisins. Si leur jardin est

Le pH du sol

La connaissance du degré d'acidité ou d'alcalinité d'un sol, c'est-à-dire son pH, est importante, car les variétés que vous pourrez planter en dépendent. Le pH d'un sol neutre est de 7. Les sols ayant un pH inférieur à 7 sont acides, et ceux ayant un pH supérieur sont alcalins. La plupart des sols se situent entre 5,5 et 7,5, et un nombre important de plantes convient à ce type de sols. Les éricacées, cependant, exigent un sol acide et ne poussent pas dans un sol alcalin.

CI-DESSUS Kit d'analyse des sols, que l'on trouve dans la plupart des jardineries et magasins de bricolage. Ils sont peu chers et permettent une analyse rapide des sols.

envahi par les bruyères et les rhododendrons, vous pourrez à juste titre conclure à un sol acide. Vous le vérifierez en achetant un kit d'évaluation, bon marché et disponible dans la plupart des jardineries. Testez le sol de différentes parties du jardin, car il est possible de rencontrer des variations, et le précédent propriétaire a pu faire des expériences à certains endroits. Organisez vos plantations en conséquence. Il existe des traitements à court terme. Vous pouvez, par exemple, augmenter les qualités alcalines de votre sol en y ajoutant de la chaux ou du compost de champignons, mais il est peu probable que vous en modifierez la composition de façon radicale. Si vous jetez votre dévolu sur une plate-bande de bruyères et que votre sol est alcalin, construisez une plate-bande surélevée, que vous garnirez de la terre appropriée.

Ombre, soleil et zones abritées

La qualité de la lumière a une influence considérable sur l'aspect du jardin. En ville, les murs et les immeubles voisins projettent souvent leur ombre pendant une bonne partie de la journée, et si seul un coin du jardin reçoit la lumière du soleil, donnez-lui la préférence pour y placer un banc, un patio ou une serre.

La présence d'emplacements abrités du vent est appréciable, car la plupart des plantes s'y plaisent – le vent déshydrate le sol et freine la croissance des végétaux. Idéalement, votre jardin devrait en être pourvu. Si le site est très exposé, construisez un écran du type palissade, plantez une haie ou une rangée de buissons. Évitez néanmoins les murs en maçonnerie, car le vent passera forcément par-dessus et provoquera un tourbillon qui aura un effet nuisible.

La protection contre le gel est également importante. Bien que de nombreuses plantes survivent aux températures hivernales, les gelées printanières sont souvent fatales aux jeunes pousses et floraisons. Les cuvettes et les creux sont particulièrement sensibles à ce type d'incidents, car l'air froid descend et stagne au pied des murs et des haies denses. En éclaircissant les haies et en supprimant des murs et des arbres, on permet à l'air froid de circuler plutôt que d'être piégé en un endroit précis.

Éléments existants

D'une certaine façon, il est facile de concevoir un jardin sur un espace nu. Il est plus ardu, en revanche, de réaménager un jardin existant. Essayez de ne pas y toucher pendant une année entière, afin de voir ce qui se passe à chaque saison. Notez l'emplacement des plantes à bulbes, de celles dont les graines sont intéressantes, la répartition des couleurs en automne et en hiver, ainsi que les zones boueuses en hiver et sèches en été.

Les plantations et les constructions existantes peuvent ne pas s'accorder à votre projet. Avant de supprimer un gros buisson ou un arbuste, essayez de les intégrer au plan d'ensemble. Les plantes adultes trouvent souvent aisément leur place parmi les nouvelles plantations. Il est en général possible de détruire les structures en dur et de réutiliser les matériaux pour de nouvelles constructions.

Ne gardez pourtant rien que vous n'aimez pas et que vous estimez ne pas pouvoir s'intégrer à votre projet. Il s'agit de *votre* jardin : soyez sûr d'en approuver chaque recoin.

CI-DESSUS Une palissade peinte en bleu forme un fond charmant pour une bordure d'annuelles à floraison estivale.

Évaluation des priorités

Nombreux sont ceux qui pensent que le choix et l'emplacement des plantes constituent la partie la plus difficile d'un projet. Sachez cependant qu'il est inutile de se pencher inlassablement sur une feuille de papier et de faire de vagues tracés. Mieux vaut définir de façon exacte ce que l'on attend de son jardin.

Première étape

Avant de tracer les plans, commencez par identifier les caractéristiques que vous souhaitez donner à votre jardin. Listez ce qu'il vous faut à tout prix et ce que vous aimeriez en plus. Si vous avez de jeunes enfants, par exemple, pensez à un endroit où ils pourront jouer en sécurité, à proximité de la maison. Si vous installez un jardin en prévision de votre retraite, vous pouvez créer des plates-bandes surélevées et remplacer les bordures de fleurs par des bordures maçonnées faciles à entretenir. Si vous possédez des animaux familiers, réservez un endroit où ils pourront s'ébattre en toute tranquillité. Si certains membres de la famille sont âgés, envisagez de construire des allées larges avec des rampes de soutien. Si vous vous intéressez aux plantes, réservez des espaces importants aux plantations, à une serre et à des châssis.

Votre liste sera probablement trop longue et irréalisable ; la deuxième étape consistera donc à affiner vos besoins en tenant compte de l'espace, du temps et du budget dont vous disposez. Le manque d'argent ou d'espace est un facteur décisif quant à l'installation d'une piscine. D'autres éléments se révéleront incompatibles après réflexion. Un petit jardin ne permet pas d'envisager à la fois une pelouse propice aux jeux de ballon des enfants et des parterres de fleurs. Un terrain de football et une serre sont peu compatibles, bien que des treillages ou des écrans de végétation puissent aider à résoudre le problème.

Tenez surtout compte de ce que vous souhaitez à tout prix. Si votre jardin est vaste, vous pourrez multiplier les éléments qui vous feront plaisir. La difficulté résidera dans leur répartition spatiale et leur distinction. Dans un petit jardin, au contraire, limitez-vous à un ou deux éléments, car plus l'espace disponible est réduit, plus il vous faut faire preuve d'ingéniosité.

Pensez que vos enfants ne seront pas toujours des bambins. Si vous plantez un arbre sur la pelouse où, petits, ils jouaient au ballon, il sera suffisamment grand pour vous donner de l'ombre quand ils seront partis pour d'autres aventures. Leur bac à sable sera transformé en bassin quand s'y ébattre ne les intéressera plus. La cabane de jeux deviendra un abri ou une resserre.

À GAUCHE Un patio ombragé est un havre de paix pendant les chaudes journées d'été et un emplacement idéal pour dîner à la fraîche.

Budget et emploi du temps

Le temps et l'argent sont deux données essentielles. Pour éviter les déceptions, n'entreprenez pas la réalisation d'un jardin qui vous prendrait trop de temps, coûterait trop cher et que vous ne pourriez pas entretenir.

Le plaisir du jardinage repose en grande partie sur les moyens dont on dispose. L'aménagement d'un petit espace avec des matériaux de luxe et des plantes adultes et luxuriantes coûte cher. En revanche, l'utilisation de matériaux bon marché, la reproduction des plantes et la patience sont les conditions indispensables à la réalisation d'un jardin apportant beaucoup de satisfaction à peu de frais. La différence de prix entre de petits végétaux qui mettront plusieurs années à pousser et des plantes adultes est énorme. Faites des économies appréciables en achetant des vivaces plutôt que des annuelles ou des bisannuelles.

Semez des annuelles dans vos plates-bandes en attendant d'acheter des arbustes et autres buissons coûteux. Un bac bien placé peut remplacer pendant un certain temps la statue que vous aviez prévu d'acquérir. Au printemps et en été, les plantes à bulbes apportent couleur et gaieté en attendant la croissance des autres plantes. Comblez les vides avec des bacs de plantes saisonnières et égayez ainsi les emplacements où la croissance des plantes est lente.

Liste des possibilités

Utilisez cette liste comme guide pour définir vos priorités et faire les choix appropriés.

- Patio ou barbecue
- Pelouse récréative ou décorative
- Larges bordures
- Serre
- Compost
- Potager et verger
- Plantes aromatiques
- Pavillon d'été
- Cabane
- Abri maçonné
- Aire de jeux pour les enfants
- Bassin

CI-DESSUS Un potager peut devenir un jardin d'agrément. Celui-ci, d'une grande élégance, témoigne de la fonction décorative que l'on peut donner aux légumes.

Alors que vous pouvez répartir les dépenses des plantations sur plusieurs années, vous ne le pouvez pas pour les constructions définitives. Si vous envisagez la réalisation d'un patio, d'allées ou de plates-bandes surélevées, utilisez toujours les mêmes matériaux pour donner une certaine unité à votre jardin. Une différence de couleur entre les pierres du patio et celles des allées sera peu harmonieuse. Les matériaux vieillissent et se patinent. Si vous réalisez les constructions à des époques différentes, même avec des matériaux identiques, il vous faudra attendre des années avant que tout ait le même aspect.

Avant d'établir un plan, vérifiez qu'il n'existe aucun arrêté municipal en vigueur vous empêchant de réaliser vos projets. La plupart des villes ont des lois régulant la construction le long des voies publiques ainsi que la hauteur des bâtiments. Les plantations d'arbres et l'établissement de cours d'eaux sont aussi soumis à des réglementations locales.

Questions préliminaires

Chaque jardinier doit tenir compte de considérations pratiques. Répondez à ces questions avant d'entreprendre votre jardin.

Quel type de jardin possédez-vous ?
- ☐ **Type de sol**
- ☐ **Parties ombragées**

Que voulez-vous faire ?
- ☐ **Recevoir**
- ☐ **Organiser des barbecues**
- ☐ **Faire des plantations**
- ☐ **Cultiver des légumes**
- ☐ **Avoir des plantes aromatiques**
- ☐ **Favoriser la végétation**
- ☐ **Jouer**
- ☐ **Vous détendre**
- ☐ **Prendre des bains de soleil**
- ☐ **Occuper votre retraite**

Que voulez-vous dans votre jardin ?
- ☐ **Des fleurs**
- ☐ **Des légumes**
- ☐ **Des bacs et des pots**
- ☐ **De l'intimité**
- ☐ **Des patios**
- ☐ **Une piscine**
- ☐ **Des lieux de repos**
- ☐ **Un pavillon d'été**
- ☐ **Une serre**

Quel type de plantes souhaitez-vous ?
- ☐ **Des annuelles**
- ☐ **Une végétation permanente**
- ☐ **Du feuillage**
- ☐ **Des vivaces**
- ☐ **Des buissons**
- ☐ **Des arbres**
- ☐ **Des fruits**
- ☐ **Des légumes**
- ☐ **Des herbes aromatiques**
- ☐ **Des plantes exotiques**
- ☐ **Une rocaille**
- ☐ **Des plantes aquatiques**
- ☐ **Des plantations biologiques**
- ☐ **Des plantes en pots**

Quand serez-vous dans votre jardin ?
- ☐ **Occasionnellement**
- ☐ **Tout le temps**
- ☐ **Le soir**
- ☐ **Le week-end**
- ☐ **Pour votre retraite**

Qui utilisera le jardin ?
- ☐ **La famille**
- ☐ **Les amis**
- ☐ **Les enfants**
- ☐ **Les animaux domestiques**
- ☐ **Des personnes âgées**

Quel style pour votre jardin ?
- ☐ **Classique**
- ☐ **Naturel**
- ☐ **Romantique**
- ☐ **Campagnard**
- ☐ **Exotique**

Quels aménagements pour votre jardin ?
- ☐ **Des pelouses**
- ☐ **Des allées**
- ☐ **Un patio**
- ☐ **Des arceaux**
- ☐ **Des marches**
- ☐ **Des pergolas**
- ☐ **Des terrasses**
- ☐ **Des bacs**
- ☐ **Des rocailles**
- ☐ **Des treillages**
- ☐ **Des compartiments**
- ☐ **Des plates-bandes surélevées**
- ☐ **Des points forts**
- ☐ **Une petite réserve naturelle**
- ☐ **Des niveaux**
- ☐ **Des cabanes dans les arbres**
- ☐ **Des trompe-l'œil**
- ☐ **Des buissons**
- ☐ **De l'eau**
- ☐ **Une serre**

Quelles zones posent problème dans votre jardin ?
- ☐ **Les pentes**
- ☐ **L'environnement**
- ☐ **Les entrées et sorties**
- ☐ **Les allées**
- ☐ **Les chemins**
- ☐ **Les marches**
- ☐ **Les grandes étendues**
- ☐ **Les lieux de rangement**

Et pour les enfants ?
- ☐ **Leur sécurité**
- ☐ **Les aires de jeux**
- ☐ **Les portiques**
- ☐ **Les tas de sable**
- ☐ **Une cabane dans un arbre**
- ☐ **Les balançoires**
- ☐ **Une maisonnette**
- ☐ **Un coin pour les animaux**

Ce portique et sa balançoire en bois naturel s'harmonisent parfaitement avec le feuillage environnant.

Choix du style de jardin

Bien que chaque jardin reflète la personnalité de son propriétaire, on peut répartir la plupart d'entre eux en quatre grandes catégories. Et lorsque vous concevrez l'aménagement du vôtre, il serait bon que vous gardiez l'un de ces styles à l'esprit.

Le jardin classique

La simplicité est le secret d'un beau jardin classique « à la française ». On y évite toute fantaisie et surcharge. Les lignes et motifs sont dépouillés, formés de droites et de courbes régulières. Le dessin repose sur des carrés, rectangles, cercles et ellipses, des zones couvertes de gravier ou dallées rythmant l'ensemble. Ce cadre contient des structures et des plates-bandes de forme régulière.

Le jardin classique repose sur la notion de symétrie. Les motifs sont géométriques, et les plantes réparties de part et d'autre des plates-bandes. Les arbres et arbustes ainsi que les bacs sont installés de façon équilibrée le long d'une allée ou autour d'une plate-bande afin de créer un rythme. La symétrie absolue n'est pas obligatoire ; quelquefois, un seul bac pourra servir d'élément décoratif central.

Les points d'eau sont de forme régulière, souvent entourés d'une bordure en béton et ornés d'une fontaine ou d'un jet d'eau. Les bacs ne contiennent qu'une seule plante, souvent un arbre ou un arbuste taillé. Les plantes sont disposées dans un parterre formé d'arabesques de buis taillé. Sous cette haie de buis, on peut disposer des plantes, du gravier coloré ou ne rien mettre du tout.

Les plantations sont simples et peu nombreuses. Installez des plantes isolées, éventuellement en pots, à des endroits stratégiques. Évitez le mélange des couleurs et tout ce qui nécessite un entretien important. De nombreux jardins classiques sont essentiellement constitués de feuillages. Leurs propriétaires plantent des arbres et des arbustes choisis pour la couleur de leurs feuilles mais aussi pour leur aptitude à être taillés en forme.

Le jardin naturel

De nombreux jardiniers ont une prédilection pour les espaces paysagers de style naturel – où un ballon et un arrosoir oubliés ne choquent pas, où la moindre mauvaise herbe ne paraît pas une injure au bon goût. Ce type « anglais » trouve son origine dans le jardin campagnard, où l'on a souvent mélangé les fleurs et les légumes, et où l'emplacement des plantes est plus lié au hasard qu'à un projet très défini.

Certains sont mal à l'aise face à cette douce anarchie, sans pour autant souhaiter la rigidité d'un jardin régulier. Regroupez les fleurs de même couleur pour créer une certaine harmonie, organisez les plantations plutôt que de les laisser au hasard, mais l'impression générale doit toujours évoquer un naturel discipliné.

Un jardin paysager autorise la cohabitation de plusieurs activités. Il y règne une ambiance pleine de vie, car il est moins destiné à être admiré qu'à être utilisé avec plaisir. Un barbecue ou une aire de jeux pour les enfants peut voisiner avec les plates-bandes fleuries. Les légumes se mélangent aux fleurs et ne sont pas réservés au potager. Bien que ce genre d'aménagement paraisse purement fortuit, il nécessite des travaux préparatoires importants, pour éviter un aspect brouillon ou incohérent.

Un espace naturel convient bien aux jeunes enfants. Un groupe de buissons forme une excellente cabane ou cachette. Les enfants laissent traîner leurs jouets dans les plates-bandes, où se marquent inévitablement quelques vides. Si le jardin sert aux jeux de ballon, les plates-bandes rectilignes sont préférables aux bordures sinueuses. Une pelouse impeccable est incompatible avec la présence d'enfants en pleine activité. Choisissez une variété d'herbe robuste, qui sera moins décorative que le gazon mais résistera aux courses à pied et à vélo.

Le tracé des bordures, des allées et du patio dépend de vous, et si une forme de patio un peu bizarre s'harmonise avec le jardin, n'hésitez pas. En général, les lignes courbes sont préférables aux lignes droites, mais évitez l'excès de méandres et les recoins compliqués : ils sont difficiles à aménager et à entretenir.

Le jardin contemporain

Certains d'entre nous aménagent leur intérieur et leur jardin en fonction des modes et des tendances. Il en a toujours été ainsi. Autrefois, on embauchait des paysagistes célèbres, mais aujourd'hui leurs homologues diffusent et décrivent largement leurs idées dans les magazines. La lecture des périodiques de jardinage et de décoration, des hebdomadaires et des magazines de mode procure une masse d'informations que l'on peut adapter à ses propres goûts.

Les matériaux, et surtout les bacs, jouent un rôle important dans ces jardins. À une époque, on appréciait particulièrement le style rustique avec des pots en terre. Puis on a décidé de peindre les pots. Ensuite d'autres matériaux sont devenus à la mode. Les récipients en fer-blanc,

CI-DESSOUS Dans les jardins classiques, les plans d'eau sont de forme géométrique et le plus souvent rectangulaire. Le dallage régulier accentue le formalisme des structures, en contraste avec la végétation.

CI-DESSUS Les jardins de ville jouissent en général d'un microclimat favorable, car les murs et bâtiments environnants maintiennent une température supérieure au milieu ouvert. Ces jardins conviennent bien aux plantations de massifs et aux espèces sensibles aux intempéries.

les bassines et arrosoirs ont eu leur heure de gloire, et actuellement la mode est au zinc et à l'acier inoxydable.

Il en va de même pour les plantes : certaines sont à la mode, d'autres moins. Au cours des dernières années, il y eut un engouement pour les graminées, qui conviennent bien aux petits jardins, car on peut les utiliser de manières très variées, soit isolément, soit en massifs. Les bambous ont connu le même succès. Les plantes de couleur vive deviennent à la mode, de même que les annuelles éclatantes.

Une des tendances actuelles consiste à prolonger l'espace intérieur à l'extérieur et à réduire la partie jardin proprement dite. On installe des dallages de pierre ou de brique, et on attire l'attention avec des éléments décoratifs plutôt qu'avec des plantes, qui nécessitent de l'entretien. On remplace les plantes grimpantes et la végétation par des mosaïques ou des trompe-l'œil, les buissons et les arbustes par des sculptures ou des objets insolites, et les pelouses par des surfaces en dur. Tout en modifiant la manière de traiter le jardin en général, ces changements suppriment aussi les fastidieux travaux d'entretien.

Le jardin, réduit à l'essentiel, est devenu un espace exigeant un minimum de soins. Il est destiné à ceux qui détestent le jardinage, ou disposent de peu de temps, mais désirent néanmoins un lieu de détente agréable.

Le jardin japonais

Les voyages à l'étranger ont influencé tous les domaines de notre vie. En ce qui concerne la conception des jardins, le Japon a sans nul doute joué un rôle capital : la sobriété et la sérénité de ses jardins furent – et sont encore – énormément copiées dans les pays occidentaux.

L'essence du jardin japonais est la simplicité, qui crée un sentiment de calme et de paix. On aboutit à cette épure par deux moyens : l'utilisation limitée des matériaux et des plantes, et un traitement particulier de l'espace. Autrefois, chaque élément du jardin possédait une signification, et d'une certaine façon cela reste vrai. Aujourd'hui, on tend à conserver l'aspect symbolique non pour sa signification réelle, mais pour perpétuer la tradition.

La nature joue un rôle important dans la conception des jardins japonais. Ils y puisent leur inspiration. Mais, plutôt que de reproduire un paysage en miniature, comme nous le ferions en Occident, le jardin japonais suggère. Là où nous construisons des rocailles, il utilise des pierres et des galets pour représenter les montagnes et les îles, et du gravier ou du sable ratissé pour évoquer l'eau. Comme dans la nature, il existe peu de lignes droites dans le jardin japonais.

L'eau y est fréquemment mise en scène, soit courante pour représenter des ruisseaux, des torrents de montagne, soit étale sous forme de petites mares, de mini-lacs. L'eau peut s'écouler à travers le jardin grâce à des canaux artificiels, comme des cannes de bambou coupées en deux dans leur longueur. On rencontre des systèmes ingénieux, où l'une des canne se remplit d'eau avant de s'incliner pour se déverser dans la suivante. En général, l'eau s'écoule doucement : nulle fontaine, nulle cascade ne perturbent le silence. Il existe également des représentations symboliques de l'eau. Une zone de gravier soigneusement ratissée représente les vagues de l'océan, tournoyant autour de rochers – des îles – disposés au milieu. Un ruban de mousse passant entre des pierres ou des galets évoquera un cours d'eau.

Le jardin japonais utilise peu de décors, les plus connus étant les lanternes. Celles-ci, en pierre ou en métal, ressemblant à des bâtiments miniatures, sont disposées avec soin afin d'éclairer les emplacements clés le long des allées ou des ruisseaux. On les place près d'un bassin pour que l'eau reflète leur lumière. Les allées sont composées de gravier ou de pierres. On trouve aussi des marches, formées de dalles de pierre ou de bois. Les ponts traversent des cours d'eau imaginaires ou réels. Dans les vastes parcs, on trouve des pavillons ou des maisons de thé, et une loggia construite à proximité de la maison permet de contempler le jardin.

CI-DESSOUS Les jardins orientaux recourent au gravier et aux rochers pour représenter l'eau et les montagnes. Ils sont abondamment entourés d'arbres et d'arbustes, qui créent une toile de fond destinée à rappeler la nature et le paysage situés au-delà.

Réalisation du plan

Lorsque vous connaissez parfaitement le site, que vous avez défini vos souhaits, que vous savez ce que vous voulez conserver et combien de temps vous êtes prêt à consacrer à l'entretien, commencez à tracer les plans. Placez-vous au centre de votre jardin – ou de la friche qui le deviendra – et pensez en termes de formes et de couleurs. Au fur et à mesure que les idées surgissent, mesurez leurs avantages et leurs inconvénients, et cherchez à résoudre les difficultés. À ce stade du projet, laissez votre imagination vagabonder et prenez le temps d'envisager toutes les possibilités.

Prendre les mesures

Les travaux préparatoires – comme tracer un plan à l'échelle, dresser la liste des plantes et prévoir leur emplacement – paraissent quelquefois fastidieux. C'est néanmoins une étape incontournable. Il est essentiel d'être précis, méthodique et soigneux, de prendre des mesures exactes et d'établir un plan conforme à la réalité.

Si vous éprouvez quelques difficultés à imaginer ce que représentent des lignes tracées sur du papier, utilisez le jardin lui-même comme planche à dessin. Nettoyez-le de tous ses déchets et objets indésirables avant de commencer. Puis prenez des piquets et de la ficelle (de préférence solide, et claire pour qu'elle soit bien visible) pour tracer et mettre en évidence la future organisation. Modifiez le parcours de la ficelle jusqu'à obtenir satisfaction. Utilisez les tuyaux d'arrosage pour tracer les lignes courbes, et plus particulièrement les contours des bordures et des bassins.

Marquez les détails plus compliqués en répandant de la craie à la surface du sol. Indiquez également les emplacements des éléments en hauteur, surtout s'ils jouent un rôle important. Une future haie peut être figurée par un escabeau. Si le résultat final vous paraît trop élevé, dissimule une vue intéressante ou donne trop d'ombre, choisissez un autre type de haie. Asseyez-vous là où vous imaginez le coin salon de jardin et essayez d'en sentir l'ambiance. Est-ce l'emplacement idéal ? La vue est-elle agréable ?

Lorsque vous aurez une idée claire de l'organisation de l'espace, ce sera plus facile de transposer les détails sur le papier. Cette étape est essentielle et vous servira de référence dès le commencement des travaux. Avant de relever le plan, laissez tous les éléments de marquage en place pendant une bonne semaine, pour vous assurer de leur validité. Puis, quand vous êtes satisfait, dessinez le plan.

Tracer le plan

Lorsque les travaux de conception sont achevés, tracez un plan à l'échelle incorporant les principaux éléments décoratifs. Vous modifierez probablement plusieurs fois leur emplacement au fur et à mesure de l'avancement des travaux. Lorsque vous aurez décidé de toutes les implantations, reportez-les sur le plan. Indiquez d'abord les surfaces destinées aux pelouses, aux dallages et aux bordures, puis, quand l'ensemble prend forme, introduisez les principaux éléments décoratifs et les constructions.

Vous recommencerez sûrement plusieurs fois, et même dès que vous aurez commencé à creuser et à construire, vous changerez régulièrement d'avis. Un beau jardin est le résultat d'une conception judicieuse et de modifications incessantes. Il est indispensable de dresser un plan, mais ne vous y tenez jamais de façon trop rigide, sans quoi votre jardin manquerait de naturel et serait peu en accord avec son environnement. Un jardin est composé d'éléments vivants qui changent constamment de forme et de taille. Rien n'est statique, et rien ne pousse droit : les compromis et les réajustements sont constants.

Le plan de base

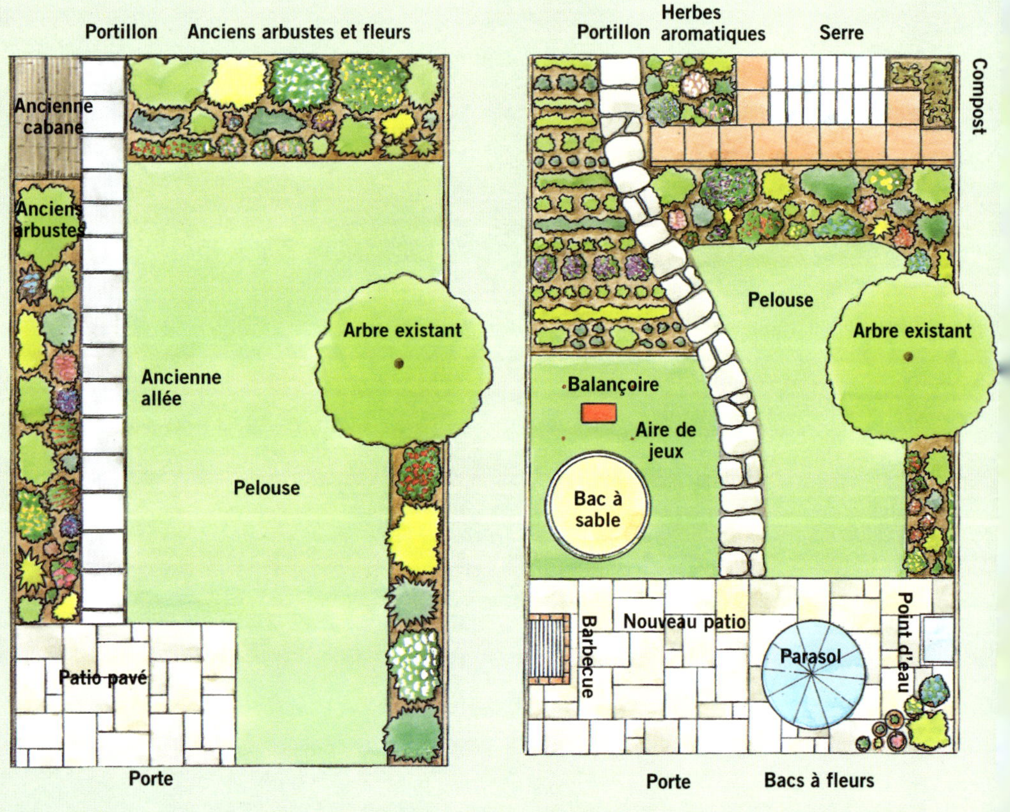

❶ Tracez le plan du jardin existant (ci-dessus), puis introduisez vos exigences sur un nouveau plan (ci-dessus à droite).

❷ Tracez le nouveau plan en ajoutant vos idées, puis imaginez comment les différents éléments vont s'harmoniser.

Tracer un plan

Un plan à l'échelle, tracé sur du papier quadrillé, vous aidera à mettre en évidence la superficie dont vous disposez et à juger de l'espace que vous avez consacré à chaque partie du jardin.

- Tracez le mur principal
- Indiquez les clôtures et murs de séparation
- Indiquez l'emplacement des portes et portillons
- Marquez l'emplacement du patio
- Indiquez la taille des éléments existants (bassins, arbres, etc.) que vous souhaitez conserver
- Marquez les points où piquer la pointe du compas
- Indiquez les emplacements des futures structures permanentes (cabane, serre, compost, etc.)
- Indiquez l'emplacement de la pelouse
- Tracez les bordures
- Indiquez les zones de fruits et légumes
- Tracez les allées

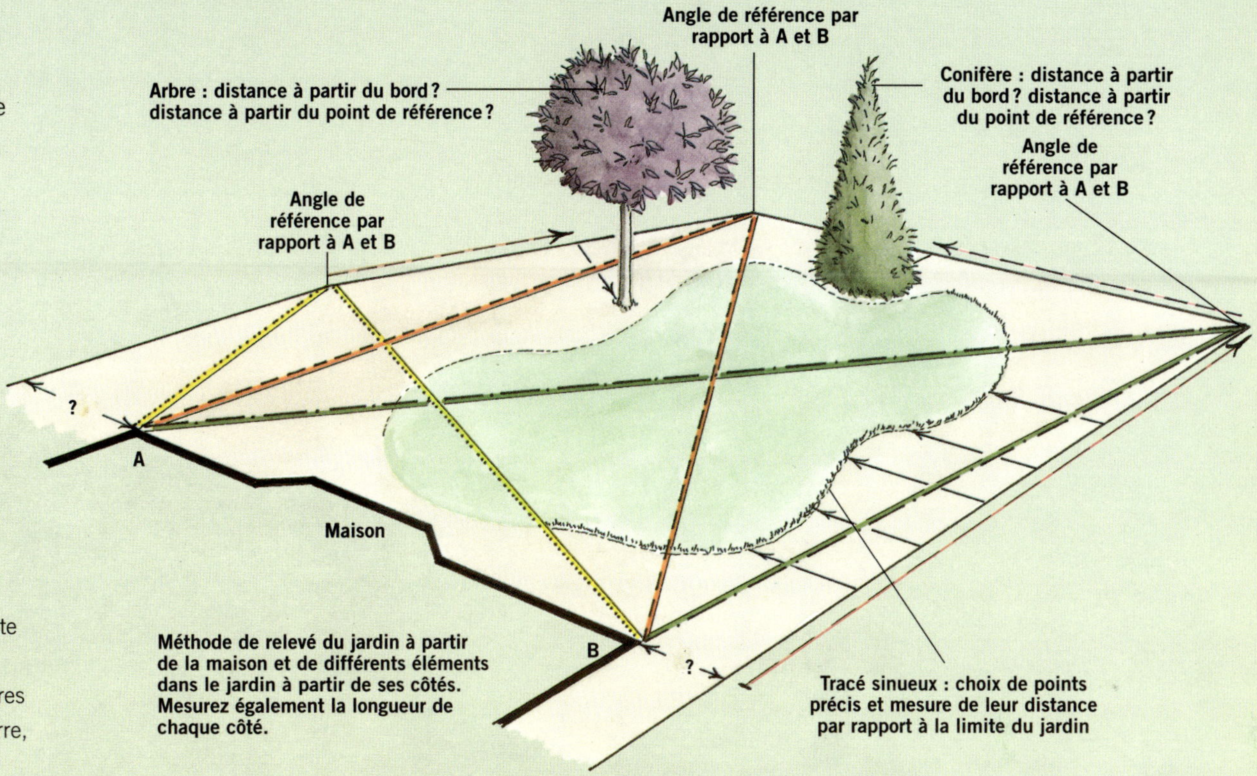

Le relevé du plan de ce jardin est obtenu par triangulation. On détermine des points de référence par rapport à A et B formés par les angles de la maison. Notez l'importance donnée à des éléments clés comme les arbres et la bordure sinueuse.

Mesurer le jardin

Pour obtenir un plan précis à l'échelle, prenez les mesures de votre jardin en détail. N'oubliez aucun côté, aucun angle irrégulier. Indiquez ces mesures sur des esquisses préliminaires avant de tracer le plan définitif.

Commencez par la maison : mesurez la longueur des murs, la position des portes et des fenêtres du rez-de-chaussée. Puis mesurez la longueur de chaque côté du jardin. Peu de terrains sont à angles droits, et vous constaterez en outre que certaines limites ne sont pas rectilignes mais changent de direction à plusieurs reprises. Il est plus facile de tracer les angles en prenant comme point de référence deux points fixes, comme les angles de la maison, plutôt que d'essayer de les tracer les uns par rapport aux autres. Ainsi, chaque angle formé par les changements de direction des côtés du jardin se trouve à la pointe d'un triangle. Les différents éléments du jardin, bordures, arbres et plantes existants, sont définis par la distance qui les sépare de la limite la plus proche.

Mesurez la distance à angle droit depuis chaque élément jusqu'au bord du jardin, puis depuis ce point jusqu'au point de référence le plus proche. Pour un abri ou une serre, prenez les mesures à partir de deux angles adjacents afin d'obtenir la position du bâtiment, puis prenez toutes ses dimensions pour réaliser un plan précis. Pour dessiner des courbes, définissez des points précis sur la courbe, puis tracez des lignes formant des angles droits avec la limite du jardin la plus proche et mesurez. Déterminez également la circonférence de la frondaison des arbres et la taille des buissons.

Pour finir, indiquez les différentes orientations du jardin, le nombre d'heures d'ensoleillement, les ombres portées des bâtiments et des végétaux situés aussi bien à l'intérieur qu'à l'extérieur du jardin.

Faire un plan à l'échelle

L'échelle la plus simple consiste à prendre 1 ou 2 cm pour 1 m, selon la taille du jardin et du papier dont on dispose. Tracez le plan sur du papier quadrillé ou millimétré.

Dessinez d'abord la maison. Puis définissez les angles que forment les limites du jardin, en vous servant d'un compas pour plus de précision. Mesurez la distance entre un angle de la maison et un angle du jardin, convertissez cette distance à l'échelle choisie et réglez l'écartement du compas à cette distance.

Sur le papier, placez la pointe du compas sur l'angle de la maison, pointez la mine en direction de l'angle du jardin et tracez un arc de cercle large. Recommencez en prenant les mesures entre le deuxième angle de la maison et le même angle du jardin. Le point d'intersection des deux arcs de cercle forme le sommet d'un triangle et l'emplacement de l'angle du jardin. Recommencez ainsi jusqu'à ce que vous ayez placé chaque angle du jardin sur le plan. Reliez les différents points entre eux, pour obtenir le périmètre du jardin. Vérifiez votre plan en mesurant la distance entre les différents angles et en les traduisant à l'échelle du plan. En principe, les mesures doivent correspondre. À partir de ce plan de base, ajoutez les différents éléments contenus dans le jardin.

Réorganisation de l'espace

Vos goûts personnels marqueront immanquablement le style de votre jardin, mais quelques principes de base sont utiles dans tous les cas.

Première étape

Pour commencer, en sachant que vous regarderez surtout votre jardin depuis la maison, prenez vos décisions importantes à l'intérieur, debout devant les fenêtres principales. Ensuite, n'oubliez pas que la maison fait partie du jardin et qu'un style complètement différent pour l'un et l'autre choquera le regard.

Allez voir d'autres jardins, cherchez l'inspiration dans des genres différents avant de tracer les plans. Visitez les grands jardins publics et privés, et observez la façon dont vos amis et voisins ont traité et organisé l'espace extérieur.

Entre classicisme et naturel

On divise en général les jardins en deux catégories : les classiques et les naturels. Dans les jardins classiques domine la symétrie, avec une allée ou un parterre central et des éléments décoratifs de part et d'autre. Les jardins naturels sont plus exubérants et ne sont pas marqués par la répétition. Ils sont soulignés de lignes courbes plutôt que de droites ou de formes géométriques.

Une bonne méthode pour concevoir un jardin consiste à agencer l'espace proche de la maison de façon classique, puis de manière de plus en plus naturelle en s'éloignant. Cette formule a l'avantage de permettre de relier l'intérieur et l'extérieur en douceur. Mais rien ne vous empêche de prévoir un jardin entièrement classique ou complètement naturel, ou de mélanger les deux. Vous obtiendrez ainsi un espace plein de fantaisie et de surprises, qui incitera le visiteur à poursuivre sa promenade à la découverte de ce qui se cache au détour des allées.

De nombreux jardins sont organisés sur un mode classique, souvent masqué par une profusion de plantes. De ce parti pris peut résulter un effet tout à fait séduisant : une sorte de fouillis parfaitement maîtrisé.

Avant de décider d'un style, réfléchissez à ce qui vous convient le mieux. Les jardins classiques reposent sur l'ordre et la précision, ce qui implique un entretien constant, alors que les jardins naturels poussent tout seuls et sont plus faciles à entretenir. Le style classique est à déconseiller aux familles avec de jeunes enfants.

La distribution de l'espace

Le point de départ de tout nouveau projet repose sur la distribution de l'espace. Essayez de résister à la tentation de tout aligner en une série de compartiments parallèles et cherchez à découvrir des formes plus intéressantes, qui feront appel aux diagonales et aux courbes.

La plupart des jardins adoptent un tracé rectangulaire, en diagonale ou en lignes courbes. Le tracé rectangulaire se caractérise par des éléments symétriques, des lignes droites et des changements de direction prévisibles. Ce tracé convient mieux à un petit jardin de ville qu'à un parc à la campagne. Le tracé en diagonale tend à utiliser les éléments du décor pour composer un ensemble plus aléatoire et plus informel. Le tracé en lignes courbes convient aux grands jardins, pleins de coins et de recoins.

CI-DESSUS À GAUCHE **La symétrie des plates-bandes est adoucie par le choix des plantes. Notez que les mêmes plantes se retrouvent dans chaque plate-bande, ce qui accentue encore le classicisme de l'ensemble.**

À GAUCHE **Ce jardin naturel, composé entre autres de rosiers, de lavande et de pivoines, offre une gamme de coloris en camaïeu très réussie.**

Différentes formes de jardins

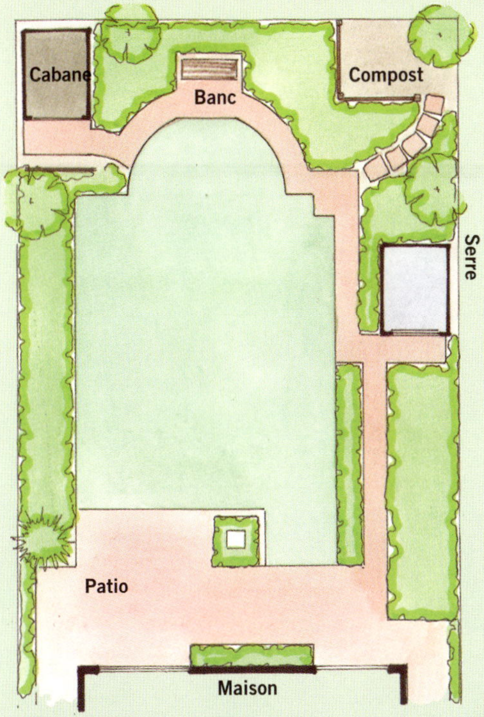

Jardin en rectangle

Ce tracé classique et symétrique convient bien à un jardin de ville. Les lignes sont pour la plupart droites et parallèles, ou en courbes régulières plutôt que fantaisistes.

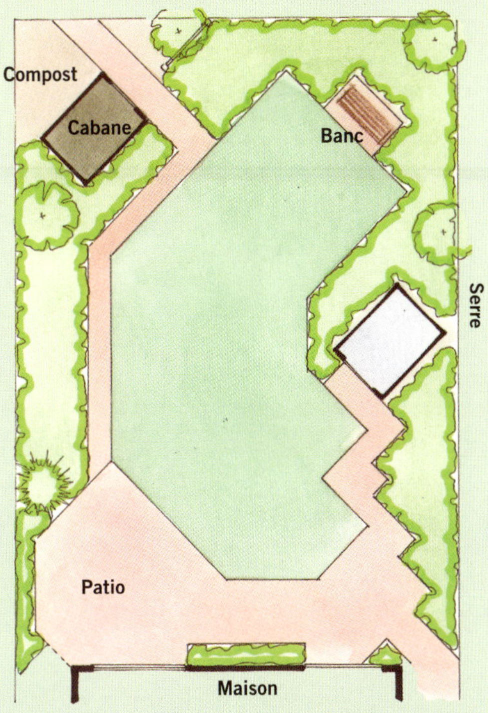

Jardin en diagonale

Le tracé en diagonale tend à donner un côté informel à un jardin fait de lignes droites. Les changements de direction rendent son approche plus intéressante.

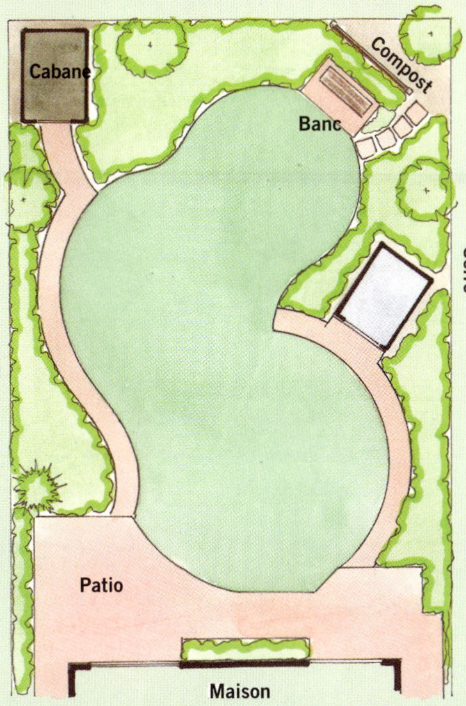

Jardin en lignes courbes

Pour un jardin naturel, tracez des lignes sinueuses. En utilisant à la fois des lignes droites et courbes, vous créez des espaces irréguliers, des bordures de largeur différente et des compartiments cachés.

Organisation de l'espace

Si vous possédez un patio ou projetez d'en faire un dans votre jardin, pensez à l'importance que vous voulez lui donner.

En arrondissant les lignes de la pelouse en direction du patio, vous augmentez la surface des plates-bandes. Ainsi, vous fermez le patio, tout en attirant l'attention sur lui.

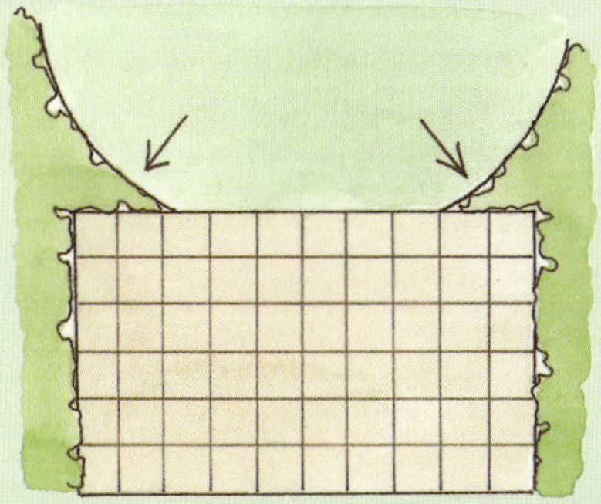

Pour ouvrir l'espace, dessinez une pelouse circulaire. Vous améliorez ainsi l'équilibre entre surface dallée et surface herbeuse.

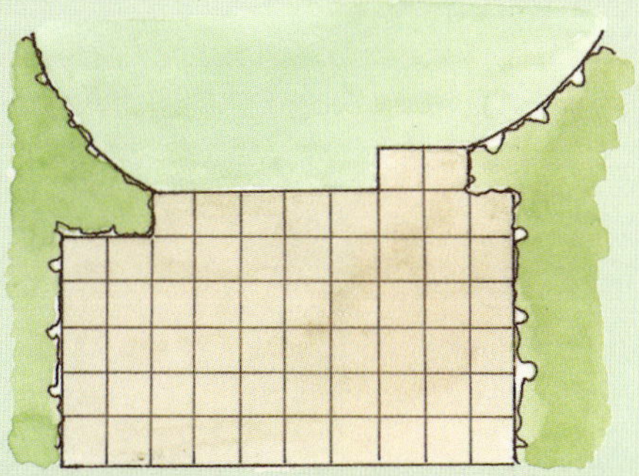

Pour une approche classique, faites pénétrer le dallage dans la pelouse. Ce système permet de diviser l'espace tout en conservant une unité.

Formes et figures

L'utilisation de formes et de figures géométriques différentes est certainement l'aspect le plus important de la conception d'un jardin. Dans tout espace vert cohérent, la forme de chaque composante – du tracé d'une allée ou d'une pelouse jusqu'à la forme des arbustes miniatures installés dans un bac en pierre ou un pot en terre – a été soigneusement pensée.

Les formes introduisent le mouvement, l'équilibre, et ponctuent le dessin du jardin. Le mouvement peut provenir de l'utilisation répétée de formes verticales, comme les arches, qui entraînent le regard au loin. Cela est valable à la fois pour une organisation classique rectiligne et pour un tracé fantaisiste. L'équilibre permet à l'œil de se reposer : on peut estomper les effets d'une structure verticale importante en l'accompagnant d'un monticule léger, et les deux peuvent être reliés par un élément horizontal.

Les carrés et les cercles à l'intérieur des carrés sont des figures statiques et reposantes, car elles possèdent une certaine autonomie et ne mènent nulle part. Les diagonales et les courbes, en revanche, sont des formes actives, pleines de mouvement, qui entraînent d'un espace à l'autre. Les figures statiques conviennent aux formes régulières des jardins classiques, et les figures dynamiques sont plus adaptées

CI-DESSOUS Une allée en brique et galet entraîne le regard vers un espace circulaire, au centre duquel on a installé une urne. La forme ronde du pavage alliée au contraste de texture entre briques et galets donne une certaine personnalité à ce jardin, dont le classicisme est encore souligné par la symétrie des plantations.

CI-DESSUS Ici, on a exploité le côté escarpé du jardin en installant un muret fait de plots de bois peints en gris, qui s'harmonisent avec les marches en ardoise. Les géraniums apportent une touche vive et forment un contraste intéressant avec les tons gris du décor.

aux jardins naturels. Faites en sorte que les lignes des différentes figures mènent toutes à un point de convergence, symbolisé par une statue ou un arbre, par exemple. Cela vous permettra de créer le rythme de votre jardin et de relier les différentes parties en un ensemble cohérent.

Surfaces horizontales et verticales

Faites un usage modéré et raisonné des structures verticales (murs, clôtures, écrans, portillons, pergolas et constructions diverses) et horizontales (chemins, allées, patios et marches), car certaines se marient bien et d'autres moins. Pour un jardin réussi, utilisez les horizontales et les verticales de façon harmonieuse afin de créer un ensemble. Équilibrez les éléments, en associant par exemple une arche à une allée rectiligne ou en construisant un mur bas autour d'un patio.

Les contours

Tous les terrains ne présentent pas des contours réguliers et une surface plane ; ils peuvent être en longueur, avec des dénivellations. Sur les pentes raides, vous ferez courir des ruisselets et des chutes d'eau, mais, pour rentabiliser les surfaces plantées, construisez des terrasses retenues par des murets ou des talus herbeux. Les plantes de type méditerranéen, comme la lavande ou la santoline, pousseront bien sur les pentes ensoleillées où le drainage est rapide et efficace. Ce genre de terrain convient également pour une rocaille. Une pente fraîche et ombragée permet de créer un sous-bois ou un jardin alpin en terrasses, car elle bénéficie à la fois d'un drainage naturel et de lumière, sans être soumise à la sécheresse d'une pente très ensoleillée.

Votre choix dépendra également de l'inclinaison de la pente par rapport à la maison. Une pente montante aura toujours un effet surplombant, contrairement à une pente descendante.

Les changements de niveau peuvent rendre un jardin intéressant et permettent de créer des effets de surprise. Le passage d'un niveau à un autre peut se faire en plusieurs fois grâce à la création de marches et de niveaux intermédiaires. On peut exploiter les monticules et les creux pour créer des rocailles ou des bassins.

Traçage du plan

Avant de prendre une décision définitive, faites plusieurs essais sur le papier. Ici, quatre propositions simples créent des effets très différents. La plus élémentaire (1) montre la facilité avec laquelle on peut rompre la régularité du carré tout en conservant l'impression d'espace. La version 2 présente le même motif après suppression de quelques dalles au hasard. Dans le modèle classique (4), le gravier et les dalles forment un motif symétrique et régulier. L'espace paraît plus petit, mais permet de s'éloigner du carré de base. Le motif le plus dynamique (3) est fait d'une diagonale qui traverse le jardin en délimitant deux zones distinctes.

Utilisation de la photographie

Une excellente façon d'imaginer les effets produits par des changements dans un jardin consiste à prendre des photos sous différents angles, puis à les agrandir. Des photos en noir et blanc feront l'affaire. Dessinez les nouveaux éléments – allées, patios, serres, tonnelles et tout ce que vous souhaitez changer ou ajouter – sur du papier-calque et placez la feuille sur la photo. Vous pouvez superposer plusieurs feuilles, ou apporter des modifications successives à la forme et à la taille des différents éléments jusqu'à obtenir satisfaction.

Comment attirer l'attention

Vous trouverez ci-dessous des idées d'éléments décoratifs intéressants. Essayez de vous limiter à un seul élément si votre jardin est petit, à deux si votre jardin est plus grand, mais n'allez pas au-delà, car ils ne doivent en aucun cas entrer en compétition avec les plantations.

- Une plante ou un arbre éclairés par un spot
- Une topiaire
- Une statue
- Un cadran solaire (voir p. 150)
- Un grand pot en terre vide
- Un banc particulièrement beau
- Un bassin ou une fontaine (voir p. 158-159)
- Un mur peint de couleur vive
- Un belvédère (voir p. 130)
- Un pavillon d'été (voir p. 138)
- Une colonne avec une plante grimpante
- Des objets de récupération tels des outils de ferme
- Un joli bassin pour les oiseaux
- Une tonnelle ou une pergola (voir p. 130 et 134)
- Des décorations murales ou des mosaïques

Un feuillage vert profond est un décor idéal pour une statue en pierre.

Comment créer l'illusion

Si votre jardin est petit ou de forme compliquée, créez l'illusion en exploitant un certain nombre de procédés. La plupart d'entre nous veulent augmenter la taille apparente de leur jardin, d'autres veulent transformer un jardin large et peu profond en son contraire, ou faire en sorte qu'un jardin long et étroit ne ressemble pas à un couloir, le but principal étant de s'arranger pour qu'un petit jardin ait l'air aussi peu étriqué que possible.

Pour cela, il est préférable d'éviter les projets de style uniforme, qui tendent à accentuer la petitesse du lieu. En revanche, si vous subdivisez l'espace, l'œil peut passer rapidement d'une partie à l'autre et s'arrêter sur les plantations et les éléments ornementaux plutôt que sur le plan d'ensemble. En donnant à chaque espace sa personnalité, vous apporterez une impression de diversité sur une petite surface. Essayez de créer un lieu où plantes et allées se mêlent, et faites en sorte que le jardin ne se révèle pas tout entier au premier coup d'œil.

On peut également aménager les jardins longs et étroits en exploitant leurs défauts. Arrêtez le regard à l'aide d'un élément décoratif important situé au premier plan ou à mi-chemin, comme une pelouse circulaire ou un arbre ; placez des structures horizontales tels des murs bas, des marches larges, des dallages ou des haies, qui brisent l'axe du jardin. Dans un espace moins symétrique, disposez des éléments décoratifs le long des côtés – un siège peint, un tronc particulièrement noueux –, qui permettent à l'œil de se fixer et de se reposer.

Il y a plusieurs façons d'augmenter le sentiment de profondeur dans un jardin. On peut en accentuer la perspective, utiliser des éléments décoratifs (voir p. 24) pour attirer l'attention. Mais il est possible d'aller au-delà du jardin et des différents éléments qui le composent. Utilisez le paysage qui prolonge le jardin et mettez-le en évidence. Si vous avez la chance de jouir d'une vue étendue, rendez-la plus présente en utilisant les arbres et arbustes de votre jardin pour l'encadrer en quelque sorte.

Créez de fausses perspectives. Placez des plantes de grande taille au premier plan et de plus petites, taillées à l'identique, derrière. On aura l'impression qu'elles ont toutes la même taille. Vous pouvez également obtenir un effet de perspective en plantant au premier plan des feuillages légers, et des feuillages denses plus loin. D'autre part, les rubans dessinés par la tondeuse sur le gazon attirent le regard dans une certaine direction, ce qui permet de raccourcir, d'agrandir ou de briser une perspective. Les arches, pergolas, clôtures et treillages ont un fort impact et sont d'un grand secours lorsque l'on trace les lignes principales. Utilisez des treillages comme trompe-l'œil et pour donner l'illusion de trois dimensions. Les miroirs sont également un moyen d'agrandir l'espace et de multiplier par deux la longueur d'une allée. Enfin, l'eau reflète le jardin, la lumière et le mouvement, et ajoute une impression supplémentaire d'espace.

À GAUCHE Ici, l'ouverture circulaire réalisée dans le mur de brique encadre la potiche vernissée et met en valeur le paysage à l'arrière-plan.

À DROITE Un miroir placé derrière un bassin reflète la surface de l'eau et donne de la profondeur à un petit jardin.

CI-DESSOUS Une bordure de buis *(Buxus)* soigneusement taillée et un pot dans lequel on a planté un phormium et des plantes retombantes attirent volontairement l'attention en la détournant du mur d'enceinte.

L'utilisation des miroirs

Les miroirs servent non seulement à donner une impression d'espace, mais aussi à réfléchir et à mettre en valeur un élément particulier – un mouvement, un feuillage ou une vue. Placés de façon astucieuse, ils peuvent donner l'impression qu'un second jardin prolonge le premier.

Dans un jardin minuscule, on augmente la quantité de lumière en orientant le miroir de telle sorte qu'il reflète le ciel. Derrière un petit bassin, une glace réfléchit à la fois les jeux de lumière et le mouvement de l'eau.

Peu importe la forme du miroir et son support. Installez-le sur un mur, dans une haie ou parmi des arbustes. La fixation doit être solide, l'emplacement choisi avec soin. Pour un effet optimal, le miroir doit toujours rester propre.

Placez-le en hauteur ou sur le sol, couvrez-en tout l'espace situé derrière un élément décoratif, qu'il reflétera entièrement ou partiellement. Pensez à couvrir les bords de la glace avec du feuillage pour un effet plus naturel. En mettant un ou plusieurs miroirs ronds dans une haie, on peut créer une illusion particulièrement intéressante : ils reflètent le ciel et font penser à des hublots.

Les glaces accompagnent heureusement les sources lumineuses et permettent de créer des jeux de lumière. Derrière des spots, de minuscules miroirs peuvent créer un effet magique et augmenter la lumière dans un jardin un peu sombre.

Les miroirs peuvent faire des miracles dans des plates-bandes fleuries. Derrière une végétation luxuriante, ils en accentuent la densité ou la richesse des couleurs.

REVÊTEMENTS

Revêtements

Dans un jardin, les extérieurs et leur revêtement ont une fonction à la fois esthétique et pratique. Ils permettent à l'œil de se reposer entre les zones de végétation, définissent l'organisation de l'espace et mettent en évidence le plan du jardin. Pratiquement, ce sont les emplacements où l'on marche, se repose, travaille et joue. C'est pourquoi la nature et la qualité du revêtement doivent être choisies avec soin, de façon à s'harmoniser avec le style du jardin.

Types de revêtements

Il existe deux types de revêtements : rigides et semi-rigides, ou souples. Les revêtements souples sont en général constitués d'herbe, bien qu'il soit possible d'utiliser pour les allées et aires de jeux d'autres matériaux, comme les copeaux d'écorce. Ces revêtements sont agréables et ne blessent pas les enfants lorsqu'ils tombent. Les revêtements souples sont idéals par temps sec, et plus plaisants à l'œil. Mais ils nécessitent davantage d'entretien, surtout en cas d'utilisation intensive, et sont impraticables par temps de pluie.

Les revêtements rigides, en revanche, bien que plus onéreux à l'installation, sont plus aisés à entretenir et peuvent s'utiliser toute l'année, par tous les temps. Les problèmes de niveaux, d'affaissement ou de détérioration, qui se manifestent lors d'une utilisation intensive, sont en général dus à des fondations ou à un drainage défectueux. Les racines des arbres sont également une source de problèmes. La présence de mauvaises herbes est gênante, mais sans gravité. On peut l'éviter en posant les fondations avec soin ou en utilisant un désherbant.

Pour qu'un jardin soit agréable, tous les revêtements, durs et souples, doivent être parfaitement posés et entretenus. Comme ils attirent forcément le regard, toute négligence ou finition médiocre nuirait au jardin tout entier.

Choix du revêtement

Choisissez le type et la nature des matériaux de revêtement avec soin en fonction de leurs qualités fonctionnelles et esthétiques. Les différentes étapes de la conception initiale de votre jardin vous auront conduit à définir son style. Le choix des matériaux de revêtement en fait partie ; il est important et vous permettra d'atteindre le but recherché.

Les aspects fonctionnels des revêtements sont probablement plus faciles à identifier que leurs qualités esthétiques. Le matériau doit pouvoir servir au passage des gens, des brouettes, des vélos, etc., aux ébats et aux jeux des enfants ou à la détente et aux bains de soleil. Le choix d'un matériau répondant à ces impératifs est relativement facile.

Les qualités esthétiques sont plus difficiles à définir. Le matériau doit s'accorder au style de la maison – moderne, traditionnel, campagnard ou classique –, à celui des dépendances, à l'environnement, ainsi qu'à l'ambiance générale du jardin. N'utilisez pas trop de matériaux différents, surtout si

À GAUCHE Une pelouse bien entretenue fait toute la différence dans un jardin. Elle forme une vaste surface dont la couleur et la texture, douces et harmonieuses, mettent en valeur à la fois les allées et les espaces plantés.

Les clés de la réussite

Pour bien poser un revêtement, tenez compte des facteurs suivants :

- Prévoyez un bon drainage dès le départ, de façon à poser le revêtement sur des fondations saines et stables, et à éviter les problèmes de saturation et d'affaissement. Dans les régions à fortes précipitations, n'hésitez pas à mettre en place un système souterrain.
- Déblayez toute la terre en surface, car elle contient des matières organiques qui, en se décomposant, provoquent souvent des affaissements.
- Posez les revêtements en dur sur un sous-sol bien tassé ou, mieux encore, sur une base solide formée de blocaille mélangée à du sable.
- Donnez à toutes les surfaces en dur une légère pente (environ 2,5 %) pour permettre l'évacuation des eaux de ruissellement.

CI-DESSOUS Un plancher en bois est une solution séduisante pour un patio, notamment dans les jardins modernes. Utilisez toujours du bois traité et assurez-vous de la solidité des fondations.

À GAUCHE Ici, l'utilisation de plusieurs couleurs pour les dalles du patio est très réussie. L'élaboration d'un projet préalable est cependant indispensable. L'alignement de dalles plus grandes sépare le coin repas du reste du patio, et la couleur bleue des pavés fait le lien avec les pots en terre et la table.

CI-DESSOUS La ligne d'ardoises sombres crée une transition forte entre la pelouse, le gravier et les plates-bandes ; en outre, elle retient le gravier.

le jardin est petit ; cela entraîne une certaine confusion et crée du désordre et de la lourdeur dans un lieu dédié au repos et au plaisir.

Emplacements et utilisation

Le patio et les allées sont les deux surfaces principales portant des revêtements ; la qualité et l'aspect de ceux-ci détermineront l'allure générale du jardin.

Patios

La préoccupation prioritaire dans le choix du revêtement d'un patio est de créer une surface agréable, où l'eau s'écoule bien et qui sèche rapidement. Elle ne doit pas être envahie par les mauvaises herbes, et être suffisamment grande pour accueillir des chaises et une table. Il est en général préférable de donner à un patio un style classique, avec des dalles, des pavés ou des briques de taille régulière. Choisissez un matériau en accord avec la couleur et le style de la maison.

Les planchers en bois conviennent bien à la plupart des jardins et créent une atmosphère naturelle et détendue. Le bois est associé à la vie en plein air et aux loisirs, et son contact agréable en fait le matériau idéal pour un jardin familial où jouent des enfants. Les planchers en bois se prêtent bien aux tracés en courbe et aux changements de niveau.

Allées

L'allée principale d'un jardin doit être pavée ou bétonnée. Elle mène en général de la porte de la cuisine, au compost ou à la serre, ou bien va du patio à la cabane de jardin. Avant de tracer définitivement les allées, observez la circulation des membres de la famille dans le jardin. Ils éviteront probablement toujours les angles aigus et traverseront directement les pelouses. C'est pourquoi il faut commencer par tracer une allée sinueuse pour éviter que l'on ne piétine le gazon. On peut couvrir les allées moins utilisées de gravier ou de copeaux d'écorce, et même disposer des pas japonais dans une pelouse.

Matériaux

Il existe actuellement un grand nombre de matériaux sur le marché, chacun possédant ses avantages et ses inconvénients. Faites la liste de vos exigences – la résistance, le coût, la texture et la couleur –, dans l'ordre d'importance, puis choisissez le matériau qui vous convient le mieux. Les matériaux de revêtement constitueront sans doute votre plus grosse dépense, c'est pourquoi il faut faire le bon choix.

La pierre naturelle

La pierre à bâtir, le calcaire, le granite et toutes les variétés de pierre naturelle ont un avantage majeur : dès qu'on les a posés, ils prennent un aspect naturel, comme s'ils avaient toujours été là. On peut donc les considérer comme un choix idéal, surtout si la maison est ancienne. Mais ils sont très onéreux, même d'occasion, et quelquefois difficiles à trouver. Si vous les achetez chez un démolisseur – ce qui est le plus économique –, les pierres varient souvent énormément en taille et en épaisseur. Il faudra en tenir compte au moment de la pose.

CI-DESSUS Ici, l'utilisation de briques de même couleur que celles de la maison permet de faire le lien entre cette dernière et la petite cour de style classique. Le motif de carreaux de couleur au centre et l'arrondi face à la porte-fenêtre allègent un ensemble d'apparence un peu conventionnelle.

CI-DESSUS Ici, on a opté pour un audacieux mélange de matériaux et de couleurs, dont l'effet est très réussi. Les grands carreaux de céramique bleue marquent le début d'une allée sinueuse.

Briques et pavés

On utilise peu les briques, en raison de leur coût et du temps nécessaire à leur pose. Cependant, si l'on a le temps de les poser avec soin, si l'on choisit bien leur texture et leur appareillage, elles forment un revêtement très réussi. Utilisez des briques dures, denses, imperméables, résistant au gel et peu sujettes aux moisissures. Les briques industrielles conviennent bien mais, à moins d'être très audacieux, optez pour des couleurs douces. Posez les briques sur chant ou à plat. Cette dernière méthode est plus économique, mais vérifiez les finitions de surface, car les briques dont seuls les chants sont traités contre les intempéries sont très courantes.

Vous trouverez un grand choix de briques et de pavés en béton, dont certains décorés de motifs. Ils sont intéressants, car ils permettent de réaliser des dessins créant une illusion d'espace, de profondeur ou de largeur supplémentaire. En raison des variations de taille, ne vous lancez pas dans des motifs trop compliqués, vous seriez contraint de retailler les briques. Un appareillage en arête de poisson, par exemple, vous obligerait à couper les briques en diagonale à chaque bord.

Les carreaux

Les carreaux sont fabriqués en argile, puis cuits à haute température. Si la qualité de l'argile et la température de cuisson sont bonnes, ils peuvent être très résistants. Les revêtements en carreaux sont très populaires. Non émaillés, de forme géométrique régulière (en général carrée ou octogonale), ils composent des surfaces uniformes et lisses. Étant difficiles à couper, ils doivent être réservés aux grandes surfaces rectilignes plutôt qu'aux contours sinueux.

Pour un effet plus spectaculaire, utilisez des carreaux émaillés, que vous trouverez dans différentes tailles et couleurs, souvent avec des motifs peints. Réservez les carreaux les plus décoratifs aux régions chaudes et ensoleillées. Les carreaux émaillés sont relativement fragiles et chers, mieux vaut ne s'en procurer que de petites quantités et utiliser des fragments de carreaux pour créer des mosaïques.

CI-DESSUS L'association de gravier et d'un motif géométrique en brique a transformé ce recoin de forme un peu bizarre en un lieu ravissant.

Les dalles préfabriquées

Si vous voulez couvrir une surface importante, tout en évitant la monotonie, dessinez un motif en damier de deux couleurs. Par exemple – et bien que les dalles grises et beiges utilisées seules ne permettent en apparence que des motifs monotones –, associez les deux couleurs pour obtenir un effet très décoratif. Attention cependant aux associations de couleurs incongrues. Les dalles classiques mesurent 60 cm de côté, mais il en existe de différentes tailles, et elles peuvent être rondes ou polygonales. La plupart d'entre elles ont 5 cm d'épaisseur ; d'autres, moins. Les plus chères sont en pierre reconstituée, et il en existe même qui ont l'aspect de pierres lavées par les intempéries. Leur surface doit être traitée pour être antidérapante : une surface lisse recouverte de mousse par temps humide est très dangereuse.

Opus incertum

Bien que l'opus incertum soit souvent méprisé, il convient à de nombreux jardins, à condition qu'il soit constitué de pierres naturelles impeccablement posées. Il est parfait dans un jardin de campagne, mais totalement déplacé dans un cadre urbain ou en association avec une architecture d'avant-garde.

L'épaisseur des pierres naturelles peut être très variable. Aussi, préparez soigneusement le terrain pour que le pavage présente une surface lisse et uniforme.

Les planchers en bois

Les planchers en bois – dont l'aspect naturel et le toucher doux en font les plus agréables de tous les revêtements – conviennent aussi bien dans un environnement campagnard qu'en ville. Ils offrent des possibilités intéressantes pour habiller les patios comportant plusieurs niveaux et les surfaces accidentées. On peut les disposer de différentes façons et dessiner des motifs. Ils sont faciles à poser. Utilisez des bois durs ou tendres, mais toujours traités pour l'extérieur.

CI-DESSUS Ici un damier formé par des pavés de bois et des dalles en gravillons permet de jouer sur le contraste des couleurs et des matières.

CI-DESSUS L'association de galets, dalles en pierre et plantes alpines crée une atmosphère de rocaille pour une allée peu conventionnelle.

CI-DESSOUS Au fil du temps, les blocs de béton se couvrent de mousse. L'effet est ravissant sur de petites surfaces, mais la mousse humide est glissante.

Graviers

Le gravier constitue un revêtement relativement bon marché et rapide à poser. Les courbes sont plus faciles à tracer avec du gravier qu'avec des dalles, et les légères différences de niveau s'estompent sans difficulté. Le gravier offre un avantage notable : on peut l'enlever et le remplacer facilement, si l'on souhaite procéder à des installations souterraines, par exemple. Et si l'on s'en lasse, on peut l'utiliser comme base pour un autre revêtement.

Le principal inconvénient réside dans le fait que, malgré un aspect régulier et agréable, il offre une surface peu stable. En outre, les gravillons projetés sur la pelouse peuvent endommager la tondeuse. Enfin, comme ils adhèrent aux semelles des chaussures, on les transporte souvent à l'intérieur de la maison. Évitez les migrations de gravier en installant des bordures en pierre ou en brique sur chant.

On achète le gravier sous deux formes : des pierres concassées en provenance des carrières et du petit gravier extrait des gravières. Le premier est de meilleure qualité mais coûte cher lorsqu'il n'est pas fabriqué sur place. Il se décline dans plusieurs couleurs très naturelles, et votre choix dépendra de la teinte des autres pierres présentes dans le jardin, qu'il s'agisse des murs ou des rocailles. Le gravier rond et lavé présente une variété de couleurs qui vont du presque blanc au pratiquement noir.

Quel que soit le type de gravier que vous prendrez, assurez-vous que les cailloux ne soient ni trop gros (ce qui rend leur utilisation inconfortable) ni trop petits (sans quoi ils collent aux chaussures). La taille maximale se situe entre 10 et 18 mm de diamètre.

Le béton

En tant que revêtement sur de grandes surfaces, le béton est un matériau dur, résistant et facile à poser. On peut y ajouter des pigments pour le colorer. La couleur aide à rompre la monotonie, à condition que la surface soit réduite et le ton choisi avec soin. On peut aussi modifier la texture de surface du béton pour obtenir des résultats intéressants.

Le béton prend un aspect plus agréable et moins sévère lorsqu'on le brosse alors qu'il est humide, pour mettre au jour les gravillons de l'agrégat. Ainsi, son apparence s'adoucit et convient mieux à un jardin.

Les galets

Les pierres rondes ou ovoïdes sont ravissantes dans un jardin, à condition de les utiliser avec parcimonie. On peut en placer autour d'un arbre, par exemple, ou en garnir un recoin où il serait difficile de poser des dalles. Elles ne conviennent pas aux grandes surfaces, car elles deviennent glissantes lorsqu'elles sont humides, et leur surface inégale rend difficile l'installation d'un mobilier de jardin. Alliés au béton, les galets permettent d'en rompre la monotonie et deviennent très décoratifs si on les dispose en courbes ou en damier. On peut composer des motifs avec des pierres en granite sur un revêtement de béton ou de dalles classiques un peu uniforme et triste. Encastrez soigneusement les galets pour que l'ensemble soit horizontal.

L'écorce

Les copeaux d'écorce sont un matériau couramment utilisé, qui permet de réaliser des revêtements aussi agréables au regard qu'au toucher. Par leur côté un peu fouillis, ils s'adaptent mal aux jardins classiques, et, en raison de leur parenté avec le bois, on les utilise en général dans les parties un peu sauvages du jardin. L'écorce convient bien aux emplacements en sous-bois, où sa couleur et sa texture se fondent avec celles des arbres. Elle convient également aux aires de jeux pour enfants, car elle est assez tendre. Utilisez une écorce plutôt grossière que fine, car cette dernière peut se transformer en une sorte de tourbe difficile à entretenir.

À DROITE Cette allée en écorce sépare deux plates-bandes de composition très naturelle. Le bord en brique empêche l'écorce de passer dans les plates-bandes.

Le mariage des matériaux

Ne vous privez pas d'utiliser plusieurs matériaux dans votre jardin. Plutôt que de poser un revêtement uniforme de briques ou de dalles dans un patio, essayez les associations de matériaux. Vous pouvez mélanger les couleurs, les formes et les textures. Vous encadrerez ou adoucirez un patio couvert de dalles carrées avec des bordures en brique ou réaliserez des motifs circulaires avec des galets et des briques pour rompre une symétrie. Alternez les zones gravillonnées et dallées, et installez des plantes de rocaille dans les interstices.

Les mélanges de dalles

En mélangeant les dalles de couleurs différentes, vous pouvez former des motifs fantaisistes ou géométriques. Accentuez les lignes diagonales d'un patio en posant des dalles de couleur rouge qui créeront un contraste intéressant avec le vert ou le brun des dalles classiques. Alternez des bandes de couleurs différentes, ou travaillez en carrés concentriques pour finir par un carré central d'une seule couleur. Ne vous imposez pas une forme de dalles unique : carrée, rectangulaire ou hexagonale. Mélangez-les pour réaliser des motifs intéressants : associez les dalles hexagonales à des dalles carrées ou rectangulaires de couleurs différentes.

Si une zone de votre jardin est agencée selon un thème précis, utilisez les matériaux adéquats. Ce lit de pierre sèche avec un chemin de dalle se trouve sur un patio.

Quatre matériaux différents enrichissent la courbe douce qui forme le passage entre une allée de briques sobres et une surface de gravier bruissant.

La présence et la couleur des carreaux en terre apportent à ce recoin un peu triste une chaleur et une élégance inattendues.

Drainage

Il n'y a rien de plus désagréable que de patauger dans des flaques en traversant son jardin après la pluie. Un bon drainage est absolument essentiel.

Le drainage des surfaces en dur

Les patios et allées peuvent devenir absolument impraticables par temps de pluie si vous ne prévoyez aucune forme de drainage. Aménagez une légère pente lorsque vous construisez une surface dallée ou bétonnée, pour que l'eau s'écoule et ne forme pas de mares. Une pente de 2,5 % permet à l'eau de s'évacuer soit vers les bords extérieurs de la zone dallée, vers les parties plantées, soit vers une rigole peu profonde menant à un puisard ou à un drain. La pente doit aller en s'éloignant de la maison, des murs où de toute autre construction. Fabriquez une rigole formée d'un tube en céramique de section semi-circulaire, encastré dans le ciment, ou façonnez-la directement dans le ciment avec une truelle. Si vous voulez dissimuler la rigole, remplissez-la de petits cailloux peu tassés ou d'un matériau convenant au style de votre jardin. Pensez à installer une grille pour empêcher les cailloux de filer dans le puisard.

Si vous souhaitez une rigole vraiment invisible, installez les tubes en céramique de section semi-circulaire vers le milieu du patio, avant de fixer les dalles ou de couler le béton. Posez le dallage en pente douce en direction de la rigole. Faites passer le dallage par-dessus la rigole en prévoyant une fente de 12 mm tout du long pour permettre à l'eau de s'écouler dans la rigole.

Construction d'un système de drainage en arête de poisson

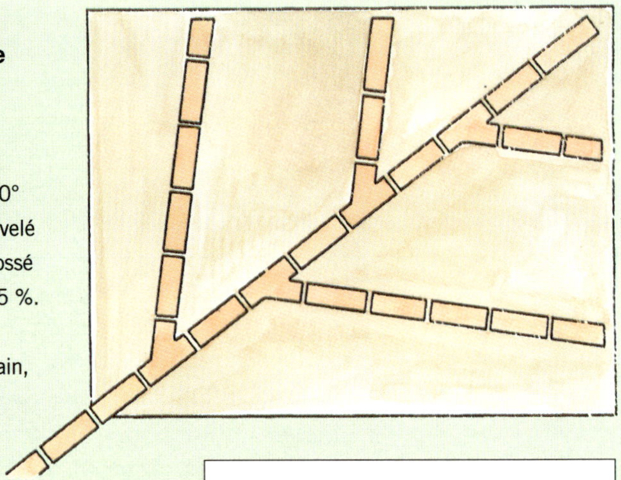

Assurez-vous que les drains latéraux forment un angle de 60° avec le drain principal. Le dénivelé de la pente en direction d'un fossé ou d'un puisard doit être de 2,5 %.

1 En suivant la pente du terrain, creusez une tranchée en V d'environ 90 cm de profondeur et suffisamment large pour recevoir le tuyau principal de 10 cm de diamètre. Creusez en même temps des tranchées latérales pouvant recevoir des tuyaux secondaires de 7,5 cm de diamètre.

2 Couvrez le fond d'une couche de gravier de 5 cm d'épaisseur. Posez les tuyaux sur le lit de gravier.

3 Mettez les tuyaux bout à bout sans les jointoyer. Aux points de rencontre entre le drain principal et les drains secondaires, coupez les tuyaux pour les raccorder et couvrez-les de carreaux en terre cuite. Tout excès d'humidité s'évacuera par les intervalles entre les différentes longueurs de tuyaux.

4 Couvrez l'ensemble de blocaille, puis de gravier, en finissant par de la terre.

EN HAUT À DROITE Schéma d'un système de drainage principal avec des drains secondaires formant un angle de 60°.

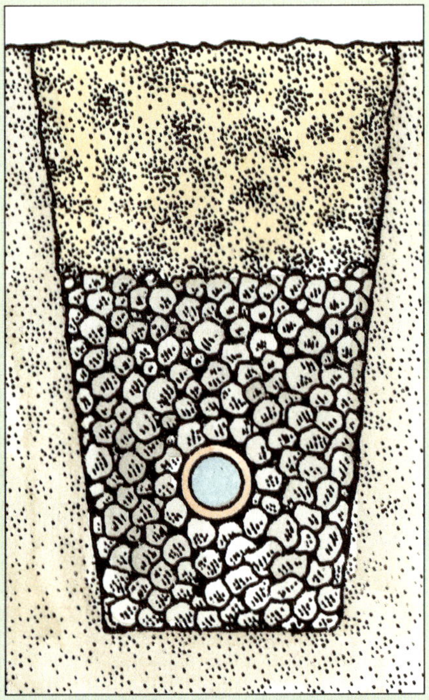

CI-DESSUS Cette coupe montre le drain enseveli dans une couche de blocaille recouverte de gravier plus fin, puis d'une couche de terre.

Construction d'un puisard

Un puisard est un puits rempli de blocaille ou de gravier. L'eau de ruissellement est entraînée dans le puisard, puis dans le sous-sol environnant. Dans le cas où la terre de votre jardin est très compacte et mal drainée, et où aucun cours d'eau ne permet de collecter les eaux, construisez un puisard ou un puits filtrant. Il s'agit de travaux de terrassement importants. Creusez un trou de 0,90 à 1,80 m de diamètre et de 1,80 m de profondeur. Faites en sorte que l'un des tuyaux du système de drainage mène directement au puisard. Maçonnez grossièrement l'ouverture qui permet le passage du tuyau afin de faciliter l'écoulement de l'eau. Remplissez le puits de blocaille, de gravats ou de gravier. Couvrez le puits de terre et faites des plantations afin de le dissimuler.

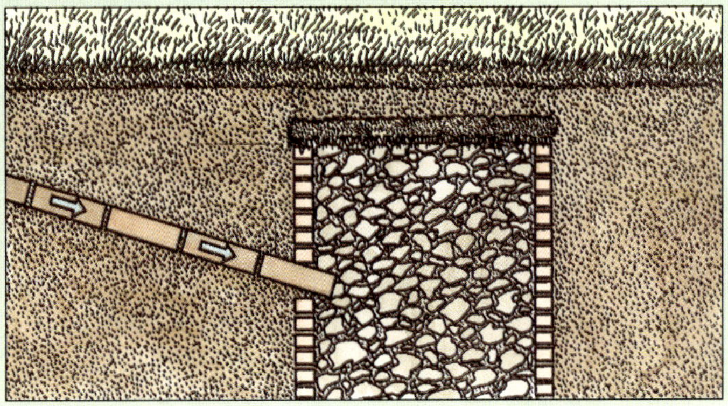

Mortier et béton

Les dalles en béton et en mortier font d'excellents revêtements pour la plupart des patios et des allées. Cependant, la pose de dalles est un travail assez fastidieux qui nécessite de l'aide.

Le mortier tout prêt

Certains mortiers tout prêts contiennent des polymères et permettent la pose de dalles lourdes et leur repositionnement avant le séchage du mortier (un peu comme pour la pose et le collage d'un carrelage). Lorsque le mortier a pris, la dalle colle de façon définitive.

Un sac de 40 kg de mortier sec permet de poser environ 10 dalles de 60 cm de côté ou 14 dalles de 45 cm de côté. Le mortier s'utilise à peine humide. Avec une truelle, on en dépose quatre paquets généreux à chaque angle de la dalle et un paquet au milieu. Puis on pose la dalle. Lorsqu'elle est en place et que l'alignement avec les autres dalles est satisfaisant, on tape sur la dalle avec le manche de la truelle ou celui d'une petite masse pour écraser le mortier sur environ 2,5 cm.

Les ingrédients du mortier

Le mortier destiné à la pose de dalles est une pâte à prise rapide composée de ciment, de sable et d'eau. Il faut mélanger 1 part de ciment et 5 parts de sable. Il est important de bien respecter les proportions. Utilisez un seau pour mesurer, et versez les ingrédients sur une planche pour les mélanger facilement.

Les plastifiants

On ajoute souvent un plastifiant au mortier, afin d'améliorer sa plasticité et son ouvrabilité. Traditionnellement, on utilisait de la chaux, mais on trouve actuellement dans le commerce des plastifiants chimiques, plus faciles à mélanger et très largement utilisés. Ceux-ci sont liquides, et vous en trouverez le mode d'emploi sur l'emballage.

CI-DESSUS Mélangez le mortier par petites quantités, pour l'empêcher de sécher avant utilisation. Utilisez une planche pour garder l'endroit propre.

La fabrication du mortier

1. Formez un tas avec le sable, creusez une fontaine et versez-y un seau de ciment.
2. Mélangez le sable et le ciment avec une pelle, jusqu'à obtenir une couleur uniforme.
3. Ajoutez le plastifiant à l'eau en suivant les instructions du fabricant. Creusez une fontaine dans le mélange sable-ciment et versez la moitié de l'eau.
4. Mélangez petit à petit le mortier sec avec l'eau à l'aide d'une pelle. Ajoutez de l'eau au fur et à mesure que le mortier l'absorbe tout en remuant le mélange, jusqu'à obtenir une consistance à la fois lisse et ferme.
5. Coupez le mélange avec le tranchant de la pelle, jusqu'à ce qu'il forme des arêtes nettes. Un excédent d'eau affaiblit le mélange. Raffermissez-le en le saupoudrant de ciment sec.

Le béton

Choix du mélange

Les proportions dans lesquelles vous mélangez les différents ingrédients – sable, ciment et granulats – sont importantes, afin d'obtenir une qualité de béton qui convienne à l'usage voulu.

Il existe trois mélanges de base.
A : tous usages, pour les dalles et les surfaces nécessitant une épaisseur minimale de 7,5 à 10 cm.
B : pour les travaux légers, allées de jardin et surfaces de moins de 7,5 cm d'épaisseur.
C : pour la pose, un mélange léger utilisé pour les fondations des murs et la pose des dalles.

Les ingrédients nécessaires

Avant de commander les ingrédients nécessaires à la fabrication de 1 m^3 de mélange, consultez le tableau ci-dessous.

Comment faire le mélange

Les proportions se calculent par volume, un seau servant aux mesures. Pour les mélanges A, B et C, suivez les indications ci-dessous en sachant que, pour chaque mélange, vous aurez besoin d'un demi-seau d'eau (bien que cela dépende aussi du degré d'humidité du sable).

Mélange	Ciment (sacs de 50 kg)	Sable + granulats	ou	Mélange tout fait
A	6	0,50 m^3 + 0,75 m^3		1 m^3
B	8	0,50 m^3 + 0,75 m^3		1 m^3
C	4	0,50 m^3 + 0,75 m^3		1,25 m^3

Fondations

Les dalles, pavés et autres matériaux de revêtement extérieur doivent reposer sur une surface dure, plane et stable. Un sous-sol bien tassé recouvert d'une épaisse couche de sable suffit pour le dallage d'une allée, mais, pour les grandes surfaces très sollicitées ou pour les sols mous, il vous faudra poser un matériau plus compact, pour empêcher le revêtement de s'enfoncer.

La blocaille

Pour réaliser les fondations d'une surface dallée ou d'une allée, creusez sur une profondeur d'environ 10 cm, ce qui suffit pour poser un lit de blocaille. Sur les sols mous, doublez la profondeur. La blocaille est un mélange de bris de briques et de béton qui, une fois tassé, forme des creux et des bosses. Pour obtenir une surface lisse, couvrez la blocaille de 5 cm de sable de construction, passez le rouleau et égalisez au râteau. On peut poser les petites dalles et les petits pavés au mortier directement sur le sable. Avant de creuser, vérifiez le passage des tuyaux et des câbles.

CI-DESSUS Toute surface dallée nécessite des fondations stables et uniformes, surtout lorsque les lignes droites jouent un rôle primordial dans l'organisation de l'espace.

Construction des fondations

❶ Pour préparer les fondations d'une allée dallée, tendez entre des piquets deux ficelles parallèles distantes de 1 m. Dépassez de 5 cm au moins la longueur définitive. Enlevez le gazon (que vous pouvez utiliser ailleurs ou mettre en tas pour qu'il se désagrège) et la couche de terre superficielle. Creusez sur environ 20 cm pour pouvoir poser un lit de blocaille de 10 cm, une couche de sable de 5 cm et les dalles.

❷ Tassez le fond de la tranchée avec un poteau de bois, une masse ou un rouleau. Si vous utilisez un poteau, portez des gants pour vous protéger des échardes.

❸ Au fond de la tranchée, étalez un lit de blocaille (en vente chez les marchands de matériaux) sur une épaisseur de 10 cm au moins. Tassez à la masse.

❹ Finissez par un lit de sable de construction d'une épaisseur d'environ 5 cm. Utilisez un râteau de jardinier pour égaliser la surface et couvrir tous les morceaux de blocaille qui dépassent.

CI-DESSUS Ici, les interstices entre les dalles n'ont pas été jointoyés à l'aide de mortier mais de terre, pour permettre à l'herbe et aux plantes de pousser.

Pose des dalles

Lorsque les fondations sont achevées, vous pouvez poser les dalles. La méthode est la même pour une allée que pour une grande surface, tel un patio. Placez un piquet indiquant le niveau du dallage terminé. Vous prendrez toutes vos mesures à partir de ce point précis, en vous souvenant de ménager une déclivité d'environ 2,5 % pour permettre à l'eau de s'écouler.

Les fondations

Posez les fondations en suivant les instructions de la page précédente. Pour une couche de sable d'environ 5 cm de profondeur, il vous faudra acheter 0,50 m^3 de sable pour 20 m^2 de surface dallée. Aux passages très fréquentés et pour les patios, posez les dalles à l'aide de mortier. Tendez des cordeaux entre des piquets afin de pouvoir vérifier le niveau de chaque dalle au fur et à mesure de la pose.

Les motifs

On trouve des dalles en béton dans une grande variété de tailles et de couleurs. Les motifs les plus simples sont les plus faciles à poser, et ils s'harmonisent aisément avec tous les environnements. Certains motifs sont esthétiquement intéressants. Faites des essais sur du papier quadrillé avant d'acheter les dalles, puis déterminez avec précision la quantité nécessaire. Placez-les d'abord de façon provisoire afin d'avoir une vue d'ensemble. Ne les fixez que lorsque vous êtes satisfait du résultat.

La pose des dalles

❶ Déposez à la truelle cinq paquets de mortier sur le sable et posez la dalle. Vérifiez le niveau par rapport au piquet de référence, et l'horizontalité avec un niveau à bulle que vous placerez dans les deux sens. Ajoutez du mortier sur l'un des côtés de la dalle.

❷ Déposez cinq tas de mortier sur le sable – dans chaque angle et au milieu – et placez délicatement la dalle suivante. Vérifiez qu'elle est parfaitement ajustée avec ses voisines.

❸ Tapotez la dalle avec le manche d'une petite masse : cela permet de faire adhérer la dalle tout en étalant le mortier. Vérifiez l'horizontalité à l'aide d'un niveau à bulle. Tapotez jusqu'à ce que la dalle soit en place.

❹ Lorsque toutes les dalles sont posées, égalisez et lissez tous les joints. Nettoyez les dalles et enlevez partout l'excédent de mortier avant qu'il ne soit trop sec.

Pavés

Les pavés en béton ou les pavés autobloquants permettent de réaliser des patios et des allées carrossables de belle qualité. Ils sont très résistants et peuvent supporter des poids considérables. Leur petite taille invite à la création de motifs complexes. En posant les pavés autobloquants simplement sur un lit de sable sans employer de mortier, il vous sera possible de les enlever et de les remplacer à tout moment. Il existe un nombre considérable de motifs, convenant à tous les styles de maisons et de jardins.

Formes et tailles

Les pavés sont en général de forme cubique ou de même dimension que les briques de construction. Il existe de petits pavés triangulaires pour la création des motifs arrondis, et des pavés en S pour réaliser des dessins intriqués.

Les pavés rouges et gris foncé sont les plus courants, mais on en trouve dans tous les tons de brun et de gris, imitant la vraie pierre. Certains, qui ont été patinés pour paraître vieux, conviennent bien aux maisons anciennes. Choisissez une couleur et un style qui s'harmonisent avec le caractère de votre demeure. En mélangeant au hasard différents tons d'une même couleur, on obtient un effet plus naturel. Pour créer des motifs décoratifs, utilisez plusieurs couleurs contrastées.

Certains pavés possèdent une surface lisse, d'autres sont texturés ; la surface de certains est divisée en carrés plus petits pour produire un effet de mosaïque. Avant de choisir des pavés texturés, pensez à la fonction de la zone pavée où vous comptez les installer. Pour un patio,

Préparation des fondations

On peut poser les pavés sur des fondations ou sur une couche de blocaille tassée, recouverte d'une couche de sable. Inutile d'utiliser du ciment ou du béton. Commencez par creuser la zone, puis créez la bordure de finition si nécessaire. La profondeur de la partie creusée dépend de l'épaisseur des pavés. Prévoyez une couche de 10 cm de blocaille tassée, recouverte d'une couche de 5 cm de sable. Posez les pavés de façon que leur surface dépasse de 1 cm celle de la bordure pour permettre un tassement ultérieur. Enlevez donc 1 cm à la hauteur du pavé pour définir le niveau de la bordure. Après avoir creusé, mettez la blocaille en place, et égalisez autant que possible.

❶ Pour les allées et les petites surfaces, utilisez une planche portant deux encoches pour étaler le sable afin de vous assurer qu'il est bien en dessous de la bordure de finition. Le niveau du sable doit se trouver à une profondeur égale à la hauteur d'un pavé, moins 1 cm.

❷ Pour des surfaces plus importantes, utilisez une planche lisse et des tasseaux de 5 cm d'épaisseur pour étaler le sable. Placez ceux-ci sur la blocaille et remplissez de sable l'espace qui les sépare. Glissez la planche sur les tasseaux pour égaliser le sable.

Les bordures de finition

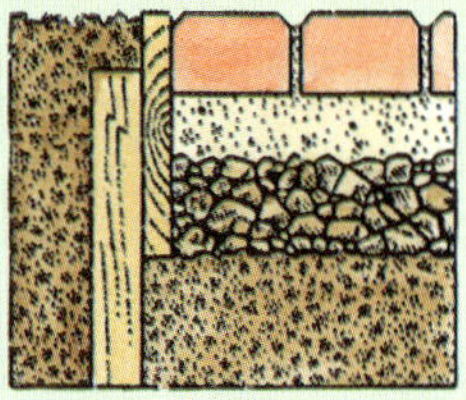

❶ Pour réaliser une bordure en bois, clouez des piquets le long des planches de telle sorte qu'ils se trouvent à 5 cm en dessous du bord supérieur des planches. Enfoncez les piquets en terre, le long de la bordure, jusqu'à ce que les bords supérieurs des planches se trouvent au niveau du sol.

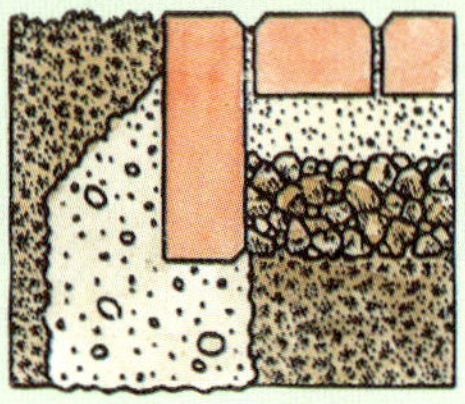

❷ Pour une bordure en brique ou pierre, creusez, autour de la surface pavée, une tranchée suffisamment large et profonde pour les briques ou les pierres, plus 10 cm pour les fondations en béton. Placez les briques ou les pierres pendant que le béton est humide, et maintenez-les en place avec une planche et des piquets. Continuez à caler avec du béton. Lorsqu'il a pris, enlevez les planches.

CI-DESSUS Les pavés carrés permettent une infinie variété de motifs décoratifs : en cercle, arc de cercle et demi-cercle, en éventail et en lignes sinueuses.

préférez les pavés unis : ils présentent une surface lisse et assurent plus de stabilité au mobilier de jardin.

Avant de vous décider, mouillez un pavé afin de vérifier s'il change ou non de couleur et si, sous la pluie, son aspect s'harmonisera toujours avec votre projet d'ensemble. Assurez-vous aussi qu'il ne devient pas glissant par temps humide.

La surface pavée doit être isolée du jardin par une limite. Si ladite surface ne longe ni la maison ni des murs, il faudra créer une bordure. Pour cela, vous pouvez utiliser des planches préalablement traitées. Placez-les de telle sorte que leur bord supérieur soit au même niveau que le pavage et faites-les tenir avec des piquets. Pour un résultat plus durable, installez une bordure en blocs de béton ou une rangée de briques que vous scellerez avec du béton.

Les regards de visite

N'installez jamais un pavage sur un regard de visite. Faites l'acquisition d'une grille métallique. Certaines d'entre elles peuvent être recouvertes de pavés et placées sur le regard pour le dissimuler. Cachez le regard de façon provisoire en l'entourant de pots ou de bacs, afin qu'il demeure en permanence facile d'accès.

Pose des pavés autobloquants

❶ Vérifiez l'emplacement des descentes d'eau, des regards de drains et autres obstacles avant de décider du niveau final du pavage. Ajoutez toujours 1 cm au niveau souhaité, le pavage se trouvera plus bas ultérieurement, lorsqu'il sera posé.

❷ Lorsque les contraintes sont définies, que les couches de blocaille et de sable sont placées, disposez le pavage en suivant le motif choisi. Commencez dans un angle et travaillez en diagonale. Tenez-vous sur une planche pour répartir votre poids.

❸ Lorsque tous les pavés entiers sont en place, finissez par les pavés tronqués. Tenez chaque pavé au-dessus de son emplacement et tracez une ligne avec un ciseau de maçon. Pour plus de facilité et de précision, coupez le pavé avec une machine de professionnels.

❹ Si la surface est petite, vous pouvez stabiliser les pavés à la main. Travaillez en prenant appui sur une planche pour répartir votre poids de façon uniforme, et utilisez une planchette et un maillet pour bien enfoncer chaque pavé. Progressez d'un angle à l'autre.

❺ Pour les grandes surfaces, louez un compacteur pour damer et stabiliser la surface pavée. Choisissez un compacteur à semelle de caoutchouc et placez un morceau de moquette à l'endroit où vous travaillez.

❻ Répartissez du sable entre les pavés avec un balai-brosse, puis repassez le compacteur pour faire pénétrer le sable dans les joints. Recommencez jusqu'à obtenir une surface ferme et régulière.

Galets et opus incertum

Utilisés autrefois pour les petites surfaces, les dallages en opus incertum et en galets sont plus faciles à utiliser que les matériaux traditionnels, comme les dalles et les briques. Mais on commet aisément un certain nombre d'erreurs, surtout pour ce qui concerne l'opus incertum. Si vous respectez les quelques règles de base qui régissent leur pose, les deux matériaux donnent des résultats intéressants, durables et originaux.

Les galets

On peut poser les galets comme du gravier, mais le plus souvent on les incruste dans du béton pour obtenir une surface plus stable.

❶ Commencez par creuser la zone à garnir sur une profondeur d'environ 10 cm. Faites un mortier de fondation avec 1 volume de ciment pour 5 volumes de sable. Coulez le mortier humide.

❷ Enfoncez les galets les uns près des autres dans le mortier en les organisant selon le motif choisi et en les plaçant au même niveau.

❸ Laissez sécher, puis passez un mortier sec composé de 1 volume de ciment pour 3 volumes de sable avec un balai-brosse en faisant pénétrer le mortier dans les joints. Enlevez l'excédent.

❹ Utilisez un arrosoir à pomme fine pour mouiller le mortier et nettoyer la surface des galets.

❺ Vous pouvez aussi incruster les galets dans un lit de mortier de 3,5 cm posé sur une couche de blocaille compactée de 7,5 cm.

À GAUCHE **Ici, l'organisation régulière de triangles de galets affleurant légèrement au-dessus des briques forme une allée très élégante.**

Opus incertum

L'opus incertum est constitué de morceaux de dalles aux contours irréguliers, assemblés au gré de leur forme selon un motif très décoratif. Malgré l'aspect aléatoire de la composition, les pièces sont posées de façon précise, pour donner un effet graphique.

Les bords du pavement sont formés d'une rangée de dalles relativement grandes, qui possèdent au moins un côté droit, placé vers l'extérieur. Des pièces de taille similaire, aux côtés irréguliers, constituent le centre du dallage. On remplit les espaces entre les dalles de morceaux plus petits et irréguliers.

Les fondations

Commencez par creuser la couche supérieure de terre arable. Si le sous-sol n'est pas ferme, continuez à creuser, et remplacez-le par 7,5 cm de blocaille tassée. Couvrez d'une couche de sable de 5 cm ; ratissez et nivelez.

À GAUCHE Les incrustations de galets apportent de la texture à un opus incertum de couleur claire.

À DROITE Un opus incertum multicolore est assez inhabituel. Ici, il est formé de morceaux de carreaux de couleur, de briques et de cailloux, qui créent une ambiance mexicaine ensoleillée.

Pose d'un opus incertum

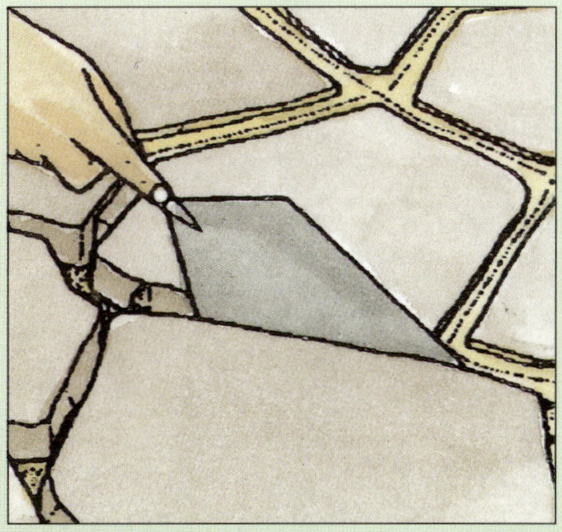

❶ Creusez les fondations et remplissez-les de blocaille compactée. Ajoutez une couche de sable ; ratissez et nivelez. En commençant par les côtés, posez chaque dalle en la faisant tenir avec cinq points de mortier.

❷ Posez les dalles centrales puis les petites pièces dans les vides entre les dalles. Pour stabiliser, posez une planchette et tapez dessus à l'aide d'une petite masse.

❸ Lorsque le mortier est sec, remplissez les joints entre les dalles avec du mortier humide. Créez un léger biseau pour permettre à l'eau de s'écouler facilement.

Gravier

Le gravier est une solution idéale si vous ne souhaitez ni pelouse ni patio. Son aspect est net, il se remplace aisément et ne demande que peu d'entretien. Il se situe à mi-chemin entre les surfaces souples et celles en dur, et convient bien aux jardins où les maçons ont abandonné de grandes quantités de gravats. Les gravats forment une bonne base pour la couche de gravier, de plus cela évite de les extraire, de les jeter, ou encore d'apporter de la terre fraîche.

Le gravier donne un caractère particulier au jardin. Son aspect est différent lorsqu'il est mouillé et lorsqu'il est sec. Il convient parfaitement aux jardins thématiques, japonais ou de bord de mer. C'est le type de gravier choisi qui vous permettra de créer l'ambiance. Les gros graviers pointus crissent sous les pas, ils permettent d'entendre l'arrivée des visiteurs et leur aspect n'est pas le même que celui des gravillons. Il existe des graviers de plusieurs formes, tailles et couleurs. Voyez ce que l'on vend dans votre région, évaluez le coût et choisissez aussi selon votre budget.

Utilisé seul, le gravier a son charme, mais associé à d'autres matériaux, il devient encore plus décoratif. Le bois, les grandes dalles de pierre, les galets et les traverses se marient bien avec le gravier. Utilisez-les isolément sur une partie du gravier ou couvrez-en de grandes surfaces. Le gravier donne vie et mouvement au jardin et ne s'use que lentement.

Il permet d'épouser les moindres contours et constitue un choix idéal pour les sites aux lignes sinueuses. Le seul entretien nécessaire est un ratissage occasionnel, pour lui donner un air propre et net et supprimer les irrégularités. En l'absence d'un film de protection en sous-couche, il vous faudra néanmoins le désherber régulièrement car les mauvaises herbes ont tendance à y pousser.

La pose du gravier

Avant tout, tracez la taille et la forme des espaces gravillonnés sur une feuille de papier, puis délimitez leur emplacement dans le jardin et enlevez toutes les grosses pierres et briques. Nivelez autant que possible, damez la terre à l'aide d'un gros piquet en bois ou en passant avec un rouleau de jardinier.

Si l'espace gravillonné doit être très fréquenté par des piétons ou des voitures, il est préférable de poser une sous-couche de blocaille afin de le stabiliser.

CI-DESSUS Le gravier forme une toile de fond sans prétention, facile à entretenir, qui met en valeur la forme et les couleurs des plantes.

La pose du gravier

❶ Délimitez la zone de gravier avec des piquets en bois entre lesquels vous tendrez une ficelle. Si les bords sont très sinueux, utilisez plutôt un tuyau d'arrosage qui épousera les contours en souplesse.

❷ Creusez la zone sur une profondeur d'environ 15 cm et enlevez toutes les grosses pierres. Posez un lit de blocaille de 10 cm d'épaisseur et tassez avec un gros piquet en bois ou damez au rouleau.

❸ Puis ajoutez une couche de sable d'environ 2,5 cm d'épaisseur sur la blocaille, et égalisez-la au râteau. Tassez-la avec les pieds ou au rouleau.

Creusez la zone sur une profondeur de 15 cm environ. Posez une couche de 10 cm de blocaille. Si vous projetez de garnir le gravier de plantes, réservez des emplacements sans blocaille, destinés à recevoir de la terre et marquez-les avec des piquets. Couvrez la blocaille d'une couche de 2,5 cm de sable, toujours en réservant les emplacements pour les plantes. Nivelez et damez à nouveau.

Puis, le cas échéant, construisez la bordure qui contiendra le gravier. Les rondins et les pavés de béton se marient bien avec le gravier. Vous pouvez aussi poser des briques sur chant, verticalement ou en biais, ou des bordures toutes faites. Construisez les structures permanentes, comme les plates-bandes surélevées, à ce stade de l'avancement des travaux. Plus tard, vous seriez contraint de dégager l'espace, ce qui accroîtrait les difficultés.

Si vous voulez éviter la présence de plantes ou de mauvaises herbes, placez un film protecteur sous le gravier. Ce type de précaution est particulièrement utile dans les endroits longtemps abandonnés, où les mauvaises herbes forment une végétation permanente. Posez le film sur toute la surface prévue, sans tenir compte des espaces dégagés pour les plantes.

Les plantations dans le gravier

Enlevez le gravier et coupez des fentes en croix dans le film protecteur avec un cutter. Dégagez la terre se trouvant en dessous et ajoutez du terreau et un engrais si nécessaire. Mettez la plante en place, replacez le film et le gravier. Si vous installez un groupe de plantes, dégagez un espace plus important et supprimez complètement le film.

Plantez des pieds d'alchémille *(Alchemilla mollis)*, qui poussent bien dans le gravier, de même que les phormiums et les graminées, qui permettent de créer un décor intéressant. Le gravier offre d'excellentes conditions aux plantes méditerranéennes qui aiment les situations chaudes et sèches.

Les pots et bacs s'harmonisent bien avec le gravier. Choisissez des couleurs assorties ou, au contraire, contrastées. Les plantes alpines sont jolies dans un gravier clair, car un fond neutre met en valeur leur délicatesse.

Étalez une couche de gravier de 5 cm. Tassez, puis rajoutez une couche et tassez à nouveau.

Entretien

Pour avoir un beau jardin, ratissez le gravier dès que sa surface devient irrégulière. Si possible, damez-le au rouleau de temps en temps, pour qu'il conserve un aspect net et uniforme.

Arrachez les mauvaises herbes à la main dès qu'elles apparaissent. Bien qu'un film protecteur empêche en général leur apparition, celles qui s'obstinent prendront plus difficilement racine et seront faciles à éliminer.

En l'absence de film protecteur, utilisez un désherbant en granulés une fois par an.

❹ Si vous prévoyez une bordure, installez-la. Posez les briques, les pierres ou les carreaux de terre cuite dans une tranchée étroite remplie de mortier et laissez prendre pendant douze heures.

❺ Couvrez toute la surface d'un film protecteur ou de polyéthylène épais, en faisant se chevaucher les différentes feuilles d'environ 2,5 cm. Coupez l'excédent sur les bords.

❻ Étalez le gravier sur une épaisseur d'environ 5 cm et égalisez-le au râteau. Tassez avec les pieds ou au rouleau. Étalez une seconde couche de même épaisseur et tassez.

Réalisation d'un patio

De nombreux matériaux conviennent à la construction d'un patio – pratiquement tous les types de dalles ainsi que le bois –, ce qui permet de l'harmoniser aisément avec le style de la maison et l'ensemble du jardin. L'éventail des possibilités va du simple patio carré et dallé au mini-jardin complexe, sur plusieurs niveaux. On peut y installer un barbecue et des sièges maçonnés, des plates-bandes surélevées ou un bassin d'ornement. La plupart des principes qui s'appliquent au patio valent également pour une petite cour entourée de murs, qui se transformera ainsi en un charmant salon d'extérieur.

CI-DESSUS Le motif constitué de carrés réguliers de ce petit patio forme un contraste intéressant avec les plantations indisciplinées qui l'entourent.

Le projet

Avant de commencer à construire votre patio, réfléchissez tant à son emplacement qu'à l'utilisation que vous en ferez. En principe, un patio se construit à côté de la maison pour qu'il soit facile d'accès. Il forme ainsi un espace de transition entre l'intérieur et l'extérieur. La proximité de la maison n'offre pourtant pas toujours la meilleure exposition au soleil tout au long de la journée – cela dépend de l'orientation des façades. Selon l'usage que vous souhaitez faire de votre patio, il est parfois préférable de l'éloigner de la maison et de relier les deux par une allée. Un patio éloigné dégagera une atmosphère différente de celle qui régnera dans un patio proche de la maison et peut servir de retraite plus que de pièce d'extérieur.

Soleil et ombre

Commencez par observer la façon dont le soleil se déplace dans le jardin à différents moments de la journée, et cela plusieurs jours de suite avant de décider de son emplacement. Bien que la plupart d'entre nous cherchent à bénéficier du soleil pendant une grande partie de la journée, un peu d'ombre peut également être souhaitable, surtout si l'on projette de manger dehors.

Si l'emplacement idéal, d'un point de vue pratique, se trouve dans l'ombre portée de la maison pendant une bonne partie de la journée, il n'y a pas grand-chose à faire. Mais s'il s'agit de l'ombre d'un arbre ou d'une haie, une taille judicieuse ou même la suppression de ces derniers peuvent se révéler suffisantes. Gardez toujours à l'esprit les réglementations en vigueur ainsi que la présence des voisins. Si une clôture vous gêne, en supposant que vous n'ayez pas besoin d'une barrière haute et pleine, remplacez-la par une construction basse et ajourée, du type treillage.

Si l'emplacement idéal se trouve en plein soleil toute la journée, créez de l'ombre avec un écran de verdure, une pergola ou un treillis sur lesquels vous ferez grimper des plantes. Vous pouvez même fixer un auvent au mur de la maison, ou simplement installer un grand parasol.

Taille et forme

La taille du patio est importante car il ne doit pas être disproportionné par rapport au reste du jardin. Sachez qu'un patio de 3,50 m^2 peut être considéré comme le minimum absolu. Pour être installé confortablement, il faut prévoir suffisamment d'espace autour de la table afin de pouvoir déplacer les sièges en s'asseyant et en se levant ; pour cela, prévoyez en règle générale 1 m tout autour de la table. Un patio destiné à recevoir des sièges doit être construit dans un matériau uni et plat, comme le bois ou les dalles, afin d'assurer une bonne stabilité au mobilier. Le matériau doit être assez solide pour supporter un certain poids et une fréquentation importante. Mais le patio ne doit pas être nécessairement carré : de forme circulaire ou irrégulière, il sera

Idées de décoration

En dehors du revêtement que vous avez choisi, il existe un certain nombre de façons simples de décorer votre patio et de lui donner un style.

- Associez deux ou trois matériaux pour créer des textures différentes et attirer l'attention. Par exemple, bordez un opus incertum de briques ou utilisez des dalles de deux couleurs.
- Enlevez quelques dalles ou briques et plantez des herbes aromatiques. Choisissez du thym rampant et de la camomille, qui adoucissent les lignes droites du patio et dégagent un agréable parfum lorsqu'on les foule.
- Bordez le patio de plates-bandes surélevées afin de profiter de vos plantes favorites.
- Plantez une haie de buis taillé ou de lavande parfumée le long du bord qui donne sur le jardin.
- Construisez un barbecue si vous aimez manger dehors. Confectionnez un banc ou une table dans le même matériau que le patio, bois ou brique, par exemple. Ils ont un aspect fonctionnel et créent une certaine homogénéité.
- Installez un petit bassin, une fontaine ou une gargouille. Vous apprécierez le bruit apaisant de l'eau qui coule.

Les matériaux

Tous les matériaux conviennent au revêtement d'un patio : briques, carreaux, pierres, dalles de béton, pavés, galets, gravier et bois. Mais faites un choix judicieux, car l'espace à couvrir est relativement important et certaines textures ou couleurs ne conviennent pas aux grandes surfaces et sont difficiles à supporter à long terme.

Il est possible d'utiliser le même matériau pour le patio et pour certaines allées du jardin, ou d'harmoniser les matériaux du patio avec ceux de la maison. Cela permet de donner une unité à l'ensemble. Pour renforcer l'effet visuel, pensez à associer certains matériaux, mais toujours en quantité limitée : par exemple, des zones de gravier ou de galets dans un patio recouvert de dalles ou de briques, ou un mélange de pavés et de dalles.

L'éclairage

Si vous voulez profiter de votre patio le soir, réfléchissez à l'installation d'un éclairage. Mais si cette solution s'avère trop onéreuse, pensez aux bougies, aux lanternes et aux torches de jardin, qui créent toujours une ambiance agréable à moindre frais.

À GAUCHE Le motif en vannerie des briques de cette courette introduit de subtiles variations de couleur dans un espace qui, sans cela, serait relativement banal.

CI-DESSOUS Le sol de ce pavillon d'été a été légèrement rehaussé pour marquer une rupture avec son environnement.

souvent beaucoup plus original. On trouve actuellement des dalles de toutes les formes, ce qui offre d'autres possibilités que les traditionnels motifs carrés ou rectangulaires.

La sécurité

En établissant les plans, prenez en compte les changements de niveau entre la maison et le patio et entre le patio et le jardin. En cas de besoin, ajoutez des marches ou des rampes en pente douce. Trouvez des moyens intéressants d'éviter une descente aussi brusque qu'inattendue : construisez une plate-bande surélevée, édifiez un muret bas ou installez des pots.

Réalisation d'un patio

Les patios dont la fréquentation est importante doivent être impérativement posés sur des fondations en blocaille et sable damés (voir p. 36-37). Mais avant de creuser les fondations, prenez les mesures et délimitez le terrain avec précision afin de vous assurer de la stabilité et de la planéité de l'emplacement et d'éviter les effondrements.

La plupart des patios jouxtent la maison et doivent donc être construits à 15 cm au moins en dessous de l'arase étanche, afin d'éviter les remontées d'eau du sol. Pour définir le niveau du patio fini, utilisez des piquets de référence (une série de piquets en bois de section carrée de 2,5 cm de côté). Commencez à une extrémité du patio, le mur de la maison si possible, et enfoncez le premier piquet dans le sol de sorte que son sommet se trouve au niveau de la surface des fondations finies, c'est-à-dire celle où l'on posera les dalles.

Enfoncez un deuxième piquet à l'autre extrémité du futur patio, à la même profondeur que le premier. Vérifiez le niveau en posant une planche sur les deux piquets et en vous servant d'un niveau à bulle. Si la surface du patio est importante ou si la planche est trop courte, enfoncez un piquet intermédiaire entre chaque couple de piquets et utilisez-le comme relais.

Plantez des clous dans les deux premiers piquets, attachez-y des ficelles et tendez-les jusqu'à l'autre extrémité du patio. Plantez deux autres piquets à environ 30 cm au-delà du bord du patio pour avoir suffisamment de place pour travailler. Attachez les ficelles. Pensez à ménager une pente pour le drainage (voir à gauche). Tendez une ficelle entre les deux piquets placés aux angles pour délimiter le bord inférieur du patio, toujours en mettant les piquets légèrement au-delà du patio. Indiquez les angles du patio en plantant d'autres piquets

Définition de l'emplacement

❶ Placez des piquets sur le périmètre du patio et tendez une ficelle entre les piquets. Marquez les angles du patio avec des piquets dont le sommet indique le niveau de la surface des fondations.

❷ Pour les patios carrés et rectangulaires, vérifiez les angles droits avec une équerre. Corrigez si nécessaire en déplaçant légèrement les piquets et les ficelles.

❸ Placez les piquets de référence au même niveau en posant une planche sur tous les piquets et en vérifiant avec un niveau à bulle. Au besoin, enfoncez ou remontez les piquets.

❹ Ajoutez davantage de piquets pour figurer toute la surface du patio en les espaçant de 60 cm. Enfoncez-les au niveau des piquets de référence.

Le drainage

Le revêtement du patio empêche l'eau de pénétrer dans le sol, c'est pourquoi il faut envisager un système d'écoulement.
La surface du patio doit présenter une pente légère afin de permettre à l'eau de s'écouler. Une pente de 2,5 cm pour 2 m est suffisante, mais dirigez-la vers le jardin et non vers la maison pour éviter les problèmes d'infiltration. Lorsque vous mettez en place les piquets de référence, glissez un morceau de bois de 2,5 cm d'épaisseur sous la planche, à l'extrémité la plus basse du patio, et ajustez la hauteur des piquets jusqu'à ce que le niveau à bulle témoigne de l'horizontalité de la planche. De cette façon, lorsque vous enleverez la planche, vous aurez créé la pente.

Pose de dalles hexagonales

1 Prenez la première dalle et alignez-en le bord avec celui des fondations. Posez-la doucement sur cinq points de mortier. Tapez délicatement avec le manche d'une masse. Vérifiez l'horizontalité de chaque dalle au niveau à bulle.

2 Posez la deuxième dalle et les suivantes de la même façon, en les séparant par des petits tasseaux pour obtenir des joints réguliers. Vérifiez la surface avec un niveau à bulle. Ajoutez du mortier si une dalle est trop basse et tapotez sur celles qui dépassent.

3 Mélangez 3 volumes de sable sec et 1 volume de ciment. Répartissez le mélange entre les dalles. Utilisez un arrosoir à pomme fine pour faire pénétrer. Ce type de joint, une fois sec, stabilise les dalles et empêche la croissance des mauvaises herbes.

au même niveau que le piquet de référence. Vérifiez les angles droits avec une équerre.

Une base plane et uniforme

Il est indispensable que les fondations du patio soient absolument planes. Pour cela, placez des piquets autour du patio, en les espaçant de 60 cm. Plantez un piquet après l'autre, au même niveau que le piquet de référence, en définissant la hauteur de chacun par rapport au précédent. Lorsque vous avez placé les piquets marquant le périmètre, enfoncez d'autres piquets espacés de 60 cm sur toute la surface du patio, au même niveau que les précédents. Le sommet de chaque piquet se trouve au niveau des fondations.

Vous pouvez maintenant commencer à creuser. Voyez p. 36-37 pour les détails de l'opération. Laissez les piquets en place, ils vous serviront de guide pour le nivellement des couches de blocaille et de sable. La dernière couche de sable doit arriver au même niveau que le sommet de tous les piquets avant de recevoir le revêtement définitif. Voyez les chapitres concernant les différents revêtements : p. 38-41 pour les pavés, les galets et les opus incertum, et p. 48-53 pour les planchers en bois.

CI-DESSUS Les planchers en bois sont faciles à poser et conviennent bien aux jardins modernes.

Planchers en bois

Dans de nombreux pays, les planchers en bois sont une façon très courante d'aménager les aires de repos. Ils forment un prolongement naturel de la véranda courant le long de la façade arrière de la maison, mais trouvent leur place partout dans le jardin, même loin de la maison.

L'avantage des planchers en bois par rapport aux revêtements plus traditionnels réside dans leur facilité d'installation. On peut construire un plancher en bois dans les endroits les plus difficiles tels les pentes ou les plans d'eau, là où il serait malaisé d'installer un revêtement maçonné. Près d'un étang et prolongé par une jetée, il permet de s'allonger pour regarder les poissons. Plutôt que de le construire au niveau du sol, profitez d'un endroit surélevé pour créer une plate-forme et un point de vue. Le bois est un matériau tendre et souple, contrairement au béton, à la brique et à la pierre. Il se détériore au fil du temps, mais un minimum d'entretien permet d'en profiter pendant de longues années.

Les planchers couverts

Si vous souhaitez de l'ombre sur votre terrasse en bois, construisez un toit en lattes, qui laisse passer la lumière mais protège du soleil. Tendez un auvent par-dessus si nécessaire, pour avoir une protection supplémentaire. Vous pouvez aussi construire une pergola sur toute la surface ou seulement une partie de la terrasse. Habillez-la de plantes grimpantes qui donneront de l'ombre et vous offriront leurs couleurs et peut-être même leur parfum. Optez pour de la vigne (*Vitis* sp.), qui fait un bel ombrage et forme une protection parfaite pour les repas lors des journées d'été chaudes et ensoleillées.

Formes de terrasses

Terrasse couverte de lattes

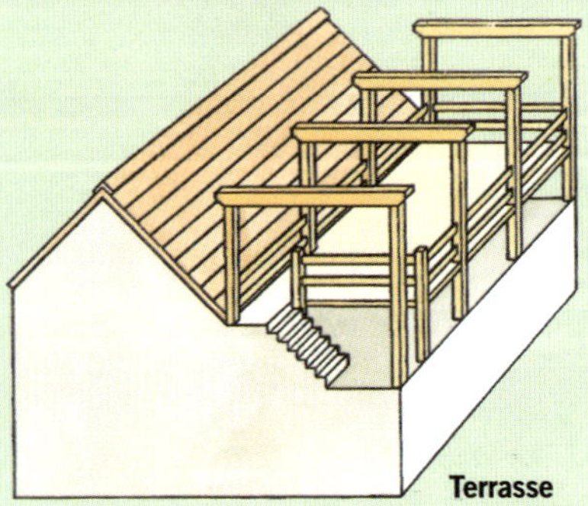

Terrasse en toiture

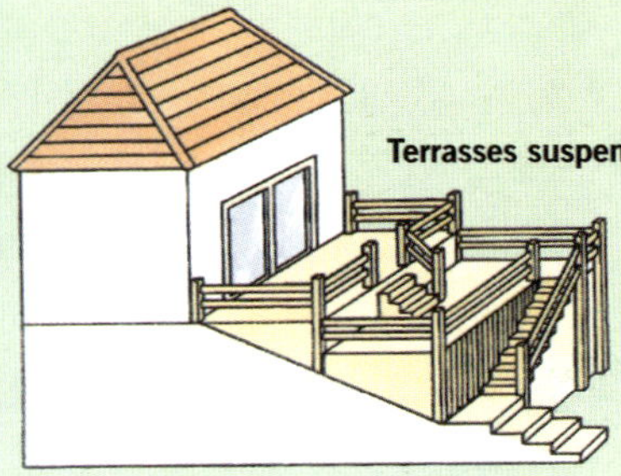

Terrasses suspendues

Formes de planchers

De nombreux planchers sont simplement carrés ou rectangulaires, car ce sont les formes les plus faciles à construire. Cependant, si un plancher triangulaire ou hexagonal convient mieux à votre jardin, ne vous en privez pas.

Comme le bois s'achète sous forme de planches ou de lattes, on a tendance à penser qu'il ne permet que les lignes droites. La plupart des planchers ont des bords droits, mais il est possible de les découper pour leur donner des formes courbes. Un ensemble de formes circulaires, disposées sur plusieurs niveaux, donne du caractère à une terrasse. Découpez des bords en arrondi pour suivre le tracé d'une haie ou d'une pelouse.

Plutôt que de construire une surface uniforme en bois, créez un ou plusieurs espaces à l'intérieur du plancher en libérant de petits emplacements pour des plantes à feuillage décoratif ou des arbustes. De la même façon, ne coupez pas les arbres et les arbustes poussant à l'emplacement prévu pour le plancher, mais contournez-les et adaptez-vous à leur forme. Cette approche est particulièrement intéressante sur un

Motifs géométriques

Les dispositions en motifs géométriques sont très décoratives. Plus le motif est compliqué, plus l'infrastructure soutenant le plancher doit être importante. Les motifs les plus courants sont les damiers, les losanges, les rectangles concentriques et les chevrons. En raison de l'environnement, il est quelquefois préférable de placer les planches simplement en lignes parallèles, ou peut-être en diagonale par rapport à la maison, pour donner du dynamisme au motif.

À DROITE Ici, les planches ont été posées de telle sorte que leur motif donne l'impression que le jardin est plus large.

À GAUCHE Les planchers en bois conviennent bien aux bassins et plans d'eau. Vérifiez et traitez régulièrement les supports avant qu'ils donnent le moindre signe de détérioration.

Disposition des solives

Le nombre et la disposition des solives dépendent du motif choisi pour le plancher. Les solives principales doivent former des angles droits avec les planches. On ajoute des traverses perpendiculaires pour renforcer l'infrastructure.

CI-DESSUS Les planchers en bois conviennent merveilleusement aux balcons et terrasses en toiture. On les installe de la même façon que sur un patio.

terrain en pente où le plancher se trouvera au niveau du feuillage des arbres, mais aussi sur un terrain plat où les arbres projettent leur ombre naturelle.

Construction d'un plancher

Tracez sur du papier millimétré un plan à l'échelle de votre jardin et reportez l'emplacement et la taille du plancher, ainsi que ses accès et tous les éléments qui interviennent sur son aspect. Si le terrain est en pente, faites apparaître l'élévation précise du site.

Réfléchissez à son usage, ce qui vous permettra d'en définir la taille. Si vous comptez prendre vos repas à l'extérieur, le patio doit être suffisamment grand pour que l'on y installe une table et des chaises, et permettre aux uns et aux autres de circuler au moment du service. Si vous comptez y prendre des bains de soleil, prévoyez la place nécessaire aux chaises longues.

Réfléchissez à la taille, à la forme et aux proportions du plancher en tenant compte des objets formant son environnement. Un plancher long et étroit – de 6 m sur 3, par exemple – sera plus joli le long de la maison, que perpendiculaire à elle. Un plancher carré, en revanche, sera plus joli dans un coin, entre des murs à angle droit.

À partir des plans, calculez la quantité de planches nécessaires, en sachant que, plus les motifs sont compliqués, plus il faudra de bois, et plus il y aura de chutes. Choisissez du bois dur, solide, qui ne fait pas d'éclats et qui est imputrescible. Il coûtera cher, surtout si vous souhaitez couvrir une surface importante. Les bois tendres sont moins onéreux, mais ils ont tendance à faire des éclats, sauf s'ils sont parfaitement traités. Dans tous les cas, traitez le bois avec un produit spécial contre la putréfaction ; et traitez également tous les accessoires, clous, écrous et vis contre la rouille.

Le plancher posé sur le sol

Les planchers posés directement sur le sol sont non seulement les revêtements le plus couramment utilisés mais aussi les plus faciles à installer. L'assemblage d'un simple plancher en bois prend bien moins de temps que l'installation d'un revêtement en dur ou en gravier. Mais la rapidité d'installation ne doit pas constituer un argument majeur, car il est extrêmement important que la structure soit horizontale et le plancher stable. S'il est bien construit et entretenu de façon régulière, un plancher en bois peut durer des années.

Marquez l'emplacement du plancher en plantant des piquets et en tendant des ficelles. Faites en sorte que les coins forment des angles droits, et vérifiez soigneusement.

Un patio est un emplacement idéal pour un plancher en bois, car il ne nécessite

Pose des solives

❶ Posez le plancher sur des solives, séparées du sol par des cales qui les empêchent de se dégrader.

❷ Les cales en bois peuvent être remplacées par des cales en béton, ou même des piliers si le terrain est en pente.

aucune préparation préalable. La seule condition est qu'il soit plat et stable. Si vous installez votre plancher sur une pelouse, en revanche, il vous faudra supprimer toutes les mauvaises herbes et dégager le sol sur une profondeur d'environ 10 cm. Couvrez ensuite la zone d'un film imperméable, puis remplissez-la de gravier jusqu'au niveau du sol.

De simples dalles, des carreaux ou des briques forment une base efficace pour un

Points de sécurité

- Par mesure de précaution, faites vérifier votre plancher en bois par un professionnel avant de l'utiliser. Cette mesure vaut particulièrement pour les planchers surélevés.
- Évitez les planchers avec des espaces larges entre les lattes. Les pieds des chaises passent au travers, les petits objets tombent constamment entre les interstices. Et il est même quelquefois difficile de les récupérer.
- Les lattes trop espacées représentent un danger pour les enfants, qui s'y prennent les pieds. Une mesure d'économie peut devenir une source de problèmes et, contrairement à sa vocation première, se révéler dangereuse.

Les planchers surélevés

Il existe différentes manières de construire un plancher surélevé, mais, au-delà de 50 cm de haut, faites appel à un professionnel. Pour un plancher bas, fabriquez des poteaux de soutènement que vous fixerez dans une surface en dur ou dans un socle en béton directement coulé dans le sol.

Pour un plancher surélevé, il faut une ossature plus importante que pour un plancher bas. D'abord, il faut des poutres de soutènement deux fois plus épaisses. Les solives, espacées au plus de 45 cm, seront fixées aux poutres de soutènement par des pattes en métal galvanisé. Pour arrimer un plancher sur un mur, commencez par fixer à intervalles réguliers une sablière (ci-dessous à droite) à l'aide d'écrous.

Construisez les planchers surélevés sur des murs en brique bas ou sur des piliers de béton d'environ 30 cm de haut et espacés de 1,20 m, sur toute la surface du plancher. Pensez à installer une assise étanche (comme une couche de bitume) sous les supports pour empêcher l'humidité de remonter à travers les briques et d'attaquer le bois. Pour garder l'endroit propre et écarter les animaux, construisez un muret autour de l'espace se trouvant en dessous du plancher. Vérifiez la hauteur des murs et leur horizontalité, car ce sont eux qui supporteront les solives. Installez le plancher à 15 cm en dessous de l'arase étanche pour empêcher l'humidité de pénétrer les murs. Les planchers surélevés doivent posséder des murets de protection ou des balustrades.

Fabrication d'un caillebotis

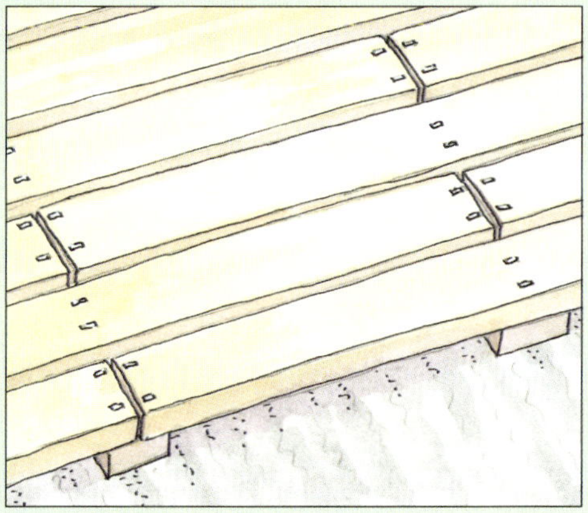

1 Utilisez des planches de 7,5 cm sur 2,5 cm de section, à la fois pour les lattes et pour les solives. Placez les solives à 75 cm de distance, en rangs parallèles.

2 Espacez les lattes d'environ 1 cm. Pour cela, utilisez une planche de l'épaisseur voulue pour maintenir une distance constante. Placez les lattes perpendiculairement aux solives.

3 Assemblez les lattes en décalant les jointures et en les faisant se rencontrer sur une solive. Fixez-les à l'aide de clous.

CI-DESSUS **En encastrant des planchers, on peut créer un ensemble original et harmonieux.**

plancher. Placez les dalles sous chaque solive porteuse à 1,50 m d'intervalle. La distance entre les solives dépend de la taille du plancher. Assurez-vous que toutes les dalles sont au même niveau en posant une poutre transversale sur les solives et en vérifiant avec un niveau à bulle.

Un plancher en bois standard est formé de solives en bois traité de 15 cm sur 5 cm de section. Les solives sont posées parallèlement et espacées de 90 cm. Fixez-les aux poutres extérieures de l'ossature avec des pattes en métal galvanisé. Lorsque l'ossature est construite et posée sur sa base commence le travail de pose des lattes et du plancher proprement dit.

Pose du plancher

Les planchers en bois permettent un grand nombre de motifs différents, allant de l'assemblage de carrés en chevrons au simple alignement de planches. Quel que soit votre choix, la technique de pose est la même. Laissez une distance de 1 cm entre chaque planche, pour permettre au bois de travailler et à l'eau de s'écouler. Pour maintenir une distance égale et régulière entre les planches, utilisez comme gabarit une latte ayant l'épaisseur voulue. Posez les planches aussi droit que possible et fixez-les aux solives avec des vis de 6,5 cm. Égalisez les bords des planches à la scie et ajoutez une planche ou une baguette transversale pour la finition.

Les caillebotis

On peut fabriquer un caillebotis en lattes de bois avec des planches de bois dur ou de bois tendre prétraité, mesurant 7,5 cm sur 2,5 cm de section. On pose le caillebotis sur une base en béton. Ce type de planchers est extrêmement simple à construire et peut être assemblé sur place. Il est formé de poutres en bois formant les solives sur lesquelles reposent des lattes. Pour faire l'ossature, posez les solives à 75 cm de distance et parallèlement, dans le sens de la pente du terrain. Coupez des lattes dans la même qualité de bois que celui de la plate-forme et placez-les perpendiculairement aux solives. Vous pouvez poser ainsi des plates-formes allant jusqu'à 3 m de largeur. Pour des plates-formes plus larges, joignez les lattes en les clouant bord à bord au milieu d'une solive.

À chaque rang, décalez les jointures afin d'éviter les lignes de raccordement continues qui fragilisent la structure. Fixez les lattes sur les solives avec des clous de 4 cm. Comptez deux clous par solive et plantez-les du côté extérieur des lattes pour éviter le gauchissement.

CI-DESSUS **Un plancher en bois supportant des bacs et des meubles nécessite une infrastructure importante. On peut découper des ouvertures dans le plancher et faire reposer les objets lourds directement sur le sol.**

Pose des caillebotis

On peut poser les caillebotis de petite taille, qui existent également sous forme de kits, dans des directions différentes et former ainsi un motif en damier très décoratif. On les solidarise par des solives qui dépassent sur les côtés. Puis on scie les solives qui dépassent tout autour pour faire un pourtour net. Les caillebotis constituent une solution idéale pour les surfaces compliquées, car on peut les scier et les emboîter facilement.

Allées

Bien que les allées aient une fonction pratique, qu'elles permettent de se déplacer sans ravager la pelouse ou transformer les plates-bandes en mares de boue, ce n'est pas le seul intérêt de leur présence.

Elles servent à mettre en valeur l'organisation générale du jardin et forment elles-mêmes des éléments décoratifs.

La première fonction d'une allée est de conduire d'un point à un autre. Cela peut paraître évident, mais c'est un aspect souvent négligé au moment de l'installation du jardin. Le plus souvent, une allée principale, très fréquentée, se promène à travers le jardin et forme des méandres au lieu d'aller tout droit. Le résultat est que, pour atteindre leur but le plus vite possible, les gens prennent des raccourcis, piétinent la pelouse ou sautent par-dessus les plates-bandes. Une allée principale, celle qui mène à la maison, doit emprunter le chemin le plus court.

Conception d'une allée

La tâche sera plus facile si vous tracez un plan à l'échelle sur du papier millimétré, en indiquant l'emplacement et la largeur de l'allée. Dessinez les structures principales du jardin, puis essayez plusieurs tracés. Vous pouvez aussi prendre une photo du jardin depuis la maison, puis superposer du papier-calque avec plusieurs tracés.

Si vous comptez utiliser des briques ou des dalles comme revêtement, dessinez-les sur le papier pour avoir une idée du résultat final. En dessinant le motif formé par le matériau à l'échelle, vous pourrez compter le nombre d'éléments nécessaires pour couvrir une longueur donnée. En multipliant le chiffre obtenu par la longueur totale de l'allée, vous obtiendrez le nombre total de briques ou de dalles.

Le type de motif choisi oblige quelquefois à faire des coupes. C'est pourquoi un plan soigneusement tracé permet de connaître le nombre de coupes et éventuellement de modifier le motif en déplaçant l'une ou l'autre pièce sur le papier, avant de passer à la pose définitive.

Les allées rectilignes, formant des angles droits, ont tendance à compartimenter le jardin et à lui donner un aspect classique, alors que les lignes courbes, plus naturelles, apportent une certaine animation. Une allée sinueuse ne découvre pas les charmes du jardin au premier regard, mais crée une part de mystère lorsqu'elle échappe à la vue. Une allée qui disparaît au gré d'une courbe incite à la flânerie. Dans un petit jardin, il est particulièrement intéressant de donner l'impression qu'il reste des endroits à explorer au-delà de ce qui est immédiatement visible. Le jardin paraît ainsi plus grand.

Avant de décider de l'emplacement d'une allée, prenez en compte la qualité du sol, pour des raisons à la fois esthétiques et pratiques. Par exemple, une allée en terre descendant vers la maison ou un autre bâtiment forme un chemin idéal pour l'eau en cas de forte pluie, qui ruisselle et pénètre directement dans les murs.

Choix de matériaux

Il existe un grand nombre de matériaux adaptés aux revêtements des allées. S'il y a déjà des allées dallées dans le jardin, utilisez le même matériau pour donner une certaine unité. Mais l'utilisation de matériaux différents est également intéressante, car elle permet de changer d'atmosphère.

Les dalles se posent relativement facilement. Les briques coûtent plus cher, mais elles sont très décoratives. Néanmoins, elles peuvent devenir glissantes lorsqu'elles se couvrent de mousse par temps de pluie. Les allées de gravier sont jolies, bon marché et faciles à poser. Les allées en pelouse sont peu chères et décoratives, mais il faut les

À GAUCHE Le contraste de texture entre les pavés et le gravier, mis en valeur par les plantations semi-formelles, entraîne le regard vers le fond du jardin.

tondre et elles deviennent impraticables lorsqu'il pleut et qu'il fait froid. Les copeaux d'écorce ou de bois forment des allées agréables, mais ils ont tendance à s'éparpiller, ce qui donne rapidement un aspect peu soigné, même si on essaie de les discipliner avec des bordures. En général, on les dispose entre les arbres et les arbustes, là où l'herbe ne pousse pas et où ce type de revêtement a l'air plus naturel.

Mais n'hésitez pas à associer plusieurs matériaux. Les dalles entourées de gravier sont toujours du plus bel effet. Les pavés en pierre ou en brique se marient bien aux dalles et au gravier. En revanche, le mélange d'une grande quantité de matériaux et de couleurs est peu heureux et donne une impression de confusion.

Les allées de gravier

L'utilisation de gravier pour recouvrir les allées convient à beaucoup de styles de jardins, de plus, le gravier est facile à poser et à entretenir. Mais il faut prendre des précautions pour empêcher les gravillons de

EN HAUT Le gravier convient bien à une allée qui court entre des plates-bandes au fouillis savamment composé.

CI-DESSUS Cette allée étroite en gravier et opus incertum forme un contraste avec les graminées.

À GAUCHE La netteté de cette allée rectiligne en brique et pavé met en valeur la conception moderne et les courbes des arches couvertes de rosiers.

CI-DESSUS Des disques de bois prélevés sur un tronc d'arbre forment un ensemble de pas disposés parmi le gravier.

migrer. Installez des bordures en brique, en pierre, en béton, reposant sur un lit de sable ou de béton, ou même des planches solides et préalablement traitées, maintenues par des piquets enfoncés dans le sol. Cette mesure est particulièrement importante lorsque le gravier jouxte une pelouse, car les gravillons peuvent gravement endommager la tondeuse.

Pour poser une allée de gravier, remplacez le sable des fondations par une couche de gravier grossier de 5 cm d'épaisseur que vous tassez bien. Ajoutez 5 cm de gravier fin, égalisez au râteau et tassez à nouveau pour le stabiliser.

Les pas japonais

Une allée ne suit pas toujours une ligne continue. Sur une pelouse, les pas japonais – formés d'une suite de dalles de pierre ou de rondins de bois – permettent de créer une transition subtile entre un côté de la pelouse et l'autre. Calculez soigneusement l'intervalle entre chaque dalle, car il est fréquent que, pour des raisons d'inconfort, on finisse par marcher sur l'herbe.

La surface des pas doit se trouver à environ 2 cm en dessous de celle de la pelouse, pour ne pas gêner le passage de la tondeuse.

Posez simplement la dalle ou le rondin sur le sol et marquez son périmètre avec une bêche ou tout autre outil coupant. Dégagez l'herbe ou la terre arable, et creusez sur 4,5 cm de profondeur, plus l'épaisseur de la dalle ou du rondin.

Couvrez le fond d'un lit de sable de 2,5 cm d'épaisseur et vérifiez son horizontalité avec un niveau à bulle. Placez le pas sur le sable et tapez avec le manche d'une masse pour le mettre en place et le stabiliser.

Si les pas traversent une pelouse et mènent vers un plan d'eau, poursuivez le chemin au-delà de l'eau pour donner une unité aux différentes parties composant le jardin.

CI-DESSOUS Ici, les pas en pierre forment une ligne et indiquent le chemin à travers un jardin de graminées poussant dans le gravier.

Des pas en bois sur du gravier

On peut construire un pas japonais très décoratif avec des rondins de bois entourés de gravier. Vérifiez que le bois a été traité préalablement avec un produit qui le protège contre la putréfaction. Posez les rondins sur un lit de sable et de gravier.

❶ Disposez les rondins le long de l'allée ; vérifiez qu'ils ont tous la même hauteur afin d'obtenir une surface bien horizontale. Posez-les les uns à côté des autres et enfoncez-les.

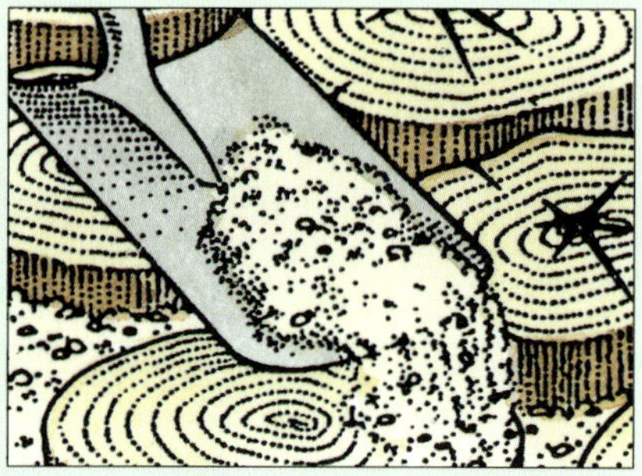

❷ Remplissez les espaces entre les rondins avec un mélange de sable et de gravier et tassez avec les pieds. Rajoutez du mélange en cas de besoin.

❸ Rajoutez encore du mélange de sable et de gravier et égalisez l'ensemble avec un balai-brosse.

CI-DESSUS **Les briques sombres forment une surface élégante et antidérapante, dans ce jardin potager ornemental.**

Matériaux et motifs

Tous les matériaux suivants conviennent pour couvrir des allées, soit seuls, soit en association. Les motifs décoratifs permettent des effets intéressants du point de vue des textures aussi bien que des couleurs. Peu importe le style choisi, vous trouverez toujours un matériau adapté.

- Briques
- Galets
- Pavés en béton
- Dalles en béton
- Gravier
- Rondins de bois
- Écorce
- Plancher en bois
- Macadam
- Béton
- Dalles de pierre

Pose d'une allée en brique

Pour réaliser une allée avec des briques ou des pierres, commencez par les poser selon le motif choisi en ménageant des intervalles réguliers, de 12 mm au plus. Après en avoir placé un certain nombre, posez dessus une limande et tapez avec un gros marteau jusqu'à ce que toutes les briques se trouvent au même niveau.

Si l'allée ne possède pas de pente naturelle, prévoyez une pente légère d'un côté ou de l'autre de l'allée mais toujours en vous éloignant de la maison, pour permettre à l'eau de s'écouler. Vérifiez avec un niveau posé sur une limande en travers de l'allée. Placez une petite cale sous l'extrémité du niveau se trouvant du côté bas de l'allée jusqu'à ce que la bulle se trouve en équilibre, au milieu. Ainsi vous serez sûr d'obtenir une pente suffisante. Enfoncez les briques davantage du côté où l'eau doit s'écouler, mais l'ensemble doit rester horizontal.

❶ Placez les briques sur leur lit de sable selon le motif choisi, en ménageant des intervalles réguliers.

❷ Tirez des cordeaux en travers de l'allée, pour respecter la symétrie, surtout lorsque vous créez des diagonales.

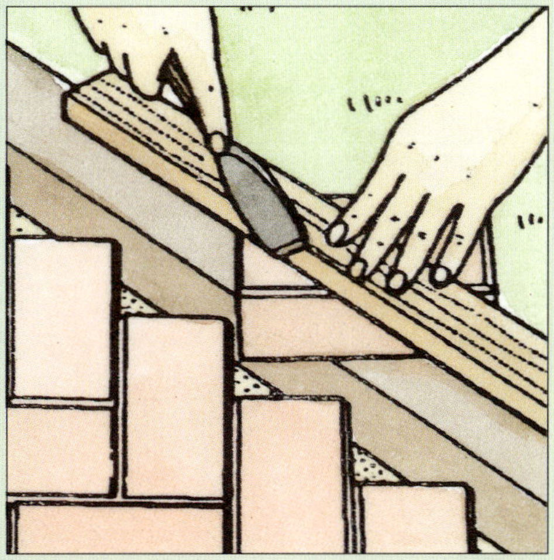

❸ Marquez les lignes de coupe en tenant les briques au-dessus de leur emplacement et en traçant un trait avec un ciseau.

Bordures

De la même façon que les jardins ont besoin d'une enceinte et les tableaux d'un cadre, la plupart des patios et allées nécessitent des bordures sinon ils finissent par se perdre dans l'environnement, ce qui est quelquefois souhaitable, certes, mais une bordure nette est, en général, plus reposante pour le regard.

Dans certains cas, les bordures sont purement et simplement ornementales, mais, d'autres fois, elles sont nécessaires pour contenir certains matériaux comme le gravier ou l'écorce, et pour empêcher la terre des plates-bandes de migrer. La bordure apporte souvent une touche finale indispensable. Utilisez des briques ou des tuiles, ou, pour un effet plus rustique, des rondins de bois. Installez des plantes pour faire des bordures vives, comme les petites haies de buis taillé qui se marient bien avec les surfaces de pierre ou de brique. La lavande est très décorative et vous pourrez également la tailler.

CI-DESSUS Le bois teinté est très décoratif autour d'une plate-bande de fleurs, surtout si la couleur de l'un est en harmonie avec celle des autres.

CI-DESSOUS Cette bordure en terre cuite imitant un cordage est du plus bel effet entre l'allée de gravier et la plate-bande dense.

Construction d'une bordure

Les bordures en dur, en pierre reconstituée par exemple, ont un aspect plutôt austère, alors que la brique est plus douce. On peut mettre les briques à plat, mais on les pose le plus souvent sur la tranche ou en biais, à 45°. Il existe dans le commerce des bordures toutes faites, simples ou décoratives, en terre cuite ou en ciment. Il est préférable de les sceller avec du ciment pour les rendre stables et efficaces.

Creusez une tranchée étroite le long de la bordure, coulez une couche de ciment dans le fond et placez les éléments de la bordure. Une bordure longeant une allée carrossable nécessitera une couche de ciment plus épaisse pour donner une assise plus solide.

Posez des bordures autour des plates-bandes de fleurs, pour empêcher la terre de déborder sur les surfaces avoisinantes en gravier ou en écorce, par exemple. Les planches conviennent bien dans ce cas. Utilisez du bois préalablement traité. Clouez des piquets sur les planches et enfoncez-les dans le sol jusqu'à ce que le bord inférieur de la planche soit au niveau du sol. Des briques posées en biais forment une bordure à la fois classique et décorative.

Les bordures souples

On peut aussi réaliser des bordures plus légères en matériaux naturels. Installez une bande de gazon de part et d'autre d'une surface pavée, ou fabriquez des arceaux avec des branches ou des tiges de métal souples, aménagez des palissades basses ou des rangées de rondins. Les arceaux et les palissades conviennent bien aux plates-bandes et *mixed borders* car elles empêchent les plantes de déborder sur l'allée ou sur le gazon. Les rondins sont idéals pour les surfaces recouvertes d'écorce, d'abord parce qu'ils retiennent l'écorce et ensuite parce que les deux matériaux sont naturellement assortis, surtout dans les zones de sous-bois ou plantées d'arbustes.

Créez une bordure nette autour des plates-bandes en plantant une haie basse. Les haies de buis *(Buxus sempervirens)* sont particulièrement décoratives. Elles forment une transition douce entre deux zones et séparent l'allée de la plate-bande tout en les reliant. Taillez-les soigneusement pour avoir toujours des bordures impeccables.

Les bordures de pelouses

Les pelouses finissent naturellement et ne nécessitent pas toujours une bordure. Mais certains jardiniers aiment installer une bande étroite de dalles autour d'une pelouse : cela évite d'en tailler les bords et permet aux plantes de déborder vers la pelouse sans abîmer l'herbe. Installez ces bordures légèrement en dessous du niveau de l'herbe pour permettre à la tondeuse de passer sans dommages.

CI-DESSUS Les planches forment des bordures indémodables et conviennent bien aux plates-bandes d'un potager ornemental.

Les styles de bordures

Il existe un grand nombre de procédés décoratifs pour border les allées et les patios. On peut poser des briques de différentes façons : à plat, sur chant, en biais pour faire un motif en dents de scie, ou maçonnées pour faire un muret. On peut aussi installer des plaques toutes faites. On a le choix entre des formes simples ou décoratives. Les bordures en fil de fer sont disponibles dans plusieurs styles, des plus simples aux plus ornementés. Elles ont l'avantage d'être bon marché, souples et faciles à installer.

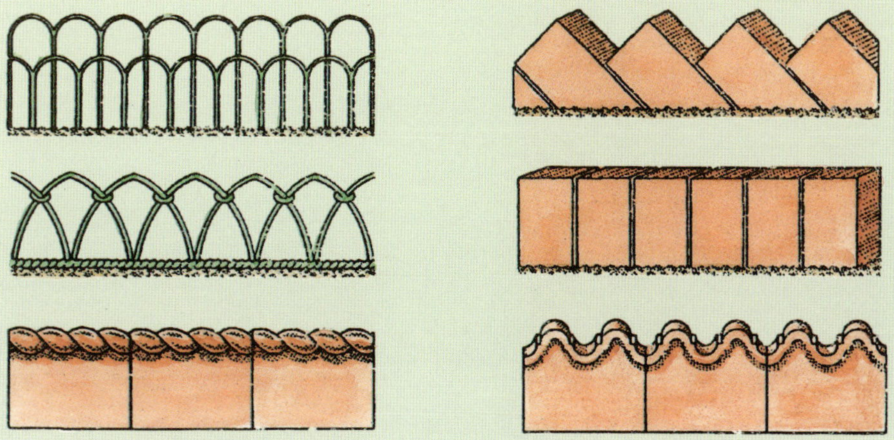

Les bordures de patio

Le passage entre un patio et le reste du jardin n'est pas toujours délimité. Ainsi, le plus souvent, la surface en dur s'arrête net et le jardin commence brusquement sans transition. Un des moyens efficaces de marquer la fin de l'un et le début de l'autre consiste à entourer le patio d'un mur bas. Il peut s'agir soit d'un simple muret en brique ou en pierre, soit de plates-bandes surélevées construites autour du patio permettant d'installer des plantes. Prévoyez des orifices pour le drainage dans les parois des plates-bandes afin de permettre à l'excédent d'eau de s'écouler.

Marches

Les marches permettent aux promeneurs d'accéder aux différentes parties d'un jardin en pente ou sur plusieurs niveaux. Elles établissent un lien entre les éléments – potager, pelouse, plates-bandes, etc.

Pour construire un escalier, vous pouvez utiliser des dalles, des briques, des planches et des rondins de bois. Choisissez un matériau qui s'harmonise avec le contexte général. Toutes les qualités de briques, blocs de pierre, pavés et dalles conviennent. Il est possible de construire à la fois le giron de la marche et la contremarche en brique et en pavé. La surface peut revêtir différents aspects : lisse, granuleux, ou même décoré dans le cas de certains blocs de béton. Les dalles sont recommandées pour les marches, elles sont lisses, rainurées, géométriques ou décoratives. Si vous possédez une certaine quantité de pierres de tailles différentes, réalisez un opus incertum. Utilisez des rondins entiers ou coupez-les en disques. Plantez des piquets pour les faire tenir. Servez-vous de planches ou de poutres carrées, les traverses de chemin de fer forment des escaliers très intéressants. Attention, les marches en bois sont glissantes par temps de pluie, enveloppez-les de grillage à poule pour leur donner plus de prise.

Construction d'un socle en béton

Pour un escalier important – à partir de 10 marches –, il est préférable de couler un socle en béton dans une tranchée à la base de l'escalier. Ce socle est destiné à supporter la première marche et à éviter que tout l'escalier ne glisse vers le bas de la pente. Sous la première marche, creusez une tranchée d'environ 10 cm de profondeur – du double de la profondeur de la marche. Mettez une couche de blocaille dans le fond de la tranchée, tassez bien, égalisez et laissez reposer une nuit avant de poursuivre.

Calcul des dimensions

Pour réaliser un escalier confortable et sans danger, prenez en compte les dimensions suivantes :

- La contremarche doit mesurer entre 10 et 12,5 cm, mais elle peut aller jusqu'à 15 à 17,5 cm.
- La profondeur des marches doit faire 30 cm au moins (suffisamment pour poser la partie antérieure de votre pied en descendant, sans que votre talon ne frotte le nez de la marche précédente).
- Pensez aux utilisateurs de l'escalier : des marches de 60 cm de large n'autorisent le passage que d'une seule personne, car pour deux personnes marchant côte à côte il faut 1,50 m.
- Le nez de la marche doit dépasser d'environ 2,5 cm, pour dessiner une ligne sombre qui indique la présence de la marche.

Conception d'un escalier

Dessinez l'emplacement et la forme des marches sur du papier quadrillé pour juger de leur aspect et de la façon dont elles s'intègrent dans le jardin. Tracez une coupe verticale partant du niveau du sol, afin de déterminer la pente de l'escalier.

Pour calculer le nombre de marches, mesurez la hauteur de la pente et divisez ce chiffre par la hauteur d'une marche, c'est-à-dire marche plus contremarche (voir ci-dessous).

Dans un jardin en terrasse, ce calcul est relativement simple, car il suffit de mesurer la hauteur du mur de soutènement. Le calcul est plus compliqué lorsqu'il s'agit d'un terrain en pente. Plantez un piquet dans la terre au sommet de la pente et une perche au bas de la pente. Tendez une ficelle depuis la base du piquet jusqu'à la perche. Vérifiez son horizontalité avec un niveau à bulle. Mesurez la distance entre la base de la perche et l'emplacement où se trouve la ficelle. Vous obtenez ainsi la hauteur de la pente. Divisez ce chiffre par la hauteur d'une marche (marche plus contremarche), pour calculer le nombre de marches nécessaires.

CI-DESSUS Le contraste entre les contremarches décorées de feuilles de vigne et les marches en dalles unies accentue l'effet de perspective.

À GAUCHE **Le contraste entre la texture des dalles sombres et des petits galets clairs donne un caractère spectaculaire à cet escalier.**

Creusement d'un escalier dans le sol

Ce type de travaux est indispensable lorsqu'on se trouve en présence d'une pente ou d'un talus. On creuse la forme des marches dans le sol, et l'on utilise le matériau de son choix pour les marches et les contremarches. L'escalier peut être droit ou tournant.

❶ Avant tout, mesurez la hauteur de la pente afin de déterminer le nombre de marches que vous devrez construire. Indiquez la forme et la taille des marches en tirant des cordeaux.

❷ En partant du haut de l'escalier, commencez à creuser grossièrement la forme des marches avec une bêche. Tassez la terre au niveau de chaque marche. Attention de ne pas affaisser les marches en tassant.

❸ Prenez des mesures précises et repassez partout en donnant à chaque marche sa forme. Creusez en dessous et au-delà des cordeaux en prévision de l'épaisseur des dalles formant les marches et des briques formant les contremarches.

❹ Montez la première contremarche en suivant la ligne de cordeau. Commencez par une couche de mortier de 2,5 cm d'épaisseur le long de la contremarche. Montez les briques selon les techniques de pose traditionnelles, en assises réglées.

❺ Remplissez de blocaille derrière la contremarche et tassez bien. Attention de ne pas démolir la contremarche. Ajoutez encore de la blocaille jusqu'au niveau de la contremarche et tassez.

❻ Posez une dalle sur la blocaille. Si elle loge à sa place, enlevez-la et posez une couche de mortier autour du périmètre de la dalle. Vous pouvez aussi poser un petit tas de mortier à chaque angle et un au milieu, ou encore couvrir toute la surface de la dalle de mortier.

❼ Posez un niveau à bulle sur les dalles pour vérifier leur planéité. Vérifiez également que la pente en direction du nez de la marche destinée à l'écoulement de l'eau de pluie n'excède pas 12 mm. Construisez la marche suivante de la même façon et reprenez en 4.

CI-DESSUS Cet escalier en pierre qui disparaît entre des plantations denses invite à la découverte.

À DROITE Celui-ci, en pierre également mais plus étroit, paraîtrait un peu formel s'il n'était mis en valeur par des bouquets de lavande.

PAGE CI-CONTRE Ici, on a utilisé un mélange intéressant de formes différentes. Des plaques rondes en terre cuite sont encastrées entre des briques rectangulaires.

Styles de marches

D'épais disques de bois forment des marches de style rustique qui conviennent bien à un jardin de sous-bois. Faites-les tenir par des piquets plantés à l'avant des marches.

Associez aux marches en opus incertum des contremarches dans un matériau différent comme les briques posées sur chant. Coupez les dalles net pour obtenir des bords lisses.

Les poutres carrées forment des escaliers intéressants dans les jardins naturels, comme les sous-bois et les potagers, et qui sont très jolis lorsqu'ils mènent vers un pont de bois.

Les marches arrondies

Ne vous en tenez pas aux seules lignes droites. Lorsque vous disposez de suffisamment de place, pensez aux escaliers composés de marches en cercle ou en demi-cercle, permettant de gravir avec élégance une pente douce menant à une terrasse, par exemple.

Tracez le pourtour des marches avec un compas improvisé formé d'une ficelle tendue entre un bout de bois et un piquet. Découpez grossièrement les formes des marches, creusez des fondations et coulez une dalle de béton. Inutile de faire des fondations de forme circulaire, couvrez simplement les angles de terre.

Posez des briques ou des pavés à l'aide de mortier pour former les bords arrondis et pour obtenir des textures intéressantes,

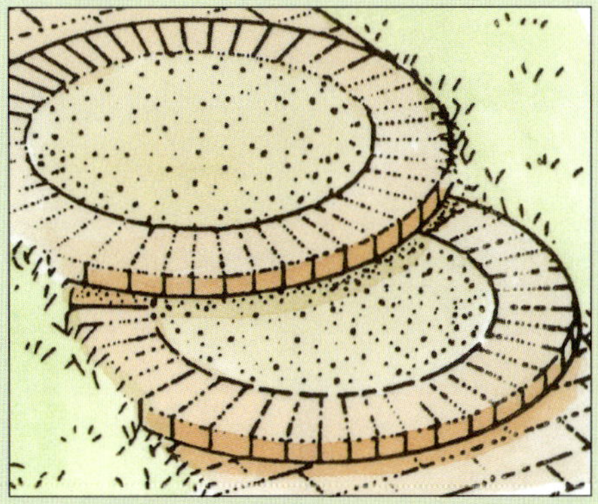

remplissez l'intérieur de gravier, de galets ou de béton brossé avant qu'il ne durcisse. Vous pouvez aussi poser du gazon dans le cercle, et aménager un escalier engazonné. Sachez cependant que ce type d'escalier peut se révéler difficile à tondre et à entretenir.

Mesures de sécurité

Les escaliers raides doivent être bordés d'une rampe de part et d'autre des marches. Celle-ci doit se trouver à hauteur de main – 80 cm – et se prolonger de 30 cm au-delà des marches. Reliez la rampe à une clôture ou à une palissade existante, pour donner une unité. La construction d'un muret à hauteur de main est une autre possibilité.

Un escalier possédant plus de 10 marches doit être équipé d'un palier intermédiaire, qui permet de se reposer et de rompre la raideur de la pente. Pensez-y au moment de concevoir la forme de l'escalier et de calculer le nombre de marches nécessaires à la longueur de la pente.

Inclinez les marches légèrement vers l'avant, un dénivelé de 12 mm suffit pour permettre à l'eau de pluie de s'écouler rapidement. Cette précaution est fort utile en hiver, quand le gel et la glace rendent les marches glissantes et dangereuses. Pour la même raison, ne choisissez que des dalles antidérapantes, à texture spéciale.

Les marches en rondins

Les escaliers maçonnés sont quelquefois disgracieux dans un jardin naturel, où il est préférable d'opter pour des escaliers en bois. Creusez l'escalier dans la terre et taillez la contremarche dans un rondin de bois, ce qui est simple et rapide.

1 Pour réaliser chaque marche, plantez deux piquets de bois solides, dans l'alignement de la contremarche.

2 Placez un rondin derrière les piquets afin qu'ils le retiennent, et remplissez de blocaille. Tassez avec une masse, puis remplissez de gravier fin ou de copeaux d'écorce.

Réalisez une seule marche en superposant un ou plusieurs rondins de petit diamètre. Pour un escalier traditionnel de style rustique, utilisez d'anciennes traverses de chemin de fer. Fixez-les avec des piquets. En posant les rondins en éventail, on crée un escalier tournant. Le bois ayant tendance à devenir glissant par temps de pluie, posez du grillage à poule sur les marches pour faire une surface moins lisse. Nettoyez les marches régulièrement et enlevez les mousses et lichens.

ENCEINTES

Enceintes et structures verticales

Tout jardin doit posséder des limites concrètes, à la fois pour le séparer du monde extérieur et pour le définir à l'intérieur de son propre espace. Les enceintes et autres structures verticales, dont font partie les murs, clôtures, écrans, treillages, arches et pergolas, dessinent les contours du jardin ou d'une partie du jardin. Elles servent de toile de fond aux plantes et aux éléments décoratifs comme les statues et le mobilier de jardin. On peut faire grimper des plantes sur la plupart des enceintes – même sur une simple haie – et obtenir un effet très décoratif. Le choix du matériau joue considérablement sur l'apparence générale du jardin. Les murs créent un style d'allure plus classique que les haies et un sentiment d'intimité plus important. Certains types de haies, en revanche, ont tendance à empiéter sur le jardin.

CI-DESSUS À DROITE Cette haie élevée forme une enceinte vive très élégante. Son feuillage vert sombre fait parfaitement ressortir les roses rouges et le feuillage gris-bleu.

CI-DESSUS Ici, le treillage, peint en blanc comme les bacs et les pots, sépare un patio du jardin voisin.

Bien que les clôtures, murs et haies soient souvent utilisés comme des écrans destinés à protéger l'intimité, ils ne doivent pas nécessairement fermer complètement l'espace et dissimuler une vue intéressante. Si votre jardin est tout petit mais prolongé par un paysage agréable ou si un jardin voisin possède un bel arbre, créez des ouvertures et aménagez des fenêtres dans les haies.

Les murs

Les murs forment les enceintes les plus solides, les plus durables mais aussi les plus chères. La variété de matériaux pour les construire va de la pierre sèche et de la brique aux parpaings et même aux galets. On crée ainsi des styles très différents, d'inspiration ancienne ou moderne.

Les murs remplissent plusieurs fonctions dans un jardin. Des murs hauts forment une barrière impénétrable qui évite les regards indiscrets et décourage les intrus. Les murs bas constituent le cadre de certains éléments du jardin et mettent en valeur des massifs de fleurs ou un patio. Ils peuvent isoler une partie seulement du jardin ou créer un petit coin secret.

En raison du coût et de la longévité des matériaux, choisissez-les avec soin, et pensez bien au style que vous désirez donner à votre jardin. Pour lui faire acquérir une certaine patine, choisissez un matériau poreux qui prendra rapidement une belle teinte chaude.

Les clôtures

Comparées aux murs, les clôtures sont plus rapides et plus faciles à construire, mais elles sont plus éphémères. On en trouve aussi de tous les styles. Les clôtures composées de piquets donnent un air campagnard et forment une barrière basse peu solide. Tout en constituant une enceinte plus résistante, la clôture en planches jointoyées est la plus rapide à monter et la plus économique pour empêcher les regards. Lorsqu'on les peint avec un produit traitant, les clôtures en bois prennent un aspect discret et plein de charme, ou éclatant et gai, selon ce que vous souhaitez.

Les haies

Les haies sont des barrières vivantes, gaies et sympathiques, mais elles mettent un certain temps à pousser. Elles forment des enceintes épaisses et impénétrables ou bordent agréablement un patio. Choisissez la variété de plante avec soin pour obtenir l'effet que vous souhaitez créer. L'if *Taxux baccata* est très utilisé pour les haies de style classique, alors que le rhododendron ou l'aubépine *Crataegus monogyna* forment de jolies haies naturelles. Une haie n'est pas obligatoirement verte : le hêtre pourpre (*Fagus sylvatica* 'Purpurea') ou une variété rouge d'épine-vinette, *Berberis thunbergii,* apportent leur note de couleur tout au long de l'année. Les houx, toujours verts, offrent leurs ravissantes baies rouges en hiver. Pour avoir de la couleur dans le jardin au printemps et en été, plantez une haie d'escallonias ou de potentille.

Lorsque vous achetez les plants, pensez à l'espace dont vous disposez et à la hauteur que votre haie est censée atteindre. Toutes les haies ont besoin d'entretien pour garder une jolie forme et acquérir l'épaisseur nécessaire, mais il est inutile d'acheter une variété qui dépassera vos besoins en quatre ou cinq ans.

Les treillages

Les treillages sont moins solides que les clôtures, mais ils offrent une légèreté parfois souhaitable. Si la vue au-delà du jardin est agréable, le treillage forme un excellent compromis. On peut l'habiller de plantes grimpantes pour lui donner plus de présence – pensez aux rosiers et aux clématites. Comme les clôtures, vous pouvez les teinter ou les peindre, pour qu'ils se fondent dans leur environnement ou soient au contraire mis en valeur. Utilisés seuls, ils forment des écrans, mais on peut les associer à d'autres matériaux. En surmontant une clôture en planches d'un treillage, on en augmente la hauteur sans supprimer toute la lumière. Fixé sur un mur, le treillage devient décoratif ou forme un support pour des plantes grimpantes.

Les pergolas

Traditionnellement destinées à supporter des pieds de vigne, les pergolas sont une série d'arches que l'on peut couvrir de plantes grimpantes pour former une barrière semi-solide. Les pergolas permettent de mettre en valeur une zone du jardin, d'attirer l'attention sur un élément particulier ou de servir d'abri où l'on peut s'asseoir. Elles agrémentent les zones ensoleillées de leur ombre et apportent de la fraîcheur dans un coin trop chaud. Bien que les pergolas soient généralement en bois, on en trouve aussi en métal ou en matière plastique.

CI-DESSUS Le treillage surmontant le mur d'enceinte ajoute hauteur et intimité grâce aux plantes grimpantes.

Les arches

Comme les portillons, les arches marquent le passage d'un endroit à un autre, mais, contrairement aux premiers, elles ne délimitent pas des zones radicalement différentes. Elles peuvent créer une certaine illusion : une arche isolée symbolisera une séparation sans pour autant diviser réellement le jardin. Pourtant, en passant sous l'arche, vous aurez le sentiment de circuler d'une zone à une autre. De même, le fait de placer une arche à proximité d'une haie, comme s'il s'agissait d'une entrée, donne l'impression que le jardin s'étend au-delà.

Mur de brique

Les murs forment des abris et protègent les plantes fragiles du vent. Selon leur emplacement, ils procurent une ombre bienfaisante ou captent le soleil. Ils font partie des aménagements de jardin les plus onéreux mais durent en général toute une vie.

La conception

Faites un plan avant de commencer à construire votre mur de jardin. Pensez à sa hauteur, au matériau que vous allez utiliser, et surtout, demandez-vous pourquoi vous voulez un mur. Faites un plan du jardin à l'échelle sur du papier millimétré. Tracez-en les contours et placez les principaux éléments, puis dessinez le mur. Cela vous permettra de mesurer sa longueur et d'appréhender les problèmes qui pourraient se présenter au fur et à mesure de l'avancement des travaux. Ou bien, utilisez le jardin lui-même pour tracer vos plans, en vous servant de piquets et en tendant des ficelles. Tenez compte des textes officiels en matière de construction de murs.

Les matériaux

Vous avez un grand choix de matériaux à votre disposition pour construire un mur. Mais, avant tout, assurez-vous qu'il convient au style de la maison et à celui de votre jardin. Peut-être préférez-vous le côté très classique de la brique ou de la pierre reconstituée, le côté irrégulier des pierres naturelles ou les motifs géométriques des briques perforées. Si vous avez l'impression que le travail est au-delà de vos possibilités, demandez l'aide d'un professionnel.

Mur simple et double

À moins de construire un mur particulièrement bas, une seule épaisseur de briques ne sera pas suffisante et il vous faudra renforcer le mur à l'aide de contreforts placés à intervalles réguliers. Il est également possible de le bâtir de telle sorte que, vu d'en haut, il semble former un zigzag ou une ligne brisée. En plus de ces inconvénients d'ordre pratique, il faut admettre que les murs simples sont peu résistants.

Une des meilleures façons de créer un mur solide consiste à monter chaque assise avec deux rangs de briques posés côte à côte et encastrés de sorte à former une structure autonome très solide (voir Appareillages, p. 69).

CI-DESSUS Ici, un mur sinueux et bas en brique joue un rôle décoratif et de transition entre la pelouse et l'allée en gravier.

Finitions

Il existe une grande variété de briques de finition, tant par la forme que par la taille. On pose des briques à parements arrondis **(1)** à l'extrémité d'un mur. Les briques formant le chaperon empêchent l'eau de pluie de pénétrer dans le mur. Elles sont en bahut **(2)**, en dos-d'âne **(3)** ou à une pente. Pour assurer un assemblage solide, certaines briques possèdent une légère dépression (briques repressées), que l'on place vers le haut et que l'on remplit de mortier avant de poser la brique suivante. Les briques perforées sont traversées de perforations perpendiculaires que l'on remplit de mortier également. Celui-ci remonte au fur et à mesure que l'on pose les briques et que l'on appuie pour les sceller.

Appareillages

1

2

3

Le type d'appareillage est choisi pour ses fonctions décoratives et pour le surcroît de solidité qu'il apportera au mur. Le mur de soutènement d'une pente sera double, alors que celui d'une plate-bande de fleurs peut être simple. Un mur composé de plusieurs épaisseurs de briques doit être muni d'un système de consolidation empêchant les différentes parties de se disloquer. Les briques faisant partie de ce système, dont on aperçoit les extrémités, sont appelées boutisses. Celles que l'on place dans le sens de la longueur sont les panneresses.

Les trois appareillages ci-dessus sont appelés : assises réglées à la grecque **(1)**, appareil anglais **(2)** et appareil français **(3)**. Tous trois sont des combinaisons de boutisses et de panneresses. Les assises réglées à la grecque s'utilisent pour les murs simples. Il vous faudra couper certaines briques : les briques coupées dans le sens de la longueur sont les briquettes et dans le sens de la largeur, les briquetons.

Équipement de maçon

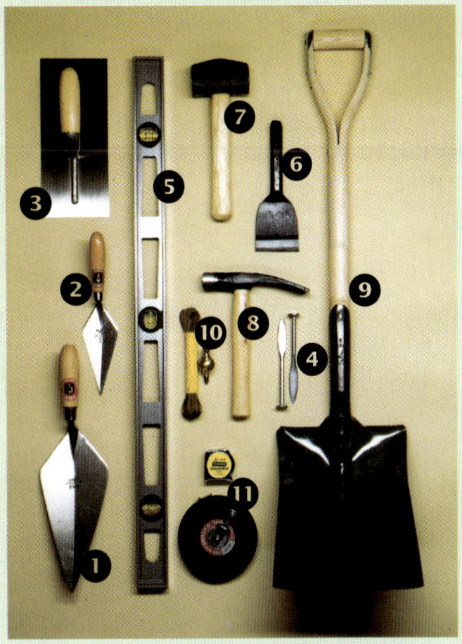

Pour le cas où vous comptez monter vos murs vous-même, faites l'acquisition d'un équipement de base.

- **Truelle (1)** La lame d'une grande truelle mesure entre 25 et 30 cm de long. On l'utilise pour étaler le mortier lorsqu'on pose des briques. Elle permet d'étaler certains matériaux de façon uniforme et de couvrir rapidement de grandes surfaces.

- **Langue de chat (2)** Compagnon de la truelle, elle a une lame mesurant environ 20 cm de long et permet de lisser les joints.

- **Truelle de plâtrier (3)** Elle s'utilise de la même façon qu'une truelle classique.

- **Lissoirs (4)** On les trouve dans différentes largeurs. Ils permettent de lisser ou de façonner les joints. Pour les joints concaves, utilisez aussi un tube de cuivre recourbé ou un tuyau d'arrosage, et pour les joints lisses, de vieux chiffons.

- **La taloche** est une planche en bois munie d'un manche mesurant environ 30 cm sur 60, sur laquelle on pose le mortier. Vous pouvez fabriquer votre taloche avec une planche et un manche à balai.

- **La lisseuse ou platoir** est une petite taloche sur laquelle on pose de petites quantités de mortier pendant que l'on monte un mur de brique.

- **Niveau à bulles (5)** Instrument permettant de contrôler l'horizontalité et la verticalité d'une brique ou d'un ouvrage. Le niveau idéal mesure environ 1 m de long et possède des fioles horizontales et verticales.

- **Ciseau à briques (6)** Il possède une lame terminée par un biseau tranchant qui permet de refendre les briques.

- **Massette (7)** Marteau à bout carré. On l'utilise avec le ciseau pour refendre les briques.

- **Martelet (8)** Outil plus rapide mais moins précis que la massette pour refendre les briques.

- **Pelle (9)** Utile pour mélanger le mortier sur une surface plane (comme une grande planche carrée).

- **Fil à plomb (10)** Il sert à vérifier la verticalité des murs. Attaché à une planchette posée sur le mur, il vous servira de guide pendant la durée de travaux.

- **Une règle de calibrage** est une règle en bois de section carrée de 75 mm sur 75, divisée en graduation mesurant 50 ou 75 mm, utilisée pour vérifier la profondeur des assises lorsqu'on monte un mur. Pour les briques de claustra, les graduations mesurent 20 cm.

- **Mètre rétractable et décamètre (11)** Indispensables pour prendre des mesures précises.

- **Une chaise d'implantation** est formée d'une planche de 45 à 60 cm de long, clouée sur deux piquets de 60 cm plantés dans le sol. On l'utilise pour matérialiser l'implantation des fondations (semelle filante). Aux angles, on en place deux.

Avec cet équipement de base, vous serez en mesure de monter la plupart des murs de jardin.

Même pour un mur simple, les briques doivent impérativement se chevaucher et être posées en assises réglées (le motif formé s'appelle l'appareillage). Les briques sont ainsi solidaires, ce qui renforce la structure. Pour respecter le motif, certaines briques seront refendues, notamment à l'extrémité des murs et aux angles.

Préparation des fondations

Les fondations sont formées d'une bande de béton dont la largeur représente le triple de celle du mur et dont la profondeur dépend de la hauteur du mur : on l'appelle la semelle filante.

Pour un mur allant jusqu'à 60 cm de hauteur, une semelle de 10 cm de béton, coulée sur une couche de 10 cm de blocaille (des briques concassées et des gravats) bien tassée, sera suffisante. Pour un mur plus haut, une épaisseur de 20 cm de béton sera nécessaire.

Sur un sol particulièrement meuble, multipliez ces chiffres par deux, et pour plus de sûreté, demandez l'avis d'un professionnel. Faites en sorte que la semelle se trouve en dessous du niveau où la terre gèle, afin d'éviter les déformations au cours de l'hiver.

Techniques de pose

Mélangez le mortier sur une planche ou dans une bétonnière et déposez-en une certaine quantité sur la taloche. Préparez la quantité nécessaire pour travailler pendant une heure – moins s'il fait chaud – et n'utilisez pas les mêmes récipients et pelles pour les matériaux humides et pour les matériaux secs. Transférez deux ou trois truelles de mortier sur le platoir.

Pour prendre le mortier, coupez-les en tranches, puis faites glisser la truelle sous la tranche de mortier et décollez-la. Posez le mortier de la façon suivante : tenez la truelle

Pose des briques

❶ Placez la chaise d'implantation et tendez des cordeaux. Étalez une couche de 1 cm de mortier sur la semelle en béton. Creusez des sillons en biais avec la lame d'une truelle.

❷ Posez la première brique et enlevez l'excédent de mortier. Enduisez de mortier le bout de la seconde brique. Passez la truelle sur le mortier en formant une arête.

❸ Creusez de légers sillons dans le mortier étalé sur la brique, et collez-la à la brique précédente. Enlevez l'excédent de mortier avec la truelle.

❹ Après avoir posé quelques briques, prenez un niveau à bulle et tapez chaque brique avec la truelle pour obtenir une surface plane.

❺ Étalez une couche de mortier sur la première assise, creusez des sillons avec la truelle et posez la deuxième assise.

❻ Procédez comme pour la première assise. Si nécessaire, posez une brique coupée en deux longitudinalement pour consolider l'appareillage.

CI-DESSUS Le motif dessiné par les briques rend ce contrefort visuellement très présent et accentue l'importance de sa fonction.

au-dessus de l'emplacement prévu, donnez un coup sec vers l'arrière et, en même temps, retournez-la brusquement pour faire tomber un boudin de mortier. Étalez le mortier sur 1 cm d'épaisseur sur toute la longueur des fondations en béton.

Façonnez des sillons à la surface du mortier avec le tranchant de la truelle ; ces sillons augmentent le pouvoir d'adhésion entre le mortier et la brique en formant ventouse.

Pour matérialiser les bords du mur, déplacez les cordeaux fixés à la chaise d'implantation en les faisant glisser au-dessus du mortier. Tenez un niveau à bulle verticalement à partir du sol et tracez une ligne avec la truelle dans le mortier frais.

Lorsque le mortier a suffisamment pris, qu'il est de consistance ferme et non collante, faites la finition des joints en les lissant. Passez sur toute la longueur des joints avec une truelle langue de chat. Façonnez les joints verticaux en biseau toujours dans le même sens et les joints horizontaux dans le sens du ruissellement de l'eau de pluie. Lorsque les joints ont commencé à sécher, nettoyez les traces de mortier sur les briques avec une brosse.

Angles et contreforts

La solidité d'un mur est un aspect capital de sa construction. Tout segment de mur droit mesurant plus de 1 m, qu'il soit en brique ou en bloc de béton, doit être renforcé par des contreforts sur toute sa longueur ainsi qu'aux deux extrémités. Les contreforts mesurent le double de l'épaisseur du mur, et reposent sur des fondations plus larges que celles du mur. Les contreforts creux sont consolidés par des tirants métalliques ancrés dans les fondations (voir Les claustras, p. 72). Séparez chaque contrefort de 1,80 m. Conservez le même appareillage pour les contreforts et les murs ou rendez-les solidaires en les reliant par des tirants métalliques que vous noyez dans une assise sur trois.

Il est préférable de monter les assises des extrémités des murs, des contreforts et des angles avant de monter les parties intermédiaires. Cela permet de vérifier régulièrement si le mur est droit et de niveau.

Si le mur forme un angle, conservez le même appareillage, à la fois par souci esthétique et pour des raisons de solidité.

Le **contrefort intermédiaire** d'un mur simple (à assises réglées à la grecque) se compose de la façon suivante : une demi-brique et deux briques trois quarts pour une assise et deux briques entières côte à côte pour l'assise suivante.

Le **contrefort de l'extrémité** du mur se compose de deux briques côte à côte, placées dans le sens de l'appareillage, puis une brique et une demi-brique côte à côte pour l'assise suivante, afin de consolider le contrefort.

Pour l'**angle** d'un mur simple, formez un angle droit avec une brique à chaque assise. Utilisez toujours des briques entières pour assurer la solidité de l'appareillage.

Contrefort intermédiaire

Contrefort de l'extrémité

Angle

CI-DESSUS Dans ce jardin d'inspiration moderne, on a utilisé deux motifs de claustras. Les sauges rouges forment un contraste avec les murs blancs.

Les claustras

Les blocs de béton décoratifs ou claustras forment des motifs géométriques. Ils conviennent bien comme écrans de séparation dans les patios, où ils permettent la circulation de l'air et de la lumière. Utilisez-les aussi pour former des murets ou pour créer des compartiments dans le jardin.

On ne peut pas appareiller les blocs conçus pour former des motifs de grande taille sur un mur d'une certaine importance. Il suffit de les empiler en les alignant.

Pour consolider la structure, construisez un chaînage tous les 3 m. Il est formé de blocs de béton précontraints creux, équipés de décrochements dans lesquels s'encastre le bloc voisin avec le mortier de jointoiement.

Si la hauteur des murs dépasse 1,80 m, renforcez le chaînage par un tirant métallique pris dans le mortier passant dans le creux central des blocs. Plantez les tirants dans les fondations en béton frais. Pliez-les à angle droit pour les ancrer dans le socle de béton. Utilisez un niveau à bulle pour contrôler la verticalité et placez des étais provisoires jusqu'à la pose définitive du béton. Installez d'abord le chaînage et attendez que le mortier soit sec avant de mettre en place les grandes longueurs de mur intermédiaires.

Construction d'un claustra

❶ Faites glisser le premier bloc de béton sur le tirant métallique et posez-le sur les fondations. Remplissez le creux de mortier.

❷ Continuez à construire le pilier de la même façon en empilant les blocs. Vérifiez la verticalité à l'aide d'un niveau à bulle.

❸ Après la construction du chaînage, commencez celle du mur. Posez le premier bloc de béton ajouré sur le lit de mortier. Encastrez l'une de ses extrémités dans le décrochement du chaînage. Utilisez un cordeau pour matérialiser l'alignement.

❹ Étalez du mortier sur la face externe du premier bloc ajouté. Posez le bloc suivant à côté. Servez-vous du cordeau pour l'alignement. Continuez ainsi.

❺ Finissez par poser un chaperon. Choisissez une forme qui permette une finition esthétique tout en favorisant l'écoulement des eaux pluviales.

❻ Lorsque le mortier commence à prendre, glissez un morceau de tuyau le long des joints pour une finition nette et lisse.

Les murs en pierres sèches

Les murs en pierres sèches se construisent sans mortier. La pose des pierres est extrêmement précise, car le mur doit être solide. L'apparence naturelle de ce matériau convient bien aux jardins de campagne.
Pour adoucir le caractère sec, mettez de la terre dans les interstices et installez des plantes pour donner un aspect encore plus naturel.

Achetez les pierres chez un fournisseur local ou dans une jardinerie. Il vous faudra environ 1 tonne de pierres pour 1 m^3 de mur. Choisissez des pierres très dures, comme le basalte ou le granite, qui seront plus durables.

Un mur en pierres sèches est composé des éléments suivants :

- **Les fondations :** une assise de grosses pierres plates posées sur un sol dur.
- **Les pierres extérieures :** des pierres de forme régulière dont le côté le plus lisse est utilisé pour faire les deux faces et les extrémités du mur. Entre les deux faces se trouve un vide.
- **La blocaille :** elle remplit la cavité vide entre les deux faces du mur.
- **Les pierres de chaîne :** ce sont de grandes pierres rectangulaires placées en travers du mur à intervalles irréguliers pour consolider l'ensemble.
- **Le couvrement :** il est formé de pierres plates, posées côte à côte sur le dessus du mur pour le couvrir.
- **Le chaperon :** il est formé d'une couche de pierres plates que l'on pose sur le couvrement. On peut les poser à plat ou sur chant ou alterner une pierre à plat et une pierre sur chant.

Réalisation du gabarit

Un mur en pierres sèches s'amenuise en général vers le haut pour plus de solidité. On peut fabriquer un gabarit en assemblant des planches. Confectionnez un gabarit pour chaque extrémité du mur, ce qui permet d'aligner plus facilement les pierres. Utilisez des voliges de 5 cm sur 2,5 pour fabriquer les cadres. À la base, l'écartement sera de 1 m, et de 30 cm au sommet.

Construction d'un mur en pierres sèches

1. Marquez la largeur du mur et installez un gabarit à chaque extrémité pour matérialiser la forme du mur. Tendez deux cordeaux entre les cadres au niveau du sol. Dégagez la couche de sol arable et tassez la terre pour former un socle ferme. Disposez une assise de pierres en plaçant le côté lisse des pierres vers l'extérieur.

2. Montez ainsi plusieurs assises de pierres, pour chaque face et pour les extrémités du mur. Placez les côtés lisses des pierres vers l'extérieur. Vous obtenez une cavité creuse entre les deux faces du mur. À intervalles réguliers, installez une pierre de chaîne pour relier les deux côtés du mur. Remontez les cordeaux au fur et à mesure que vous construisez le mur.

3. Remplissez la cavité de cailloux ou de gravier. Ajoutez encore une assise de pierres, tassez et continuez ainsi jusqu'à remplir la cavité.

4. Ajoutez des pierres de chaîne sur le mur pour relier les deux côtés. Puis montez encore des assises de pierres de part et d'autre de la cavité. Tout en travaillant, déplacez les cordeaux vers le haut. Remplissez la cavité de blocaille.

5. Posez une assise de pierres de recouvrement sur le sommet du mur pour protéger la cavité. Inclinez-les légèrement afin de favoriser le ruissellement de la pluie.

6. Placez un chaperon sur les pierres de recouvrement. Posez les pierres sur chant, ou alternez une pierre plate, une pierre sur chant, pour donner une apparence crénelée.

Murs décoratifs

La majorité des jardins sont entourés de murs souvent tristes et sans grand intérêt. On leur trouve beaucoup de défauts et peu de qualités si ce n'est de décourager les intrus. L'utilisation judicieuse de la couleur leur donnera une nouvelle vie. Mais il existe également des raisons purement fonctionnelles de repeindre un mur. Beaucoup de petits jardins, par exemple, sont ombragés et sombres : une couche de peinture blanche ou claire réfléchira la lumière et agrandira l'espace.

Quelques conseils

- Bien qu'il soit possible de peindre un mur avec des pinceaux ordinaires, les pinceaux de maçon sont plus appropriés car ils permettent de pénétrer dans tous les pores et interstices des briques et des pierres.
- Peignez par temps sec, de préférence un jour sans vent, afin d'éviter que la poussière n'adhère sur la peinture fraîche.
- Vous pouvez appliquer les peintures acryliques directement sur le mur, mais les peintures à l'huile nécessitent l'application d'une sous-couche afin d'assurer une meilleure adhérence sur le matériau.

Création d'une toile de fond

Dans les jardins où les plantes tiennent une place importante, on utilise souvent les murs comme toile de fond pour les mettre en valeur ou comme support. Un mur de brique bien construit est ravissant, mais s'il est fait de briques sans charme ou de blocs de béton, il nuira à la végétation plutôt que de la mettre en valeur. Remédiez à cette situation en peignant le mur en vert foncé, pour qu'il se confonde avec le feuillage et n'attire pas le regard. Si vous préférez une couleur plus décorative, essayez les gris-vert : bien que visuellement plus présents que les verts classiques, ils forment un fond harmonieux pour un grand nombre de plantes.

Les couleurs vives

Quelquefois les plantes ne jouent pas le rôle principal, ni dans le jardin, ni à proximité du mur. Dans ce cas, le mur peut devenir un élément décoratif en lui-même. Selon vos goûts ou l'ambiance que vous voulez créer, peignez-le dans des couleurs vives ou douces. Utilisez une seule couleur ou plusieurs simultanément et créez des motifs (bandes, graphismes, etc.).

Tirez parti de la couleur pour mettre en valeur certains éléments du jardin : sur un mur rouge une tache verte soulignera des jardinières pleines de fleurs de géranium.

Entretien

Les peintures extérieures sont soumises aux intempéries et seront régulièrement rafraîchies. Mais on peint en général les murs des jardins pour des raisons décoratives plutôt que pour les protéger. C'est pourquoi on ne s'attachera pas à remplacer trop rapidement une peinture qui s'écaille ou qui se détériore légèrement. On peut même rechercher un effet ancien en donnant un aspect patiné au mur. On confère ainsi un certain caractère à un mur qui en était totalement dépourvu.

Peindre un mur

❶ Brossez soigneusement le mur avec une brosse en fer pour éliminer toutes les petites particules.

❷ Si le mur est poussiéreux, écaillé ou porte une peinture ancienne, appliquez un produit protecteur pour l'extérieur.

❸ Appliquez la peinture à l'eau directement sur le mur. Si vous utilisez de la peinture à l'huile, commencez par une sous-couche.

Appliquer une mosaïque

Avant de commencer, brossez bien le mur pour en détacher toutes les particules non solidaires et éliminer la poussière. Si le mur n'est pas lisse et que vous souhaitez un fini parfait pour votre mosaïque, rattrapez le niveau et égalisez avec du ciment. Couvrez le mur d'une couche protectrice pour l'extérieur. Si vous avez tracé un motif sur du papier, reportez-le à l'échelle appropriée. Mettez des lunettes protectrices et découpez carreaux, vaisselle ébréchée, verre, miroir, coquillages, etc. à la taille souhaitée avec une pince à mosaïque. Collez les morceaux avec du ciment-colle. Préparez un joint pour l'extérieur et appliquez-le sur la mosaïque sèche. Nettoyez soigneusement l'excédent avant qu'il soit sec.

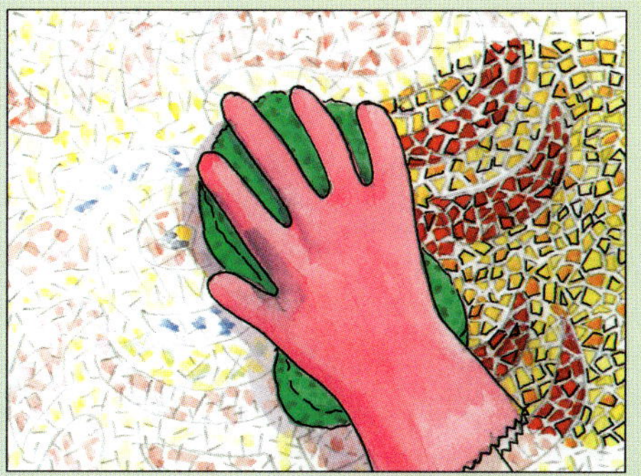

❶ Brossez soigneusement le mur pour en détacher toutes les particules, puis lavez-le pour éliminer la poussière et la saleté.

❷ Dessinez le motif sur le mur, étalez une petite surface de ciment-colle et appliquez les morceaux de mosaïque.

❸ Lorsque toutes les pièces sont en place et que la colle est sèche, appliquez un joint imperméable. Supprimez l'excédent.

CI-DESSUS À GAUCHE En peignant les murs dans des tons de terre et en installant des plantes aimant la sécheresse, on a donné à ce jardin une allure méditerranéenne.

CI-DESSOUS Une mosaïque colorée et originale, des marches et des motifs en relief font de ce jardin de ville un lieu plein de fantaisie.

Peindre un mur

Le type de peinture utilisé dépend de l'effet recherché. Pour une protection durable, utilisez une peinture extérieure contenant du sable qui la rend solide et imperméable. Mais cette méthode est plutôt conventionnelle, et le choix des couleurs pour ce type de peinture est souvent limité. Alors, si vous recherchez un effet plus décoratif, utilisez une peinture courante. Les peintures acryliques ne conviennent pas toujours pour l'extérieur, bien qu'elles permettent des effets patinés. Les peintures à l'huile brillantes sont plus durables, mais auront régulièrement besoin d'être rafraîchies si vous souhaitez garder un mur impeccable.

Préparez d'abord la surface. Nettoyez-la soigneusement. Frottez les briques avec une brosse métallique. À moins de souhaiter un fini impeccable, il ne sera pas nécessaire de boucher les trous. Si vous le faites, utilisez un enduit pour extérieur qui résistera aux intempéries. Si le mur est poussiéreux ou écaillé, couvrez-le d'une couche protectrice avant de peindre. Elle empêchera également le mur d'absorber la peinture, ce qui vous permettra de couvrir une surface plus importante.

Les murs en mosaïque

Utilisez les mosaïques pour égayer un mur ou pour lui donner de la personnalité. C'est un art qui nécessite une certaine imagination, une main sûre et une préparation parfaite.

À l'origine, on utilisait les mosaïques pour décorer les sols. Elles étaient composées de centaines de petits carreaux de couleur que l'on trouve encore chez les fournisseurs spécialisés. Mais vous pouvez utiliser un grand nombre d'autres matériaux, comme des fragments de poterie. Les céramiques blanches ou de couleurs vives permettent de réaliser des mosaïques de facture moderne. Vous pouvez aussi utiliser des morceaux de carrelage ainsi que du verre coloré. Faites appel à votre imagination et ajoutez des objets en volume tels coquillages et galets.

Le mur qui portera la mosaïque doit être sain et de préférence lisse. La mosaïque posée en extérieur doit résister aux intempéries, c'est pourquoi vous devez utiliser du ciment-colle plutôt qu'une colle à mosaïque pour objets décoratifs. Employez un joint spécial pour l'extérieur et remplissez soigneusement tous les interstices pour empêcher l'eau d'y pénétrer, le risque étant qu'elle gèle en hiver et fasse éclater la mosaïque.

Clôtures

Comme les murs, les clôtures ont plusieurs fonctions. Elles forment la limite de la propriété et peuvent diviser le jardin en plusieurs parties. Une clôture haute et pleine procure une certaine intimité, abrite du soleil et du vent, alors qu'une structure ajourée laisse passer l'air et la lumière.

Bien que les clôtures ne possèdent ni la résistance ni la solidité des murs en dur, elles sont moins onéreuses et plus rapides à construire. Elles peuvent former une barrière temporaire efficace en attendant la croissance d'une haie ou d'une rangée d'arbres. Bien construites, elles peuvent durer des années, surtout si elles sont régulièrement entretenues.

Il existe un grand nombre de types de clôtures, choisissez celui qui correspond au style de la maison. Les clôtures en piquets s'accordent avec les maisons anciennes, alors que celles composées de lattes de bois conviennent mieux aux maisons modernes.

Clôture préfabriquée ou sur mesure ?

La plupart des clôtures se montent sur place, pièce par pièce, et l'on peut facilement les construire sur mesure et les adapter à ses propres besoins. On trouve dans le commerce des clôtures pleines préfabriquées, dans une variété de tailles et de styles standard. Elles se montent vite, mais n'ont pas la résistance des clôtures fabriquées sur mesure.

Les dimensions des panneaux du commerce sont rarement adapées au périmètre exact du jardin, ce qui contraint à des coupes.

Vous trouverez également des palissades préfabriquées ou en kit qu'on assemble avec des clous. Les pièces sont en général de taille standard et vous serez aussi contraint de procéder à des coupes.

Une clôture campagnarde

On peut introduire une note campagnarde en utilisant des barrières naturelles, du type de celles qu'on utilisait autrefois pour les enclos à bétail. Les panneaux en coudrier ou en osier tressé sont très décoratifs. Ces tressages se trouvent facilement grâce au développement du commerce des accessoires de jardin, et le choix est varié. Certains motifs ajourés, particulièrement décoratifs, permettent de réaliser des écrans et conviennent moins bien pour les clôtures extérieures. L'osier tressé est très à la mode, de nombreux magasins

CI-DESSOUS Les clôtures traitées avec un produit approprié ont une bonne durée de vie, bien que leur résistance ne soit pas comparable à celles d'un mur.

Styles de clôtures

Il existe beaucoup de clôtures en bois, aussi bien pleines qu'ajourées. Choisissez les modèles pleins pour créer plus d'intimité, et les modèles ajourés pour prolonger l'espace du jardin au-delà de la clôture.

panneaux de bois

panneaux tressés

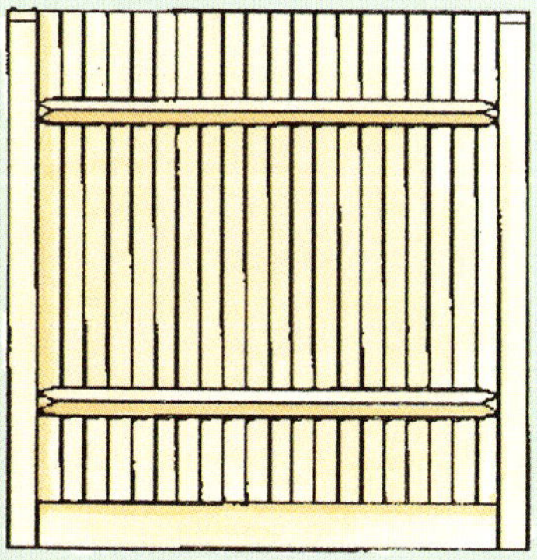

lattes jointives

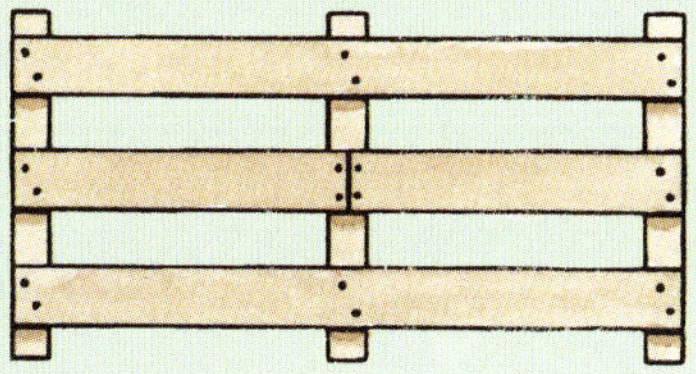

barrière traditionnelle

spécialisés en proposent et l'on peut même créer ses motifs.

Les différentes clôtures

Il est possible d'acheter des panneaux de clôture préfabriqués et des kits dans les jardineries ainsi que chez les marchands de bois. Ces derniers vendent également le bois nécessaire aux clôtures fabriquées sur mesure. Dans tous les cas, le bois doit être traité – assurez-vous que le produit que vous utilisez est inoffensif pour les plantes. Pour des raisons de sécurité, ne brûlez jamais des morceaux de bois traités et n'en inspirez pas la poussière lorsque vous les sciez, car le produit est toxique. Si vous utilisez du bois non traité, protégez la partie enterrée en la trempant pendant plusieurs jours dans un produit spécial, avant de planter les piquets dans le sol. Vous pouvez traiter le reste de la barrière lorsqu'elle sera en place, en la peignant ou par aspersion. Pour éviter la rouille, n'utilisez que des clous galvanisés.

Construction d'une clôture

Les panneaux préfabriqués sont fixés entre des poteaux verticaux à l'aide de clous. Pour aligner l'ensemble, calez chaque panneau sur des briques ou des morceaux de bois avant d'enfoncer les clous. Percez les trous à la perceuse avant de planter les clous, pour empêcher le bois d'éclater. Vous pouvez aussi

Poteaux et piquets

Toute clôture pleine est sujette aux assauts du vent, construisez des poteaux suffisamment solides et épais. La profondeur de la partie enterrée dépend de la hauteur de la clôture. Pour une clôture de 1,20 m, on creusera un trou de 60 cm au moins. Dans les régions plus venteuses et pour une clôture élevée, renforcez un poteau sur trois avec des étais en bois et, pour une clôture basse, renforcez un poteau sur quatre.

Enterrez les poteaux préfabriqués en béton à une profondeur de 60 cm au moins. Les piquets que l'on trouve dans le commerce sont également très pratiques.

Installation d'un piquet

1 Enfoncez le piquet dans le sol à l'emplacement du poteau avec une masse, en tapant sur une pièce de bois.

2 Vérifiez que le piquet est bien vertical. Utilisez un niveau que vous placez alternativement de part et d'autre du piquet.

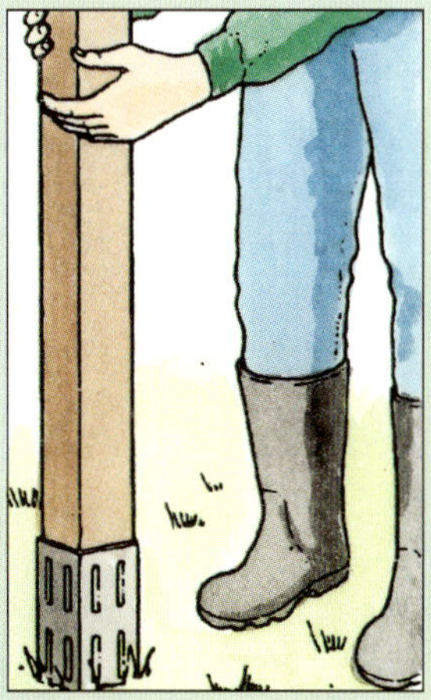

3 Placez le poteau dans le piquet. Consolidez avec des boulons si nécessaire.

Construction d'une semelle en béton

1 Creusez un trou et calez le poteau en le plaçant sur une brique. Faites-le tenir avec des étais provisoires.

2 Placez le poteau à la verticale. Vérifiez avec un niveau, que vous placez alternativement de part et d'autre du poteau.

3 Mettez de la blocaille dans le trou autour du poteau, afin de le faire tenir. Arrêtez-vous à environ 15 cm de la surface du sol.

4 Remplissez de béton et tassez bien afin de faire disparaître les bulles. Formez un léger monticule au sommet.

Fixation des panneaux

❶ Les pattes de fixation en deux parties sont formées de deux équerres que l'on place de part et d'autre du panneau vertical. On glisse ensuite le panneau entre les deux équerres.

❷ Les pattes en forme de U sont plus faciles à poser, mais moins efficaces que les équerres, car elles maintiennent le panneau sur une faible longueur.

fixer les panneaux avec deux équerres ou d'une patte en forme de U, que l'on cloue sur les poteaux. On glisse ensuite les panneaux en place et on les fait tenir à l'aide de clous qui traversent les équerres. En cas de poteaux en béton, on glisse les panneaux verticalement dans leur logement.

La plupart des panneaux tout faits sont assemblés à l'aide de clous fins et courts ou même d'agrafes, de telle sorte qu'il est relativement facile de détacher l'extrémité d'un panneau, de le raccourcir en le sciant, puis de remettre le bout à sa place en le clouant.

On ajoute en général sur les panneaux préfabriqués formés de lattes jointives verticales, entre chaque poteau, des traverses de consolidation horizontales aussi appelées rails, de section triangulaire. La pointe du triangle est dirigée vers le haut afin d'empêcher l'eau de pluie de stagner. Leurs extrémités sont taillées pour qu'elles s'emboîtent dans les poteaux. On cloue les lattes verticales de la clôture sur les traverses. Une traverse de soubassement évite aux lattes de toucher le sol et de pourrir. Clouez-les sur des petites lattes de bois fixées sur les poteaux.

Pour les panneaux à lattes jointives horizontales ou les barrières traditionnelles de style ranch, clouez les lattes ou les traverses directement sur les poteaux.

Montage des panneaux de bois

Les modèles de clôtures sont nombreux, mais le plus simple et le moins onéreux reste le panneau de bois à lattes horizontales.

Lorsque vous avez décidé de remplacer votre clôture, vérifiez d'abord l'état des poteaux existants. Si leur suppression doit vous coûter d'énormes efforts de terrassement, choisissez la solution plus simple consistant à les couper légèrement en dessous du niveau du sol. Coupez ensuite le premier panneau en deux, puis répartissez les panneaux de telle sorte que les nouveaux poteaux se trouvent à mi-chemin entre les anciens.

Matérialisez l'emplacement de la clôture par des piquets et des cordeaux, du côté intérieur. Mesurez la longueur et calculez le nombre de poteaux, de panneaux ainsi que, le cas échéant, de piquets et de traverses de

Montage des panneaux en bois

❶ Placez le premier poteau. Tirez un cordeau entre des piquets pour matérialiser la clôture. Posez un panneau pour délimiter l'emplacement du deuxième poteau et fixez-le dans le sol. Vérifiez la verticalité à l'aide d'un niveau à bulle.

❷ Fabriquez un calibre en forme de T avec des bouts de bois pour définir l'emplacement exact des pattes sur les poteaux. Utilisez deux équerres ou des pattes en U.

❸ Si vous avez opté pour les deux équerres, glissez le panneau de bas en haut entre les équerres supérieures, remontez, puis glissez de haut en bas entre les équerres inférieures.

CI-DESSUS Cette clôture peinte en bleu forme à la fois une protection pour les plantes et une toile de fond qui met en valeur leurs couleurs vives.

soubassement nécessaires. Faites l'acquisition des meilleurs matériaux aux meilleurs prix et assurez-vous que le bois a été traité contre le pourrissement sous pression.

La distance entre chaque poteau joue un rôle important. Plantez-les deux par deux et mettez les panneaux en place au fur et à mesure. Coulez un socle en béton pour les poteaux en bois ou utilisez des piquets du commerce (voir encadré p. 77). Pour les poteaux en béton, un socle en béton est indispensable.

Si le dernier poteau n'est pas adossé à un mur, consolidez-le. Il est possible d'ajouter des étais à tous les poteaux le long d'une clôture.

Coupez des morceaux de bois mesurant la moitié de la hauteur des poteaux et sciez une extrémité à 40°. Placez cette extrémité contre le poteau et enterrez l'autre extrémité. Placez une grosse pierre sous la partie enterrée pour l'empêcher de s'enfoncer. Fixez la partie supérieure sur le poteau avec des clous galvanisés.

Fixez les panneaux sur les poteaux à l'aide des pattes de votre choix. Posez le panneau sur la traverse de soubassement ou sur une brique pendant que vous plantez les clous. Percez des trous avec une perceuse pour faciliter l'introduction des clous et empêcher le bois d'éclater. Maintenez le panneau en position et clouez-le au premier poteau. Enfoncez les clous légèrement en biais pour consolider l'ensemble. Placez l'autre bout du panneau contre le second poteau, vérifiez l'alignement avec un niveau à bulle et clouez en place (voir encadré à gauche). Lorsque la clôture est érigée, peignez-la de la couleur de votre choix, et faites vos plantations.

Fixation des traverses

❶ Placez les équerres d'assemblage à cheval sur les traverses de section triangulaire. Fixez-les en plantant des clous dans les trous aménagés dans les pattes de fixation. Sciez net les bouts des traverses pour pouvoir placer les équerres.

❷ Les poteaux à mortaise sont équipés de cavités dans lesquelles logent les tenons des traverses. Assemblez-les en les clouant. Tapez sur l'extrémité des traverses pour les ajuster dans les cavités.

❹ Posez le panneau sur la traverse de soubassement (le cas échéant) ou sur une brique pendant que vous le clouez en place. Ainsi il se trouve à bonne distance du sol et moins soumis au pourrissement.

❺ Posez le deuxième panneau sur le sol bord à bord avec le deuxième poteau. Placez le troisième poteau en utilisant les piquets et cordeau et le premier panneau comme guide. Continuez ainsi pour toute la clôture.

Construction d'une clôture pleine

❶ Mettez tous les poteaux en place, en les fixant soit dans des socles en béton, soit dans des piquets. Contrôlez leur verticalité avec un niveau à bulle. Fixez les traverses sur les poteaux à l'aide d'équerres spéciales galvanisées (voir p. 79).

❷ Fixez les traverses de soubassement faites de planches de 15 cm sur 2,5. Sciez-les à la bonne longueur et fixez-les sur les poteaux à l'aide de petits tasseaux placés dans l'angle interne formé par le poteau et la traverse.

❸ Placez la première planche chanfreinée sur la traverse de soubassement, partie épaisse contre le poteau. Tirez des cordeaux entre les poteaux qui vous permettront d'aligner les planches au fur et à mesure.

❹ Clouez la première planche à la traverse supérieure à l'aide de deux clous galvanisés. Contrôlez la verticalité avec un niveau à bulle, puis clouez la planche sur la traverse inférieure.

❺ Continuez ainsi en faisant en sorte que les planches se chevauchent sur environ 1 cm. Contrôlez leur verticalité et fixez avec un seul clou par traverse.

❻ Fabriquez un calibre avec une planchette et utilisez-le pour mesurer rapidement et avec précision l'espace entre chaque planche. Placez le calibre au sommet de la planche, clouez, puis faites glisser vers le bas et recommencez.

Les clôtures à lattes jointives

Il est possible d'acheter des clôtures à lattes jointives toutes faites, mais il vaut mieux les construire vous-même, elles seront plus solides et s'harmoniseront mieux à l'environnement.

Une clôture à lattes jointives est formée de poteaux verticaux reliés par deux traverses de section triangulaire pour faciliter l'écoulement de l'eau de pluie. On cloue des planches chanfreinées se chevauchant sur les traverses. Comme pour toutes les clôtures, vérifiez que les planches ont été traitées sous pression.

Il existe deux façons de fixer les traverses sur les poteaux. La première consiste à emboîter les tenons se trouvant sur les traverses dans les mortaises creusées dans les poteaux. Certains poteaux sont équipés de mortaises au moment de l'achat, mais vous pouvez les réaliser vous-même. La seconde consiste à utiliser des équerres spéciales galvanisées (voir p. 79). Cette seconde solution vous permet d'ériger tous les poteaux en même temps, puis de fixer les traverses plus tard. La première solution vous oblige à planter un premier poteau, à fixer les traverses, puis à planter le second poteau, et ainsi de suite.

Les palissades

On peut acheter des palissades toutes faites, mais il est possible d'en faire une très jolie soi-même. Réalisez-la à partir de planches récupérées et imaginez des motifs différents. Les planches verticales sont en général espacées de 3,5 à 5 cm, mais il vous est

Comment protéger une clôture

❶ Surmontez les planches d'une baguette de protection pour empêcher l'eau de pluie de pénétrer dans le grain du bois. Placez une baguette taillée en pointe entre chaque poteau et clouez-la en place.

❷ Placez des protections au sommet des poteaux pour empêcher la pénétration de l'eau de pluie. Il existe différentes formes et tailles de protections. Elles sont souvent en pointe. Choisissez un périmètre supérieur à celui du poteau.

CI-DESSUS Cet écran de bambou d'apparence légère et délicate est très facile à construire. Il convient particulièrement bien aux petits jardins.

loisible d'alterner planches longues et courtes de différentes façons pour former une ligne courbe ou zigzagante.

Il est plus facile de commencer par planter les poteaux (voir p. 77), de fabriquer les panneaux intermédiaires, puis de les fixer sur les poteaux. Construisez les panneaux intermédiaires à plat sur le sol pour pouvoir enfoncer les clous sur une surface ferme.

Les poteaux mesurent 7,5 cm sur 5 cm de section et sont espacés de 1,80 à 2,70 m. Utilisez des planches de 5 cm sur 2,5 pour les traverses et les lattes verticales. N'employez que du bois traité sous pression.

Le bambou

Les écrans de bambou forment une toile de fond agréable dans un petit jardin. Une façon simple de créer une séparation consiste à clouer des panneaux de bambou sur une clôture existante. Son effet sera très réussi si vous n'utilisez que l'ossature de la clôture pour laisser filtrer la lumière. Ou bien dissimulez complètement une vieille clôture derrière des bambous. Clouez des tiges de bambou larges sur des traverses en bois fixées sur des poteaux. En variant la hauteur et l'épaisseur des cannes, créez des motifs réguliers ou irréguliers.

Fabrication d'une palissade

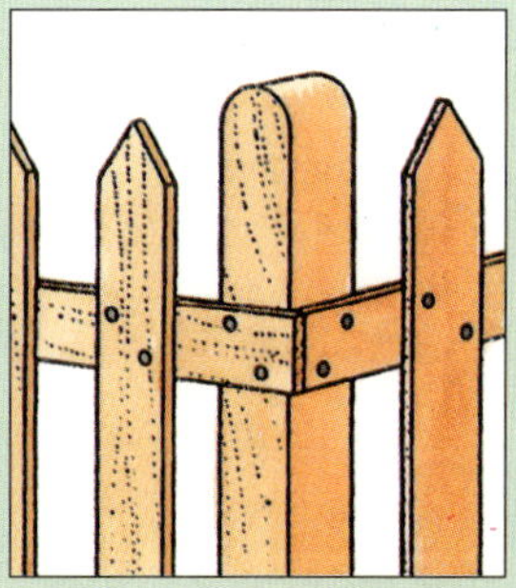

❶ Assemblez la clôture sur une surface plane. Posez les traverses sur le sol, puis clouez les lattes verticales. Utilisez un gabarit pour maintenir un espacement constant entre les lattes, de l'ordre de 3,5 à 5 cm.

❷ Clouez les panneaux sur les poteaux à l'aide de deux clous par poteau. Vérifiez l'horizontalité des traverses et la verticalité des lattes au niveau à bulle.

❸ Aux angles, utilisez des poteaux d'angle et clouez les traverses des deux palissades pour former un angle droit. Ce type de palissade convient aux petits jardins.

Les lattes décoratives

Pour une finition plus décorative, taillez les extrémités des lattes. Les motifs les plus simples sont : en arrondi **(1)**, en carré **(2)** en pointe **(3)**. Les motifs plus compliqués s'harmonisent avec les jardins plus sophistiqués. On trouve les finitions de style gothique **(4 et 5),** de style ornemental classique ou en fleuron **(6)**.

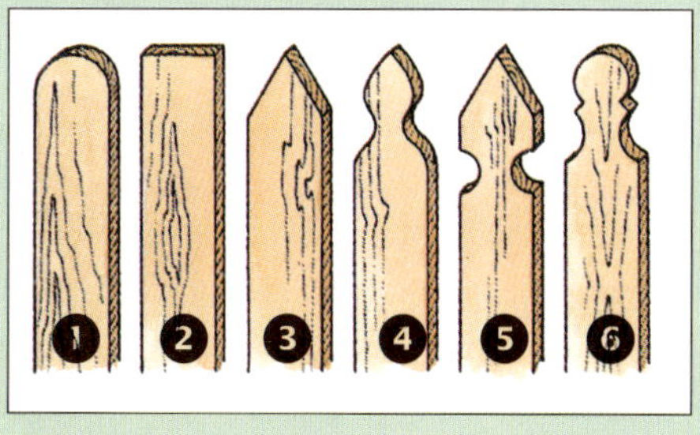

Portes et portillons

La porte est évidemment un élément essentiel puisqu'elle permet de franchir le mur, la haie ou la clôture et de pénétrer dans le jardin. Les portes sont souvent en bois ou en fer forgé. Choisissez-en une en harmonie avec votre environnement : une grille en fer forgé très travaillée serait déplacée dans un jardin campagnard, de même qu'un simple portillon ne conviendrait pas à un jardin moderne avec patio. On peut peindre les portes en métal et en bois de la couleur de son choix, mais quelquefois une simple protection suffit pour garder un aspect naturel. Les peintures qui teintent le bois tout en le traitant conviennent également.

Les portes intérieures sont souvent plus symboliques que celles qui font partie de l'enceinte extérieure du jardin. Il ne s'agit pas de réelles séparations, mais de passages ou d'ouvertures qui permettent simplement au regard de circuler ou de s'arrêter.

Mesures de sécurité

La sécurité est un problème pénible mais malheureusement incontournable. On peut adopter une attitude un peu laxiste, mais lorsque de jeunes enfants ou des animaux domestiques jouent dans le jardin, la porte doit être pleine et les empêcher de se glisser au-dehors. Les loquets et les systèmes de fermeture doivent être hors d'atteinte et sûrs. Utilisez des systèmes de fermeture automatiques, utiles après le passage de visiteurs ou du facteur. Malheureusement, ces systèmes se referment également sur un enfant qui aura réussi à sortir et l'empêcheront de rentrer.

La construction d'un portillon n'est pas facile, mieux vaut l'acheter en kit et l'assembler. Fixez les portillons en métal sur des poteaux métalliques ou en brique et les portillons en bois sur des poteaux en bois. Assortissez le style du portillon avec celui des poteaux. Quel que soit le style choisi, scellez solidement les poteaux dans des semelles en béton, sans quoi la porte sera de guingois, toujours ouverte ou difficile à fermer.

CI-DESSUS Ce ravissant portillon peint en bleu convient parfaitement à un jardin campagnard.

Le choix entre une porte purement fonctionnelle et un portillon plus délicat ou rustique est important. Les portes pleines conviennent aux murs, clôtures et haies entourant la propriété, alors que les portillons conviennent aux séparations intérieures du jardin et sont plus décoratifs qu'utiles.

Fixation d'un portillon sur gond et charnières

1 Placez le portillon sur des cales entre chaque poteau en réservant 6 mm de chaque côté et 5 cm en bas. La distance entre le portillon et le sol dépend de la facilité d'ouverture du portillon.

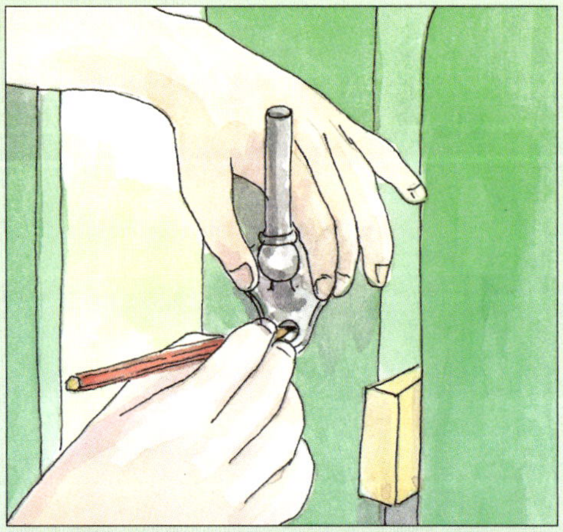

2 Fixez la charnière sur le portillon. Posez la partie inférieure du gond sur le poteau, marquez l'emplacement des vis avec un crayon et vissez.

3 Glissez la charnière dans le gond et fixez la partie supérieure du gond sur le poteau en la vissant.

Construction d'un portillon

Les différentes parties du portillon s'assemblent par tenons et mortaises. Les lattes verticales sont renforcées par une écharpe en diagonale, vissée dans un cadre. Pour un portillon durable, utilisez du bois dur traité et peignez-le dans le style de la clôture si nécessaire.

❹ Il existe tous les styles, formes et tailles de loquets, mais le système à poucier est de loin le plus simple. Fixez d'abord le mentonnet (alignez-le avec la charnière) sur le poteau et marquez au crayon l'emplacement du poucier.

❺ La fermeture à ressort est un système efficace en présence d'enfants et d'animaux domestiques. Utilisez-le conjointement avec un système de fermeture automatique. Vissez un bout sur le portillon et l'autre sur le poteau.

Styles de portillons

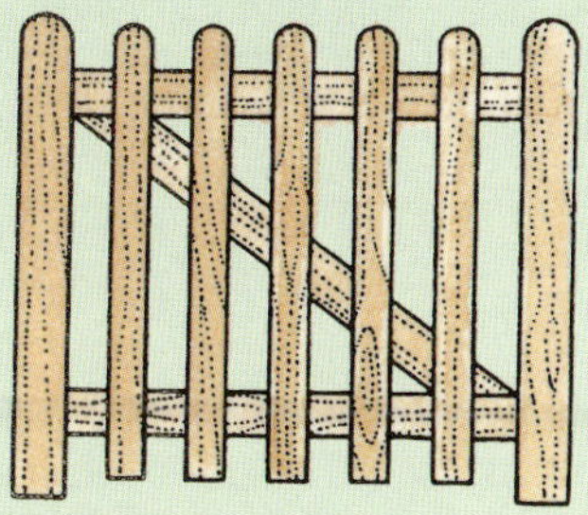

Traditionnel et campagnard

Jardin de ville

En fer forgé

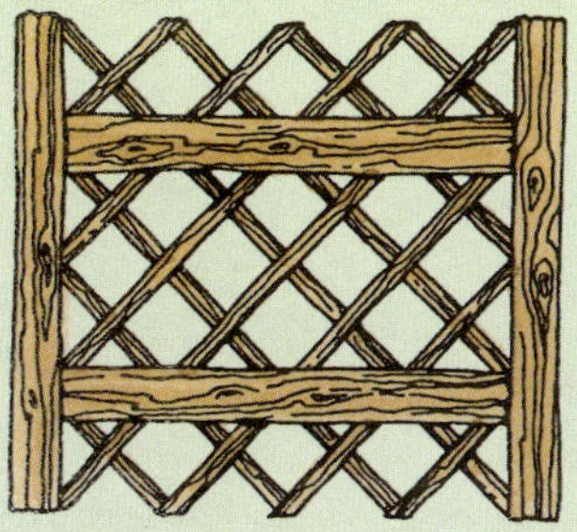

Treillage rustique

Le choix est vaste parmi les portillons, qu'ils soient essentiellement fonctionnels ou plutôt esthétiques, travaillés ou rustiques… Votre décision dépendra de sa fonction et de son emplacement. Les portes pleines s'utilisent pour les ouvertures dans les murs, clôtures et haies d'enceinte et marquent une séparation nette avec le monde extérieur. Les portillons plus légers s'installent à l'intérieur du jardin et jouent un rôle aussi décoratif que pratique.

Écrans et treillages

En général, les treillages font partie d'une pergola ou, fixés entre deux montants verticaux, de toute structure verticale bordant un patio. Mais il est aussi possible de les utiliser comme clôture en les fixant entre une série de poteaux. Ils sont néanmoins plus fragiles qu'une clôture et forment des écrans symboliques qui ne garantissent que peu d'intimité. Utilisez leur transparence pour prolonger la vue au-delà du jardin. Laissez-les nus ou couvrez-les de plantes grimpantes, selon votre fantaisie.

Une ombre douce et naturelle

Les écrans et les treillages permettent de créer des zones d'ombre tant pour les gens que pour les plantes. Bien que le soleil soit en général très agréable, un coin un peu plus abrité est quelquefois souhaitable. De plus, certaines plantes redoutent la présence permanente du soleil, et d'autres ne s'épanouissent qu'à l'ombre. Si votre jardin ne possède aucune zone ombragée naturelle, installez un treillage qui formera un écran laissant passer la lumière du soleil mais apportant suffisamment d'ombre pour satisfaire tout le monde.

Comment fixer un treillage sur un mur

Certains treillages du commerce sont déjà dotés de trous de fixation. Sinon, utilisez une perceuse. Tenez le panneau contre le mur en vous assurant qu'il est droit à l'aide d'un niveau à bulle, puis marquez l'emplacement des trous à percer dans le mur. Enlevez le treillage et percez. Enfoncez des chevilles, puis vissez le treillage en place.

1 Si des plantes doivent venir s'enrouler autour du treillage, prévoyez une certaine distance entre le treillage et le mur. Fixez des tasseaux sur le mur ou placez des bobines de fil entre le treillage et le mur.

2 Si vous posez le treillage sur un mur peint, fixez-le avec des charnières, de façon à le déplacer au moment de repeindre. Fixez le treillage sur des tasseaux vissés dans le mur. Utilisez des charnières dans la partie supérieure et des crochets dans la partie inférieure.

Les plantes grimpantes

Les treillages et les écrans permettent d'installer des plantes grimpantes partout dans le jardin. En surmontant une clôture d'un treillage, vous augmentez sa hauteur et créez une structure pour faire grimper une clématite. Fixez-les sur un mur où les plantes ont du mal à s'accrocher ou faites-en des piliers pour une arche ornementale.

À L'EXTRÊME GAUCHE **Les treillages conviennent parfaitement aux roses grimpantes. Ici *Rosa* 'Blairii Numéro Deux'.**

À GAUCHE **Les treillages, qu'ils soient agrémentés de plantes grimpantes ou simplement laissés nus et peints, sont très décoratifs.**

CI-DESSUS **Un treillage installé entre des poteaux forme une clôture agréable, couverte de plantes et qui laisse passer la lumière.**

Les styles de treillages

Un treillage est une structure en claire-voie formée de fines lattes de bois ou de plastique – de 2,5 sur 1,5 cm de section – assemblées en carrés d'environ 15 cm de côté. On les trouve préfabriqués dans le commerce, mais ils sont faciles à monter. Les lattes sont réunies à l'aide de clous et fixées sur un cadre en bois formé de lattes plus épaisses.

Les magasins spécialisés proposent tous les styles de treillages : extensibles, en éventail, à mailles carrées ou rectangulaires. Ils sont en bois dur ou tendre (les premiers sont plus résistants). Assurez-vous qu'ils ont été traités au préalable contre le pourrissement.

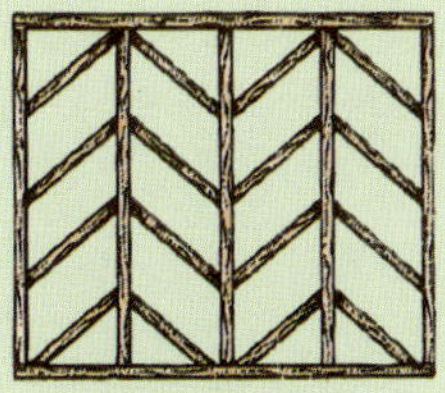

En arête de poisson

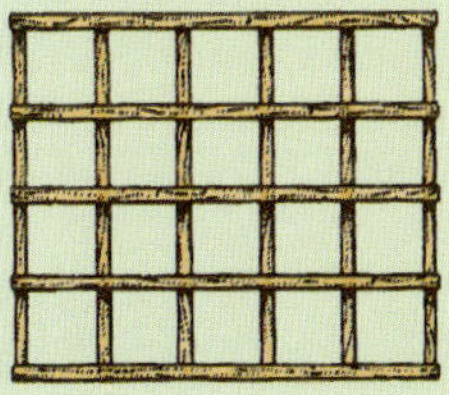

En carrés

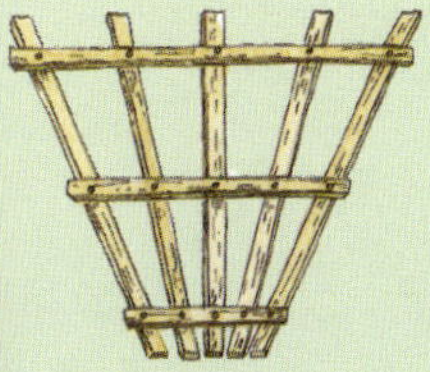

En éventail

En losanges

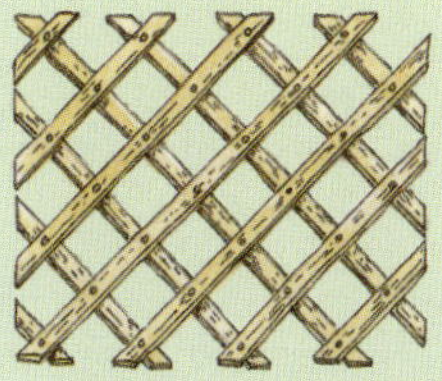

En losanges extensibles

Les plantes grimpantes

Vous trouverez ci-dessous une sélection de plantes grimpantes convenant aux écrans et treillages.

Plantes	Hauteur	Description
Actinidia kolomikta	3 à 5 m	Beau feuillage panaché rose, blanc et vert en été. Les fleurs sont blanches. Les plants femelles portent les fruits.
Aristolochia **(aristoloche)**	5 m	Grimpante vigoureuse qui doit être rabattue. Feuilles vert foncé en forme de cœur. Petites fleurs tubulaires jaunes en été.
Clematis alpina **(clématite)**	2,50 m	Grimpante à croissance lente. Fleurs bleues en forme de lanternes au printemps.
Clematis armandii **(clématite)**	5 m	Fleurs blanches parfumées au printemps et en automne. Joli feuillage vert persistant. Facile à palisser.
Clematis montana **(clématite)**	5 à 10 m	Groupes de fleurs roses au printemps. Il existe de nombreux cultivars de cette grimpante vigoureuse à feuillage caduc.
Hedera **(lierre)**	variable	Les lierres ont un beau feuillage persistant. *Hedera helix* 'Tricolore' a de jolies feuilles vert et jaune. Fleurs en général très petites.
Jasminum officinale **(jasmin blanc)**	10 m	Fleurs blanches parfumées en été. Bonne grimpante. Arrosages fréquents, sol léger et riche.
Lonicera periclymenum **(chèvrefeuille des bois)**	2 à 10 m	La plupart des chèvrefeuilles sont parfumés. Fleurs de couleur crème en été.
Passiflora umbilicata **(passiflore)**	5 à 10 m	Feuilles délicates et jolies fleurs de la Passion mauves en été et en automne. Exige un emplacement abrité.
Rosa filipes **'Kiftsgate'**	9 à 12 m	L'un des nombreux rosiers grimpants. Fleurs abondantes et parfumées. Facile à palisser sur toutes les structures.
Solanum jasminoides	2 à 3 m	Joli feuillage, fleurs blanches en été et en automne. Préfère un emplacement abrité.
Vitis vinifera **(vigne)**	variable	Plante à grandes feuilles et grappes de fruits les années favorables. Feuillage doré en automne. Présence de vrilles lui permettant de s'accrocher sur toutes les structures. Couvre des espaces importants.

PLANTATIONS

Les différentes organisations

Les plantations forment une partie essentielle du jardin, et vous avez le choix entre plusieurs types d'organisation : massifs et bordures, rocailles, plates-bandes surélevées, bacs et pots. Les plantes que vous choisirez, la façon dont vous les installerez et les grouperez donneront à votre jardin un style formel ou informel, faussement désordonné ou structuré. Les plantes peuvent mettre en valeur certaines zones du jardin et en cacher d'autres, ou même en modifier la forme.

CI-DESSUS **Cette large bordure ou *mixed border* est formée d'un étonnant mélange de violets et de jaunes, mis en valeur par le vert acide des euphorbes au port élégant (à droite) et du houblon doré (*Humulus lupulus* 'Aureus') grimpant sur le treillage du fond. Les têtes rondes des fleurs d'ail *(Allium)* contrastent avec les plantes aux couleurs plus douces du premier plan.**

Les bordures ou *mixed borders*

Elles peuvent former une simple bande étroite ou, au contraire, une large bande sinueuse composée d'une profusion de plantes. La fonction de la bordure détermine sa forme : si vous souhaitez qu'elle marque les limites du jardin, elle en suivra plus ou moins les contours, mais si vous préférez qu'elle modifie la forme du jardin, vous la ferez irrégulière et sinueuse.

C'est la façon dont vous concevrez vos bordures qui les rendra uniques. Les plantes de grande taille au feuillage décoratif (comme les hostas et les euphorbes) forment une toile de fond luxuriante, alors que les fleurs hautes et de couleur claire comme les delphiniums donnent une impression d'espace. L'association d'un grand nombre de fleurs de tailles différentes, aux couleurs chaudes – jaune, orange et rouge – comme les tritomes *(Kniphofia)* et les alstroemères font paraître la bordure plus proche et réduisent l'impression d'espace dans un jardin très grand.

La forme et la taille de la bordure influent sur l'ambiance du jardin. Les bordures profondes permettent d'adoucir les angles ou de cacher des zones difficiles à exploiter.

Les petites bordures étroites avec une masse de plantes grimpantes forment une belle toile de fond dans un petit jardin et permettent d'installer un grand nombre de plantes sur une petite surface. Pour donner de la personnalité à l'ensemble, ponctuez-le de quelques plantes rares ou d'un élément décoratif.

Les plates-bandes ou massifs

Les massifs forment des zones de plantation isolées. Vous pouvez leur donner toutes les formes et les tailles à condition de les harmoniser avec le reste du jardin.

Non seulement les plates-bandes sont décoratives, mais elles font partie du projet d'ensemble du jardin. Par exemple, une vaste plate-bande d'espèces de sous-bois permet de faire le lien avec une zone boisée située au-delà du jardin. Les petits massifs donnent du charme aux endroits difficiles à aménager. Dans l'ombre d'un grand arbre où il est impossible de semer une pelouse, installez des plantes de sous-bois, comme les fougères, et créez une atmosphère intéressante.

La conception d'une plate-bande diffère de celle d'une bordure, et il n'est pas obligatoire de mettre les grandes plantes au fond et les petites au premier plan. Mélangez les tailles et les formes de plantes pour attirer encore plus le regard. Vous pouvez même faire jouer votre imagination et donner à un massif sa propre personnalité. Installez des dalles ou une allée menant, à travers les plantes, vers une statue ou un bassin.

Les rocailles

Le jardin de rocaille est une forme d'expression subtile dont le charme opère tout au long de l'année. Choisissez la taille et la forme qui conviennent à votre jardin et optez pour une situation ensoleillée. Construisez votre rocaille en grosses pierres séparées par de la terre, ou installez des murets de pierres sèches, des bacs en pierre, ou des plates-bandes surélevées.
La nature du sol dépendra des espèces plantées. Préparez soigneusement votre projet avant de prendre des décisions. Les plantes aimant les sols acides exigent de la tourbe ou un substitut, certaines plantes poussent bien dans les éboulis, d'autres préfèrent la terre ordinaire. Incorporez des cailloux par endroits. Dans une plate-bande surélevée, installez des compartiments de terres différentes convenant à chaque espèce de plantes.

Une rocaille réussie dépend non seulement du choix des plantes, mais aussi de celui des matériaux utilisés pour sa construction. Il existe un grand nombre de pierres dans une belle variété de couleurs. Lorsqu'elle est bien conçue et bien placée, une rocaille peut offrir ses attraits tout au long de l'année. La présence de l'eau, sous forme d'un ruisselet ou d'un bassin, apporte encore un charme supplémentaire.

Les plates-bandes surélevées

Il s'agit tout simplement de plates-bandes que l'on a surélevées par rapport au niveau du sol. On peut les réaliser dans divers matériaux : briques, pierres sèches, traverses de chemin de fer, poutres ou rondins, qui leur donnent chacun un style différent. Les plates-bandes surélevées permettent d'introduire des changements de niveaux dans un jardin trop plat et du volume dans un petit jardin.

On peut les construire sur une surface dure pour éviter de creuser. Elles permettent de créer un espace distinct : dans un jardin alcalin, par exemple, créez une plate-bande acide et plantez des azalées, ou dans un environnement humide, créez un jardin alpin sec.

Les bacs

Les plantations en bacs et pots introduisent une dimension supplémentaire dans le jardin, elles égaient les endroits un peu tristes et ajoutent des notes de couleur. Il existe un grand nombre de possibilités : pots, urnes, jardinières, auges, bacs, caisses ; en terre cuite, plastique, bois ou pierre. Chaque type convient à un style de jardin.

À DROITE **L'aspect et les couleurs des différentes plantes alpines, joubarbes et saxifrages, forment, avec les rochers vieillis par les intempéries, un ensemble harmonieux. Ainsi cette plate-bande surélevée évoque un paysage tout à fait naturel.**

CI-DESSOUS **La répétition de plantes à grandes hampes florales, comme les lupins et les digitales, entraîne le regard le long des bordures et apporte un effet de continuité.**

Les plantes en pots permettent de créer un lien entre la maison et le jardin. Sur une surface en dur, ou un patio, elles forment une ligne verte qui relie les parties habitées au jardin et invitent à l'exploration. Accrochés sur un mur ou installés sur un rebord de fenêtre, les pots introduisent un élément vertical. On peut placer des pots de part et d'autre des marches d'un escalier pour apporter de la couleur, ou de façon isolée sur une pelouse pour ajouter un élément en hauteur.

Les bacs et pots offrent l'avantage de pouvoir être déplacés dans le jardin, pour produire des effets différents selon le moment, la saison… On peut y planter des annuelles, que l'on change au fil des saisons et qui permettent de créer des ambiances différentes et des taches de couleur.

Un groupe de pots peut former un élégant ensemble architectural. Bien conçus, les arrangements de plusieurs pots décoratifs créent une ambiance et mettent en valeur le reste du jardin.

Massifs et bordures

On peut considérer que les massifs et les bordures sont comme les vêtements d'un jardin. Ils en habillent les structures permanentes – murs, clôtures et allées – et en adoucissent les contours. Les plantes installées dans les plates-bandes apportent les principales notes de couleur d'un jardin.

On peut réaliser des bordures tout en buissons, ou les planter de façon isolée pour ponctuer certaines zones du jardin. Les massifs de fleurs annuelles et bisannuelles donnent des résultats étonnants, les roses sont aussi belles en groupes qu'isolément. Mais l'élément le plus important, celui dont vous devrez élaborer la conception avec le plus grand soin, est le *mixed border*. Annuelles, bulbes, plantes herbacées vivaces, buissons et plantes aux formes architecturales... : toutes les fleurs peuvent y prendre place. Son grand avantage est que vous pouvez le modifier tous les ans. Avec le temps, vous deviendrez plus audacieux, vos connaissances s'accroîtront, et vous créerez des bordures de plus en plus originales et spectaculaires.

Les types de massifs et bordures que vous pouvez imaginer sont sans limites. Au milieu d'une pelouse ou d'une zone dallée, créez des massifs visibles de tous côtés. La bordure traditionnelle, s'appuyant sur un mur, avec les grandes plantes au fond et les petites au premier plan, offre d'autres possibilités. Dans une plate-bande surélevée, on mettra l'accent sur les plantes se trouvant à la hauteur des yeux. Certaines plates-bandes sont conçues pour la promenade, afin que l'on admire les plantes sous tous les angles.

Dimensions et forme

Une bordure doit occuper un certain espace pour être efficace. Les dimensions minimales sont d'environ 1,20 sur 3,70 m. Si la bordure est plus petite, diminuez le nombre de plantes en vous limitant à 6 ou 7 variétés. Équilibrez les variétés à fleurs et à feuillage, et prévoyez des floraisons s'échelonnant tout au long de l'année.

Si vous disposez d'espace, créez des formes et des styles différents, en jouant sur les variations de profondeur et les courbes, souvent plus intéressantes que les lignes droites.

CI-DESSUS Cette bordure foisonnante suit un tracé sinueux, encore adouci par la profusion de plantes de couleur pastel au premier plan.

Tracé et préparation d'un massif

Si vous créez le massif au milieu d'une pelouse, enlevez d'abord l'herbe avec une lame acérée ou un couteau spécial.

Si le sol n'a pas été travaillé depuis longtemps et est compact, creusez sur une certaine profondeur (voir ci-contre) et ajoutez des matières organiques avant de commencer les plantations. Si vous réalisez une bordure, installez-la avant de planter. Les planches en bois, les grosses pierres, les rondins ou les murets empêchent la terre de migrer.

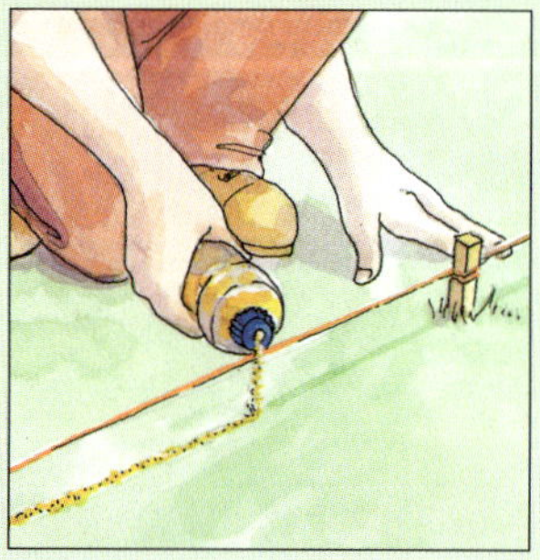

❶ Avant de creuser, indiquez grossièrement les contours du massif en enfonçant des piquets avec un maillet. Tendez une ficelle entre les piquets.

❷ Pour un tracé sinueux, utilisez un tuyau d'arrosage.

❸ Suivez la ficelle ou le tuyau avec du sable. Prenez une bouteille dont vous aurez percé le capuchon pour tracer la ligne de sable. Reculez de quelques pas pour juger de l'effet.

Le double bêchage

1 Creusez une tranchée de 60 cm de long et de la profondeur d'un fer de bêche à un bout de la plate-bande. Jetez la terre à l'emplacement où vous creuserez la dernière tranchée. Si la plate-bande est très large, creusez deux rangs de tranchées.

2 Lorsque la tranchée est vide, retournez la terre du fond avec une fourche-bêche sur une profondeur correspondant environ à celle des dents de la fourche. Incorporez du compost ou du fumier dans la terre.

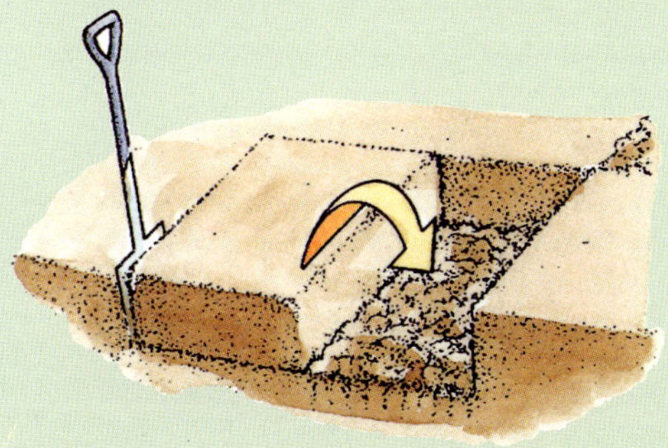

3 Creusez une deuxième tranchée en rejetant la terre dans la première. Remuez bien la terre et supprimez les racines des mauvaises herbes au fur et à mesure.

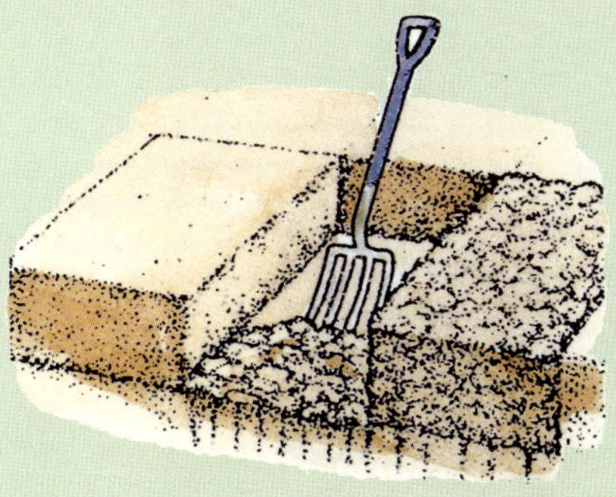

4 Procédez comme précédemment et retournez la terre au fond de la tranchée. Continuez ainsi sur toute la surface, en creusant sur 50 cm environ.

Conseils pratiques

Les règles du *mixed border* réussi sont les suivantes :

- Les bordures, qu'elles soient composées d'arbustes ou de fleurs, ont besoin de soleil. Placez-les dans la partie la plus ensoleillée du jardin.
- Préparez soigneusement le sol.
- Si vous installez la bordure contre un mur, une haie ou une clôture, prévoyez 45 cm de distance entre la bordure et le mur. Si vous le pouvez, créez une allée étroite. Cela facilitera les travaux de réparation le cas échéant ainsi que la taille de la haie.
- Les emplacements humides et ombragés sont les plus difficiles. Préférez les endroits bien drainés et ensoleillés.
- Pour de meilleurs résultats, choisissez des plantes en bonne santé adaptées à la nature du sol et à l'exposition de la bordure.

Le bêchage intelligent

- Tenez la bêche verticalement, en l'inclinant vous creusez moins profondément.
- Enfoncez la bêche à angle droit pour décoller une motte de terre nette, et travaillez avec méthode.
- Bêchez par petites mottes, faciles à soulever et à retourner.
- Travaillez par petites surfaces et de façon régulière. Retournez une bande de 1 m de large par jour plutôt que de vous attaquer à la plate-bande tout entière.

À GAUCHE **Ce massif rond de forme classique, garni de plantes aux couleurs vives, attire plaisamment le regard.**

Jardins de rocaille

Une rocaille bien composée, alternant avec subtilité rochers, cailloux et plantes alpines, possède un charme indéniable. Elle évoque un coin de montagne ou une pente escarpée, et permet de relier les différents niveaux d'un jardin. Elle doit faire penser à un site naturel plutôt qu'à un amas de cailloux fleuris. La réussite d'une rocaille nécessite du travail, du talent et de la patience : pour choisir le site, sélectionner les pierres et les disposer de telle sorte qu'elles forment un ensemble naturel, à l'aspect authentique.

Le sol doit être peu visible. Tassez la terre dans les interstices entre les rochers ou couvrez-la de petits graviers. Ainsi non seulement vous la dissimulerez aux regards, mais vous retiendrez l'humidité pendant les mois secs.

Le choix des pierres

- Essayez d'utiliser des pierres locales : elles seront en harmonie avec le jardin et lui donneront un air plus authentique.
- Si vous n'avez pas la possibilité de vous procurer des pierres du pays, choisissez du grès ou de la pierre calcaire, qui réagissent bien à l'érosion naturelle.
- Demandez à votre marchand de matériaux, dans une jardinerie ou dans une carrière, de vous fournir des pierres de tailles différentes, en précisant que vous voulez faire une rocaille. Achetez-les au poids ou à la pièce, en sachant qu'il vous en faudra un grand nombre – plusieurs tonnes pour une rocaille de taille raisonnable.
- Si vous disposez d'un accès assez large, louez une pelleteuse pour creuser et déplacer les rochers de l'endroit de livraison à la rocaille.

Le choix du site

Comme pour tous les autres types d'aménagement du jardin, le choix de l'emplacement d'une rocaille est de la plus haute importance. Il est possible de l'installer sur un terrain plat, mais elle n'aura jamais l'air naturelle. L'idéal est de la placer sur une pente existante. Choisissez-la ensoleillée, sans pour autant qu'elle soit brûlée par le soleil tout au long de la journée. Trop d'ombre lui serait néfaste, ainsi que la présence d'arbres, qui par temps de pluie laissent tomber leurs gouttes d'eau sur les délicates plantes alpines.

Enfin, choisissez un emplacement bien drainé aux solides fondations.

Le transport des pierres

Il est extrêmement important de ne pas vous faire mal au dos en déplaçant les pierres. Malgré les apparences, même les petites pièces sont souvent très lourdes. Si vous êtes capable de les porter, faites-le en pliant les genoux et en vous tenant bien droit.

Il existe plusieurs façons de déplacer les pierres d'un endroit à un autre. Transportez les plus petites avec une brouette, et faites rouler les plus grosses sur elles-mêmes en utilisant de solides leviers en bois ou en fer.

Vous pouvez aussi les faire rouler sur un rail de rondins en bois placés sur un chemin de planches. Ou bien encore les entourer de cordes, puis les soulever et les transporter à deux.

CI-DESSUS À GAUCHE Installez votre rocaille dans un endroit ensoleillé et sur un terrain bien drainé.

CI-DESSUS Les joubarbes poussent bien dans les interstices entre les rochers.

Construction d'un jardin de rocaille

1 Marquez le tracé du jardin sur le sol en tendant des ficelles entre des piquets ou en le dessinant avec un tuyau d'arrosage. Puis creusez tout autour à la bêche.

2 Enlevez la terre arable à la bêche sur toute la surface. Conservez la terre fertile pour la mélanger à du gravier. Tassez légèrement, vous éviterez ainsi l'installation d'un système de drainage.

3 Placez la plus grosse pierre puis, en partant de là, disposez les plus petites en V. Faites en sorte qu'elles présentent toutes une face relativement plate vers l'avant.

4 Comblez la première rangée d'un mélange de terre et de gravier. Ratissez pour égaliser la surface. Tassez légèrement la terre, sans déloger les pierres.

5 Disposez la deuxième rangée de pierres un peu plus haut, sur le modèle de la première. Prévoyez un espace nécessaire pour installer les plantes entre les deux.

6 Enlevez les plantes de leurs pots et placez-les dans les interstices entre les rochers. Lorsque les plantations sont achevées, couvrez le sol de petits cailloux ou de fin gravier.

Les plantes alpines

1

2

3

Il existe plusieurs façons très décoratives d'installer des plantes alpines, à condition de respecter leurs conditions de croissance. Les vieux murs **(1)** forment un site idéal. On peut semer en place et introduire les graines dans les fissures. Dans un jardin de rocaille **(2)**, on peut grouper les plantes ayant les mêmes exigences pour donner un air plus naturel. Les auges et vieux bacs en pierre **(3)** conviennent bien aux plantes alpines. Garnissez-les de quelques pierres pour un effet plus naturel.

Les jardins d'éboulis

Pour les plantes alpines nécessitant un drainage draconien, les éboulis réunissent des conditions idéales, puisqu'ils permettent à ces espèces de pousser dans leurs conditions naturelles, sur des rochers et une petite quantité d'humus. Un jardin d'éboulis (voir à droite) est une sorte de plate-bande surélevée où la terre a été remplacée par des éclats de pierres. Construisez des murs en grès, briques ou vieilles dalles pour former les flancs du jardin. Inclinez-les légèrement vers l'intérieur pour les rendre plus stables. Faites reposer la première rangée sur des fondations en béton, puis montez en pierres sèches ou comblez avec de la terre et installez des plantes dans les fissures (plantez-les au fur et à mesure de la construction du mur). Aménagez des ouvertures à la base pour l'écoulement de l'eau. Pour assurer un bon drainage, le jardin aura 60 cm de haut s'il est construit sur de l'argile et 30 cm sur du sable. Disposez une couche de 10 cm de briques cassées et de gravats au fond de la plate-bande, puis remplissez avec le compost suivant : 10 parts de gravier, 1 part de terreau, 1 part de compost de feuilles ou son équivalent et 1 part de sable.

Plates-bandes surélevées

Les plates-bandes surélevées permettent d'organiser l'espace de façon attrayante et imaginative. Elles amènent les plantes à portée du regard, peuvent accompagner une pente ou une volée de marches et aident à estomper les changements de niveau trop rapides. Elles facilitent le jardinage à ceux qui ont des difficultés pour se baisser. Elles permettent de faire pousser des plantes exigeant une nature de sol particulière. Leur fonction principale est d'introduire des changements de niveau et des possibilités nouvelles de plantations dans le plus petit des jardins. Installée dans un patio, une plate-bande surélevée formera un ensemble fleuri tout au long de l'année. Elle peut aussi s'accompagner d'un siège ou d'un bassin, construits dans le même matériau.

Le choix d'un style

Les matériaux à votre disposition sont nombreux et détermineront le style de la plate-bande : en bois de charpente, rondins, traverses de chemin de fer, briques ou pierres. Il existe dans le commerce de grands bacs préfabriqués, et le choix des finitions est vaste : seule votre imagination y apportera des limites, en sachant que la plate-bande devra être solide et contenir un certain poids de terre et de plantes.

CI-DESSUS **Les vieilles pierres sèches de ce muret mettent en valeur les plantations très naturelles de la plate-bande surélevée.**

À DROITE **Le cadre en bois de la plate-bande et l'arrangement de galets accentuent le côté maritime de ce balcon de bord de mer.**

Construction d'une semelle filante

❶ Matérialisez l'emplacement de la tranchée en clouant une planche sur des piquets en indiquant la largeur.

❷ Plantez des clous sur lesquels vous attachez des ficelles reliant les planches placées aux deux extrémités de la tranchée.

❸ Tracez une ligne de sable le long des ficelles pour reporter le tracé sur le sol, puis enlevez les ficelles.

❹ Creusez la tranchée en prenant soin de garder une profondeur constante et des bords verticaux.

La taille, le matériau et la couleur de la plate-bande doivent s'harmoniser avec le reste du jardin. Une plate-bande construite dans le même matériau que le mur d'enceinte permet de créer une unité. Choisissez par exemple de la brique pour aller avec un mur de brique ou du bois de la même couleur que celui de la clôture. Des matériaux différents, en revanche, permettent de jouer sur les contrastes. Essayez une plate-bande en brique devant une clôture peinte en bleu foncé. Étroites ou larges, grandes ou petites, les briques forment un élément plaisant et permettent de compartimenter la plate-bande.

Choix de l'emplacement

L'emplacement d'une plate-bande dépend de plusieurs facteurs, et surtout de vos réelles motivations. Si vous recherchez une structure d'accès facile, ses abords doivent être dégagés. S'il s'agit de compartimenter l'espace du jardin, il faudra déterminer les emplacements et les dimensions avec soin, ainsi que la distance les séparant, etc.

Les plantations

Il s'agit ensuite de choisir les plantes. Les plantes alpines et de rocaille aiment les emplacements ensoleillés avec une ombre légère, les cactées exigent le plein soleil et les fougères les endroits semi-ombragés. Dans tous les cas, prévoyez un bon drainage. C'est pourquoi il ne faut pas les installer directement sur du béton ou sur une terre argileuse. Après avoir tenu compte de tous ces facteurs, vous serez en mesure de préparer une plate-bande qui mettra en valeur votre jardin et fera harmonieusement partie du projet d'ensemble.

Les fondations

Si votre plate-bande est en brique ou en pierre, il vous faudra construire des fondations pour soutenir les murs. Une semelle filante convient aux petites structures comme les plates-bandes surélevées. Il s'agit d'une tranchée dans laquelle on a disposé une couche de blocaille ou de gravats compactés, puis coulé du béton.

Les fondations sont plus larges que le mur, de telle sorte que le poids du mur se répartit à la base dans la semelle, puis dans le sous-sol. Pour calculer la largeur de la semelle par rapport à celle du mur, considérez que la semelle doit mesurer le double du mur.

La profondeur de la semelle dépend de la hauteur et de l'épaisseur du mur, ainsi que de la nature du sol. En règle générale, sa profondeur doit représenter la moitié de sa largeur et, à chaque extrémité, elle doit déborder de la moitié de la largeur du mur. Par exemple, un mur formé de six assises de briques exige une semelle de 40 cm de profondeur.

❺ Enfoncez des piquets de la hauteur définitive des fondations. Vérifiez avec une planche et un niveau.

❻ Détrempez la tranchée avec de l'eau, puis remplissez-la de blocaille que vous enfoncerez dans le sol humide avec une masse.

❼ Remplissez de béton et tassez en coupant le béton avec la lame d'une bêche pour faire disparaître les bulles.

❽ Tassez le béton avec le chant d'une planche, rajoutez du béton jusqu'à ce que la hauteur désirée soit atteinte.

Bacs et pots

Les pots plantés de fleurs ou d'arbustes permettent de décorer immédiatement un jardin nouvellement installé et aident à faire vivre un recoin triste ou oublié. Les pots en terre, les tonneaux en bois coupés en deux, les vieux seaux et bassines, les arrosoirs, les bidons de lait, les auges et les vieux éviers en pierre, faïence ou porcelaine, peuvent tous servir de bacs à fleurs.

Cherchez autour de vous à dénicher les objets que vous pourriez métamorphoser. Imaginez un groupe de cactées, ou réalisez un centre de table pour le salon de jardin. Donnez une nouvelle vie à un vieux pot en le faisant déborder de fleurs et de fougères. Transformez une caissette ou une clayette de marché en bac pour herbes aromatiques ou en décor de table sympathique. Maquillez une boîte en polystyrène en bac en fausse pierre ; utilisez et décorez toutes les jardinières en bois traditionnelles.

Créez vos propres bacs

De nombreux objets peuvent servir de bacs. Quel que soit votre choix, les pots doivent posséder un trou de drainage, et le terreau utilisé doit être d'excellente qualité. Laissez aller votre imagination et multipliez les possibilités.

- Seaux de fleuriste en acier galvanisé
- Bassines en plastique coloré ou en zinc
- Poubelles en acier
- Vieux éviers et baignoires
- Pots en terre décorés de mosaïque et pots peints de motifs de couleurs vives
- Terrines en terre cuite
- Paniers en osier doublés d'une feuille de plastique
- Vieux pneus empilés…

Les possibilités sont innombrables.

Quels types de pots

Tous les jardins, du parc le plus vaste à la plus minuscule terrasse en toiture, possèdent un emplacement pour des pots. Les coupes suspendues sont particulièrement intéressantes ; on peut les garnir de plantes différentes au fil des saisons. Créez des groupes de pots par centres d'intérêt, en les plaçant sur du gravier, des galets ou des cailloux. Amusez-vous à les peindre de toutes les couleurs pour les rendre plus gais. Réunissez un ensemble de pots contenant des plantes à feuilles similaires, accrochez un pot en hauteur dans une plante grimpante et aménagez des espaces thématiques que vous découvrirez et redécouvrirez au cours de vos promenades au jardin.

Les pots en terre

Les énormes jarres antiques de type méditerranéen ou mexicain, autrefois utilisées pour conserver les olives, le vin ou l'eau, forment des ensembles très attrayants. Les pots de grande taille dans un petit jardin créent une illusion d'espace. Ces jarres tournées à la main sont quelquefois immenses et possèdent des formes, tailles et couleurs exceptionnelles. Elles sont malheureusement assez difficiles à trouver et de plus en plus chères.

Les jardineries commercialisent un grand choix de pots en terre, de style moderne ou imitant l'ancien. Bien que leur prix soit raisonnable, ces pots de fabrication industrielle n'ont pas le charme des vieux pots. Ne négligez pas pour autant ceux de fabrication récente, vous trouverez chez les potiers de très jolis pots et jardinières en terre, bruts ou décorés. Recherchez ces artisans, vous dénicherez chez eux des œuvres contemporaines ou de facture traditionnelle souvent ravissantes et dignes du plus grand intérêt. Ainsi vous vous ferez plaisir et, par la même occasion, vous encouragerez l'artisanat local.

À GAUCHE Cet ensemble de fleurs roses est joliment réparti dans des jardinières suspendues, des pots en terre et une vieille brouette en bois.

Les jardins de ville

Dans un jardin, on peut mettre en valeur un point de vue particulier ou détourner le regard d'un mur triste en disposant çà et là des pots de façon astucieuse. Choisissez des pots en terre, en pierre reconstituée ou même en béton, qui se couvriront de mousse et de lichen au bout d'un certain temps et paraîtront anciens (badigeonnez-les de lait ou de yaourt pour accélérer le processus).

En ville, si vous ne possédez que des rebords de fenêtre, ou une minuscule terrasse en toiture, les activités de jardinage, si réduites soient-elles, peuvent apporter des heures de plaisir et reposer du rythme trépidant de la vie urbaine. Pour le choix des plantes, limitez-vous à un nombre restreint de couleurs, ce qui fera plus d'effet dans un petit espace qu'un large échantillonnage.

Vous trouverez dans les pages suivantes des idées de bacs et de jardinières qui embelliront vos rebords de fenêtre, terrasses et patios.

À GAUCHE **De simples pots en terre ont été élégamment rajeunis grâce à des bandes peintes dans des couleurs éclatantes.**

CI-DESSOUS À GAUCHE **Les pots garnis de fleurs aux couleurs vives forment un ensemble attrayant sur ce patio gai et ensoleillé.**

CI-DESSOUS À DROITE **Un simple groupe de petits pots permet de créer une masse touffue très originale.**

Suspension en terre cuite

Les suspensions débordant de géraniums ou de plantes résistant à la sécheresse font partie du décor familier des maisons et des jardins méditerranéens. Les couleurs vives contrastent de façon spectaculaire avec la blancheur éclatante des maisons. Les simples tuiles et pots en terre artisanaux que l'on trouve dans le sud de l'Europe forment de parfaites jardinières, mais vous pouvez adapter l'idée à des objets plus faciles à trouver.

Cherchez un peu d'inspiration chez les récupérateurs de matériaux, où vous trouverez des centaines de tuiles différentes qui vous permettront de fabriquer de multiples suspensions. Si possible, choisissez un pot muni d'un trou à sa base. Sinon, il vous faudra percer un gros trou ou plusieurs petits avant de commencer, car le drainage est capital pour la survie de la plante.

Fournitures et matériel

- **Un vieux pot en terre de 10 cm de diamètre**
- **Une vieille tuile de faîte cintrée en terre cuite**
- **Un boulon en fer galvanisé de 4 cm et 5 mm de diamètre**
- **Un écrou de 5 mm**
- **Deux rondelles**
- **Un mètre ruban**
- **Un crayon**
- **Une perceuse électrique**
- **Un foret de 5 mm spécial maçonnerie**
- **Une clé pour un écrou de 5 mm**

❶ Placez le pot sur une vieille planche en bois et faites une marque au crayon à l'intérieur, à 25 mm du bord supérieur. Avec la perceuse équipée d'un foret spécial, percez un trou dans le pot en allant de l'intérieur vers l'extérieur. N'utilisez pas la percussion et procédez avec prudence pour ne pas casser le pot. Posez la tuile sur une vieille planche ou un morceau de carton, la face concave vers vous. Placez le pot sur la tuile en alignant le trou sur le milieu de la face concave. Le fond du pot doit se trouver à environ 25 mm au-dessus de ce qui formera la partie inférieure de la suspension. (Un grand nombre de tuiles sont plus étroites à un bout : faites en sorte que la partie large forme le haut de la suspension et la partie étroite, le bas.) Avec un crayon, marquez sur la tuile l'endroit où le pot est percé. Enlevez le pot et percez un trou de 5 mm dans la tuile à l'emplacement de la marque de crayon.

❷ Placez une rondelle sur le boulon et faites-le passer dans les trous que vous venez de percer dans la tuile et le pot. Partez du dos de la tuile et allez vers l'intérieur du pot. Placez une rondelle sur le pas de vis qui dépasse, puis terminez par un écrou en serrant modérément. Si la tuile ne porte pas de trou de suspension, percez un second trou de 5 mm à environ 5 cm du bord supérieur de la tuile. Il vous permettra d'accrocher la suspension sur un mur à l'aide d'un clou ou d'un crochet.

❸ Placez un tesson de pot cassé sur le trou se trouvant à la base du pot en terre cuite. Remplissez le pot de terreau et garnissez-le de la plante de votre choix. Arrosez régulièrement. Les plantes à croissance rapide dépérissent très vite par temps chaud dans les petits pots et ceux de taille moyenne.

Jardinière en métal vert-de-gris

Le vert-de-gris est une couleur bleu-vert typique qui se forme sur le cuivre exposé à l'humidité. En peignant un bac de cette couleur, on lui donne un petit air vieilli caractéristique. Vous transformerez ainsi un banal seau en fer galvanisé en une ravissante jardinière dont la couleur s'harmonisera parfaitement avec le feuillage des plantes.

Il existe des kits de peinture vert-de-gris dans le commerce, mais ils sont extrêmement chers. Une simple peinture acrylique mate et une cire teintée vert-de-gris feront l'affaire et vous coûteront infiniment moins d'argent.
La couche de peinture non seulement permet d'apporter de la couleur, mais cache aussi les défauts et donne un fini impeccable à un objet en mauvais état.

Vous pourrez, comme ici, mettre votre jardinière dans le jardin et y planter des géraniums aux couleurs éclatantes, mais aussi l'utiliser de façon décorative à l'intérieur. Dans ce cas, garnissez-la de roses séchées ou d'une composition de lavandes que vous pourrez lier en gerbe et nouer avec un ruban de lin.

Au printemps, vous pourrez replacer votre jardinière à l'extérieur, la remplir de terreau et y semer des graines de capucines. Elles envahiront rapidement l'espace et leurs couleurs éclatantes illumineront une courette sombre ou un coin du jardin un peu triste.

Fournitures et matériel

- **Une brosse dure ou un tampon à récurer**
- **Un seau en métal galvanisé**
- **De l'eau chaude et du liquide vaisselle**
- **Une brosse plate**
- **De la peinture acrylique vert mat**
- **Un pinceau doux**
- **De la cire vert-de-gris**

1 Avec une brosse dure ou un tampon à récurer, de l'eau chaude et du liquide vaisselle, frottez énergiquement le seau en fer. Rincez bien et laissez sécher complètement. Tamponnez avec la peinture verte en vous servant uniquement du bout du pinceau.

2 Appliquez la peinture par touches. Couvrez entièrement la surface extérieure du seau et l'intérieur sur 15 cm environ à partir du bord supérieur. Laissez sécher.

3 Avec un pinceau doux, appliquez la cire vert-de-gris sur toute la surface extérieure du seau et sur la bande intérieure de 15 cm. La couche de peinture verte doit transparaître par endroits sous la cire et l'ensemble doit donner l'impression que le seau est taché de vert-de-gris. Laissez sécher.

Bac en bois

Remplis de fleurs, de plantes vertes, d'arbustes ou même de petits arbres, les bacs peuvent dissimuler un recoin sans charme, servir de décor central ou encore ajouter de la hauteur, de la couleur et de la texture n'importe où dans le jardin.

Il existe des bacs de toutes les formes et de toutes les tailles, dans les matériaux et les finitions les plus variés. La taille de votre bac doit tenir compte de celle de la plante que vous voulez y installer. Peu de végétaux prospèrent dans les petits bacs, qui empêchent la croissance des racines : les plantes ont tendance à se dessécher en été et à geler en hiver. Vous pouvez remplir directement votre bac de terre, mais, pour accroître sa longévité, il est préférable de le doubler pour éviter au bois de pourrir. Ici, nous avons choisi de placer un pot carré en plastique dans notre bac. Sachez qu'il est plus facile de fabriquer un bac dans lequel on glissera un pot déjà existant, plutôt que l'inverse.

❶ Placez les deux montants verticaux du bac parallèlement sur une surface plane, à une distance de 39,5 cm (mesures extérieures). Faites un trait à 25 mm pour marquer la hauteur des pieds. Placez une planchette latérale (39,5 cm) courte, horizontalement à cheval sur les deux montants. La partie inférieure de la planchette doit se trouver au niveau de la marque de crayon et ses deux extrémités au ras des montants. Avec une mèche de 5 mm, percez un trou aux deux extrémités de la planchette en perçant également les montants sur une épaisseur d'environ 6 mm. Collez la planchette et fixez-la avec des tirefonds. Avant de fixer définitivement avec la clé, vérifiez les angles droits avec une équerre. Placez une pièce latérale longue (42 cm) sur les montants contre la pièce courte que vous venez de poser en la faisant dépasser à chaque bout des montants d'environ 12 mm. Percez et fixez avec des tirefonds comme précédemment. Continuez ainsi en fixant sept autres pièces longues et courtes jusqu'en haut du bac. Chaque côté est ainsi formé de neuf planchettes.

❷ Recommencez avec les deux autres montants et neuf planchettes latérales. Faites-les tenir avec de la colle et des tirefonds. Puis assemblez le bac en plaçant les deux côtés face à face. Pour les deux autres côtés, posez deux fois neuf planchettes en faisant alterner les planchettes longues et courtes et en les faisant coïncider avec les planchettes longues et courtes des deux autres faces du bac. Fixez comme précédemment avec de la colle et des tirefonds en laissant toujours les 25 mm qui forment les pieds.

❸ Placez le bac debout sur ses pieds et vérifiez les angles droits. Mesurez la distance entre les montants. Coupez en biseau à 45° quatre planchettes de 65 sur 18 mm pour former le dessus du bac qui couvrira les montants et les faces du bac. Faites déborder d'environ 12 mm. Faites tenir en enduisant généreusement de colle, puis fixez avec des clous sans tête de 40 mm.

❹ Mesurez la hauteur du pot que vous avez l'intention de placer à l'intérieur du bac. Ajoutez 40 mm et fixez face à face deux supports de 37 cm de long à l'intérieur du bac avec de la colle et des vis cruciformes. Ils forment la base sur laquelle vous poserez le plancher du bac. Lorsque la colle est sèche, placez les six planchettes de 37 cm restantes sur les supports avec de la colle et des vis pour fabriquer le plancher du bac et rigidifier l'ensemble. Appliquez deux couches de peinture traitante, en vous assurant que les extrémités des planchettes sont saturées.

Fournitures et matériel

- 4 montants en bois blanc de 48 cm de long et de 40 x 40 mm de section
- Environ 18 m de planchette de 15 x 12 mm, découpés de la façon suivante :
  18 x 39,5 cm pour les planchettes latérales courtes
  18 x 42 cm pour les planchettes latérales longues
  8 x 37 cm pour la base
- Environ 2 m de planchette de 65 x 18 mm coupée en 4 morceaux de 48 cm pour le rebord
- De la colle vinylique pour l'extérieur
- 72 tirefonds à tête carrée de 5 x 5 mm et de 30 mm de long
- Des clous sans tête de 40 mm
- Des vis cruciformes de 25 mm
- De la peinture contenant un produit traitant pour bois
- Un pot en plastique
- Un mètre ruban
- Un crayon
- Une perceuse électrique
- Une mèche de 5 mm
- Une clé
- Une équerre
- Un marteau
- Un tournevis cruciforme
- Une brosse plate de 25 mm

Pots décorés

Fournitures et matériel

- Pots en terre ou en plastique
- Colle à carrelage
- Coquillages et cordages
- Peinture acrylique blanche
- Vernis extérieur mat
- Brosse de 25 mm de large

1 Pour le décor avec le cordage, commencez par mesurer la circonférence du pot et coupez un morceau de corde épaisse de la même longueur. Choisissez les emplacements où vous placerez la corde fine, mesurez et coupez quatre fois la longueur nécessaire. Appliquez de la colle à carrelage sur les morceaux de grosse corde et placez-les juste en dessous du bord. Faites de même avec les morceaux de corde fine. Laissez sécher avant de peindre. Appliquez deux couches de peinture acrylique blanche. Lorsque la peinture est sèche, appliquez deux couches de vernis extérieur mat. Pour cela, utilisez une brosse dure en vous assurant de couvrir tous les creux et bosses.

2 Pour le pot décoré de coquillages, placez une bonne quantité de colle à carrelage sur le dos de chaque coquillage et fixez-les sur le pot. Vous pouvez aussi étaler ce type de colle en petite quantité sur le pot, puis coller plusieurs coquillages et ainsi de suite. Laissez toujours bien sécher avant de peindre.

Jardinière décorative

Les jardinières en bois sont faciles à construire et on peut en mettre partout. De forme rectangulaire, elles sont particulièrement indiquées pour les petits espaces et les plantes grimpantes. La jardinière que nous proposons trouve sa place sur un rebord de fenêtre – coupez simplement les pieds en conséquence pour qu'elle soit stable et ne glisse pas. Ici, nous avons déterminé les dimensions en fonction du bac en plastique placé à l'intérieur, mais vous pouvez les modifier selon vos besoins.

Cette jardinière est en simples planches, mais vous pouvez utiliser un bois plus dur et lisse et obtenir ainsi un résultat plus travaillé, que vous teindrez ou peindrez selon votre fantaisie. Utilisez du bois avec son écorce pour un résultat plus rustique, ou ajoutez des carreaux ou de l'ardoise pour réaliser un encadrement. Si vous installez un cadre ou un décor, ajoutez un rebord sur le dessus, pour protéger le tout et obtenir un fini net. Ne décorez que trois côtés si vous posez la jardinière sur un rebord de fenêtre.

Fournitures et matériel

Utilisez soit du bois brut, soit du bois lisse, selon la finition de votre choix. Pour vous en souvenir, indiquez sur chaque pièce sa destination au fur et à mesure que vous les coupez.

- **2,29 m de planches de 230 x 12 mm coupés de la façon suivante :**
  2 x 81,5 cm pour les faces latérales
  2 x 33 cm pour les extrémités
- **2,43 m de baguettes de section carrée de 18 x 18 mm coupées de la façon suivante :**
  4 x 23 cm pour les hauteurs
  2 x 75,5 cm pour les longueurs
- **Environ 16,5 m de planchettes de 50 x 12 mm coupées de la façon suivante :**
  4 x 24 cm coupées en biseau à 45° pour les angles
  38 x 28 cm pour le décor vertical
  8 x 32 cm pour les pieds
  6 x 33 cm pour le fond
- **De la colle spéciale extérieur**
- **Des clous de 25 mm sans tête**
- **De la peinture traitante**

1 Placez les deux faces de 81,5 cm sur une surface plane. Tracez une ligne verticale à 12 mm des deux extrémités de chaque pièce. Appliquez de la colle sur toute la longueur des quatre baguettes de 23 cm, puis collez et clouez-les deux par deux verticalement sur chaque face à l'intérieur des marques au crayon. Collez et clouez les baguettes de 75,5 cm de la même façon sur le long de chaque face, entre les deux baguettes verticales. Ajustez bien les différentes pièces. Placez les extrémités de la jardinière contre les deux faces. Fixez avec de la colle et des clous sans tête.

2 Posez la jardinière à l'envers de façon à placer les baguettes vers le haut. Vérifiez les angles avec une équerre, puis fixez les planchettes formant les entretoises coupées en biseau sur les angles de la jardinière, avec de la colle et des clous.

❸ Fabriquez les planchettes pointues. Utilisez une boîte à onglet et sciez des angles à 45° pour créer des pointes à 90°, sur les planchettes formant le décor et celles formant les pieds.

❹ Placez la jardinière sur une de ses faces, les baguettes et les entretoises vers vous. En commençant à une extrémité de la face avant, fixez une planchette pointue de 32 cm avec de la colle et des clous. Alignez bien le bord extérieur de la planchette et celui de la jardinière. Laissez dépasser de 7 cm dans le bas pour former le pied. Continuez avec les planchettes pointues de 28 cm en laissant dépasser 25 mm dans le bas. Collez puis clouez. Aux angles de la jardinière, faites en sorte que les planchettes pointues se trouvant sur les côtés courts de la jardinière chevauchent les planchettes pointues des côtés longs.

❺ Pour finir, fixez les six planchettes formant le fond de la jardinière en les collant et en les clouant sur les baguettes. Peignez la jardinière avec de la peinture traitante, en prenant soin de saturer le chant des planchettes. Ici, nous avons utilisé deux peintures de couleur différente. Lorsque la peinture est complètement sèche, placez un bac en plastique à l'intérieur de la jardinière et installez vos plantations.

Bac en fausse pierre

Les bacs en pierre sont extrêmement jolis, mais relativement rares et chers. Il est possible de fabriquer un bac en fausse pierre en couvrant une caisse en polystyrène d'une couche de béton. Ce type d'objet possède tous les avantages d'un vrai bac sans en coûter le prix ni en peser le poids. De plus, on trouve facilement ces caisses chez les poissonniers.

❶ Supprimez tous les reliefs disgracieux et gênants, et donnez à votre bac une forme nette. Percez un orifice dans le fond pour permettre l'écoulement de l'eau. Enfoncez un bâton ou un tuyau en plastique mesurant au moins 25 mm dans le trou. Couvrez le tout de grillage en lui faisant épouser la forme de la caisse et faites-le tenir en entortillant du fil de fer autour des mailles du grillage.

❷ Faites un mélange à parts égales de ciment, de sable et de gravier ou d'un autre matériau fibreux. Ajoutez de l'eau pour obtenir une pâte épaisse. Enduisez-en l'extérieur de la caisse à la truelle sur une épaisseur d'environ 25 mm. Lissez bien et laissez prendre. Avant que le béton soit complètement sec, brossez-le avec une brosse douce pour donner de la texture à la surface. Enlevez le bâton ou le tuyau en plastique.

❸ Lorsque votre bac est achevé, donnez-lui une patine en le badigeonnant d'un mélange de yaourt nature et d'engrais liquide. Laissez le bac dans un environnement chaud et humide pour favoriser le développement de mousses et lichens. Installez-y une plante alpine couvre-sol.

N

VIVRE DEHORS

Vivre dehors

Faites de votre jardin un espace de détente et de repos agréable et non pas seulement une espèce de débarras où vous entassez tout ce que vous ne pouvez pas ranger ailleurs ! Les enfants aiment courir et jouer dehors, et certains adultes considèrent le jardinage comme une activité thérapeutique. Pour la plupart d'entre nous, cependant, les termes détente et jardin sont associés à bain de soleil, lecture, sieste, soirées amicales ou chaleureuses réunions de famille. Un jardin est aussi là pour mettre en valeur la maison et servir de refuge où vous pouvez oublier vos soucis.

CI-DESSOUS Ces chaises en bois et en paille très simples invitent au repos dans un coin paisible non loin de la pelouse.

L'idée de jardin doit naturellement être associée au plaisir et à la détente. Mais si au contraire, elle est pour vous synonyme de corvée ou de servitude, il existe un problème de fond que vous devez résoudre. Modifiez radicalement la conception de votre jardin et la charge de travail que nécessite son entretien, jusqu'à trouver le temps de vous reposer. À l'extrême, cela peut vous entraîner à recouvrir le jardin tout entier d'une simple pelouse et à placer une chaise longue en son centre. Si votre qualité de vie doit s'en trouver améliorée, privilégiez cette solution.

Certains pensent que passer une heure ou deux par jour à enlever les mauvaises herbes et les fleurs fanées est à la fois reposant et thérapeutique, mais ne vous sentez pas coupable si vous ne faites pas partie de ceux-là. Votre jardin doit refléter votre style de vie et donc votre façon de vous détendre. Un jardin n'est ni l'indice de votre statut social ni un gouffre financier. Il doit répondre à vos besoins et au plaisir que vous voulez en tirer.

Un lieu de détente

Peut-être préférez-vous passer plus de temps à lézarder et à vous reposer dans votre jardin plutôt que d'y travailler. Prenez cet aspect en compte et faites le nécessaire pour que votre jardin corresponde à ce besoin.

Organisez des zones d'ombre et de soleil et aménagez des surfaces en dur pour éviter que les sièges et les chaises longues ne basculent chaque fois que vous les changez de place. Prévoyez des espaces plus secrets entourés de plantes, où vous pourrez vous retirer calmement, lire ou faire la sieste loin des activités et des bruits de la maisonnée comme du regard des voisins.

Somnoler, lire ou rêvasser dans le doux balancement d'un hamac, avec une boisson fraîche à portée de la main, voilà qui est souvent considéré comme l'idéal du bonheur, et même comme un style de vie. Toutes les ambitions sont réalisables dans la majorité des jardins, même les plus petits. L'important est de savoir utiliser et exploiter l'espace dont on dispose et de mettre tout en œuvre pour créer le jardin auquel on aspire.

CI-DESSUS Les chaises et la table de jardin en bois et fer forgé font écho au toit du pavillon qui offre un abri contre le soleil.

Les coins d'ombre

Actuellement, on connaît et on redoute de plus en plus les dangers d'une longue exposition au soleil. Dans le passé, on orientait les patios et terrasses de telle sorte qu'ils bénéficient d'un ensoleillement maximal. Aujourd'hui, on considère qu'il est plus sage mais aussi plus agréable de se reposer à l'ombre. Certains jardins bénéficient de la présence d'un grand arbre qui prodigue une ombre naturelle, mais il faut quelquefois créer cette ombre artificiellement.

De quoi se faire plaisir

- Barbecue
- Coin repas avec un parasol
- Piscine/jacuzzi
- Terrain de jeux pour les enfants
- Banc
- Jeu de croquet
- Siège(s) sous un arbre
- Balançoire
- Portique
- Pelouse réservée aux loisirs
- Table de ping-pong
- Labyrinthe

Le coin repas

Déjeuner ou dîner dehors, aussi bien en famille qu'avec des invités, transforme en fête le plus simple des repas. Pour cela, il ne faut rien de plus qu'une surface bien plane où installer une table et des chaises. Mais comme la plupart d'entre nous préfère prendre ses repas à l'ombre, construisez une pergola, un abri ou tout autre auvent permettant d'atténuer la lumière du soleil. Ajoutez une lumière douce pour le soir et des plantes aromatiques et odoriférantes pour créer une atmosphère romantique et agréable.

La cuisine en plein air

Manger dehors oblige à transporter les mets de l'endroit où ils ont été cuisinés à la table où les convives sont rassemblés. L'utilisation d'un barbecue évite les déplacements et met le lieu de cuisson à proximité de la table. Installez un barbecue mobile sur une surface stable ou construisez-le en dur avec des matériaux en harmonie avec le style de la terrasse.

CI-DESSUS Un mobilier compliqué serait déplacé dans ce petit jardin de ville très simple. Le vert de la table et des sièges s'harmonise avec les couleurs des plantes.

CI-DESSUS Les sièges en bois sombre dessinés par Lutyens, la table et les urnes en pierre noire forment un ensemble d'une grande élégance dans ce jardin classique.

Plaisirs et jeux

Il n'y a rien de plus agréable que de passer une journée ensoleillée ou une douce soirée d'été entre amis. Installez-vous autour d'une table, dînez en bavardant, ou organisez des activités et des jeux de plein air.

Pour un grand nombre de jeux, il suffit d'une pelouse sur laquelle on peut installer rapidement et à tout moment l'équipement indispensable. Improvisez un filet sur une pelouse rectangulaire et jouez au badminton. La qualité de l'herbe est sans importance. Le croquet est également un jeu amusant qui ne nécessite rien de plus qu'une pelouse. Quelques irrégularités peuvent même former des handicaps amusants qui donneront du piquant au jeu. Ce type de jeux permet de changer aisément d'activité et de débarrasser rapidement tous les accessoires. En revanche, certaines activités nécessitant des aménagements permanents : le mini-golf par exemple, ou d'autres jeux plus compliqués exigent un certain nombre d'installations.
Les labyrinthes possèdent des qualités esthétiques indéniables tout en étant amusants. Créez un labyrinthe au sol en dessinant un motif de bandes intriquées lorsque vous tondez la pelouse ou incrustez un chemin de briques dans l'herbe. Réalisez un labyrinthe grandeur nature avec des haies vives taillées. Évitez ce type de structure dans un petit jardin, où elle prendrait trop de place. Un petit labyrinthe en buis ou en lavande, taillés à 45 cm de hauteur, est ravissant et amuse les enfants pendant des heures.

La piscine fait partie des installations que tous adorent. Dans un petit jardin, encastrez le bassin dans le sol ou faites l'acquisition d'une piscine en hauteur, qui sera moins onéreuse. Achetez un modèle en kit que vous monterez vous-même. Les vraies piscines doivent impérativement être installées par un professionnel. Si vous avez des enfants, tenez impérativement compte des mesures de sécurité.

Tables et sièges

Les sièges jouent un rôle majeur dans un patio ou un jardin. Il en existe de toutes les tailles et de toutes les formes. Les sièges en plastique moulé que l'on trouve actuellement très facilement sont à la fois bon marché et robustes, bien que peu élégants. Les vieux sièges en bois avec des cadres en fer ont été réédités en aluminium traité antirouille ou en plastique. Ils sont jolis, mais dépourvus de la patine et du charme des originaux. Les produits développés par la technologie moderne permettent non seulement de donner une nouvelle vie aux sièges anciens en les traitant et les repeignant, mais aussi de les rendre plus résistants.

Tous les propriétaires de jardins souhaitent bien sûr posséder, non pas une table et quelques sièges, mais un ensemble cohérent que l'on peut disposer dans un coin du jardin afin que tout le monde en profite. Ils souhaitent s'y installer dans les moments de détente, y prendre leurs repas ou tout simplement bavarder en famille ou entre amis.

Choix de l'emplacement

L'emplacement où l'on dîne et où l'on se détend doit ménager une certaine intimité, même si pour cela il doit se trouver à une extrémité du jardin, loin des avantages qu'offre la maison. Choisissez un endroit à l'écart des curieux, ombragé et calme, à proximité de fleurs, d'herbes aromatiques, de fruits et de plantes odoriférantes.

Lorsque vous avez choisi l'emplacement, décidez du style du mobilier. Le mobilier de jardin n'est en aucun cas un accessoire négligeable : il fait partie intégrante du projet d'ensemble. Il doit s'harmoniser avec la nature environnante. Un hamac tendu entre deux arbres est un lieu idéal pour les siestes estivales. Un banc rustique sculpté dans un vieux chêne tordu, ou fait de planches assemblées récupérées sur un vieil orme abattu, forme un endroit parfait pour se reposer ou rêver.

Les coins repas doivent être éclairés le soir. Pour créer une atmosphère romantique, allumez des bougies. Les plus modestes bougies domestiques deviennent magiques si vous les placez dans des pots à confiture, si vous les groupez au milieu de la table ou si vous les disposez tout autour de la zone à illuminer. Dans le commerce, vous trouverez une variété de grands porte-bougies, que l'on pique dans le sol et qui sont surmontés d'un cylindre en verre protégeant la flamme du vent, ainsi que de jolis globes, photophores, lampes et lanternes.

Choix du mobilier

On trouve du mobilier de jardin dans tous les styles et dans toutes sortes de matériaux. Il existe des chaises, des fauteuils et des tabourets pliants du type metteur en scène qui sont habillés de coton imprimé, rayé, à damier ou de toile de bâche. Le bois est un matériau classique pour le mobilier de jardin. Le teck est le bois dur le plus couramment utilisé, car il vieillit bien et devient d'un gris argenté subtil comme s'il avait été lavé par la mer. Les vieilles poutres récupérées dans un immeuble en démolition peuvent donner de bons résultats avec un peu d'imagination. Fabriquez des bancs et des chaises en bois tendre comme le pin, facile à trouver. Il se peint et se teint aisément et forme un mobilier commode à utiliser.

Le fer forgé, très en vogue à la fin du XIXe siècle, bénéficie d'un regain d'intérêt. Il est lourd mais offre des possibilités multiples. Beaucoup de modèles anciens ont été copiés et réédités en aluminium, plus léger. On fabrique aussi du mobilier métallique, ainsi que des clôtures et des portillons en acier doux, car ce matériau se prête bien aux arrondis et formes inédites.

Matériaux pour mobilier

	Avantages	Inconvénients
Bois	**Bel aspect, peut être articulé, peint, fabriqué industriellement ou à la maison**	**Le mobilier bon marché est fragile et devient vite instable, il nécessite d'être entretenu et rentré en hiver. Certains bois sont plus résistants que d'autres.**
Matière plastique	**Bon marché, peu d'entretien, légère, généralement confortable**	**Choix de couleurs limité, aspect « plastique » inévitable, nécessite d'être rentré en hiver.**
Acier et alliages légers	**Solides, durables, souvent esthétiques, peuvent être peints**	**Mobilier froid et dur en l'absence de coussins, rouille s'il manque d'entretien.**
Aluminium	**Bon marché, peu d'entretien, léger**	**Aspect souvent de mauvaise qualité ; les tissus qui les recouvrent s'usent et deviennent vite inconfortables.**
Pierre ou pierre reconstituée	**Lourdes, d'aspect solide, faciles à assortir, faciles à entretenir**	**Mobilier froid, dur, difficile à déplacer, et qui a quelquefois besoin de fondations.**
Tissus	**Grand choix de couleurs, légers**	**Ne peuvent rester à l'extérieur toute l'année.**

CI-DESSUS Les chaises et la table ne sont pas toujours assorties – c'est l'aspect général qui compte.

Styles de mobilier

Choisissez du mobilier qui s'harmonise avec le style et les dimensions de votre jardin. Des chaises pliantes de couleur vive créent une note discordante.

Classique Mobilier en teck ou en bois de moins bonne qualité peint en blanc ou en vert foncé. Sièges en fer forgé. Banc de senteurs.

Naturel Banc et table sobres, en brique ou en bois patiné. Sièges en osier garnis de coussins multicolores. Chaises longues ou transats.

Moderne Chaises et table teintées ou peintes de couleurs vives. Sièges en tube chromé et lignes design. Table en mosaïque.

Rustique Sièges en bois travaillé. Balancelle romantique placée sous un arbre. Sièges entourant un arbre. Hamac tendu entre deux troncs.

CI-DESSUS À DROITE Ne vous limitez pas aux couleurs naturelles ou sobres et classiques : ici, un jaune vif crée une ambiance chaude et ensoleillée.

Le mobilier installé sous les vérandas et les kiosques est souvent en rotin ou en osier. Il permet de créer une ambiance romantique ou même exotique. L'osier est un matériau vivant, il peut être tressé et travaillé de sorte à former des courbes, des arches ou un écran naturel derrière un banc en bois classique. Pour finir, citons le mobilier bon marché en plastique moulé, relativement plus joli quand il est vert plutôt que blanc. Incontestablement, c'est le mobilier le plus confortable et le plus facile à entretenir.

Restauration d'une chaise en métal et bois

❶ Raclez avec un outil à décaper et frottez au papier de verre grossier pour enlever toute ancienne trace de rouille et de peinture. Frottez ensuite avec une brosse métallique pour nettoyer. Décapez le bois peint de la même façon en utilisant du papier de verre moyen. Lissez toutes les fentes dans le bois et supprimez toutes les parties qui ne sont pas solidement fixées.

❷ Peignez les parties métalliques avec de l'antirouille et une couche protectrice. Couvrez soigneusement et pénétrez dans tous les interstices pour empêcher l'eau d'entrer en contact avec le métal. Laissez sécher avant de peindre les parties en bois avec une sous-couche de peinture à base d'huile. Laissez sécher pendant une journée.

❸ Appliquez deux couches de peinture satinée à base d'huile. Laissez bien sécher la première couche avant d'appliquer la seconde.

Autour d'un arbre

Si vous avez la chance de posséder un arbre adulte, construisez autour de son tronc un banc qui invite au repos, à la lecture ou à la rêverie. Vous profiterez de l'ombre du feuillage pendant les journées chaudes et ensoleillées. Il en existe de préfabriqués, mais ils sont difficiles à trouver et souvent chers. Avec un peu d'imagination et quelques explications, vous devriez pouvoir en construire un vous-même.

S'il n'y a pas d'arbre dans votre jardin, plantez-en un, puis construisez le banc autour. Pensez à ne pas coller le siège contre l'arbre pour ne pas en empêcher la croissance. Ce type de siège est particulièrement élégant peint en blanc. Mais il n'invite pas pour autant à la conversation car ses différents occupants se tournent immanquablement le dos.

À DROITE Ce ravissant siège bleu est idéal pour un jeune arbre car le dossier protège le tronc encore fragile et empêche ses occupants de s'y adosser.

Un siège en kit

Fabriquez un siège sous votre arbre préféré en montant des rondins de bois encastrés. Vous les trouverez sous forme de kit et ils sont faciles à assembler. Engageant et pratique, ce siège peut être assemblé en cinq minutes, sans l'aide d'aucun outil. Les rondins traités contre le pourrissement possèdent des encoches qui en s'encastrant forment le pied du banc et en assurent la stabilité. Toute autre fixation est inutile. Le kit de base contient trois rondins fins qui portent des encoches d'un côté et qui forment la base du siège ; vingt-quatre rondins plus épais qui portent des encoches des deux côtés, et qui permettent de monter les six faces ; six rondins qui portent des encoches d'un côté et qui sont percés de l'autre de trous dans lesquels on introduit les chevilles qui tiendront les planches ; douze chevilles (six longues et six courtes), trois planches étroites percées de trous pour rattraper le niveau de l'ensemble, et six planches pour les sièges.

❶ Posez les trois rondins de base autour du tronc à égale distance. Placez les encoches vers le haut. Les rondins ne doivent pas se toucher. Déplacez-les jusqu'à trouver les emplacements les plus stables.

❷ Posez un rondin épais à quatre encoches sur chaque paire de rondins de base pour former un hexagone. Ajustez les rondins jusqu'à ce que l'ensemble soit de niveau et aussi stable que possible. Continuez à monter les rondins en procédant toujours de la même façon.

❸ Placez les chevilles dans les trous réservés à cet effet. Les plus courts correspondent aux parois les plus hautes. Placez les planches étroites sur les chevilles fixées sur les parois basses. Mettez les sièges en place en les introduisant dans les chevilles.

Fabrication d'un siège encerclant un arbre

Préférez les modèles simples. Avant tout, choisissez un arbre solide. Le sol qui l'entoure doit être relativement plat et stable, afin de rendre le banc confortable et de l'empêcher de bouger ou de basculer. Évitez les arbres dont les racines dépassent du sol. Ne placez pas le banc trop près de l'arbre car même les arbres adultes continuent à pousser au fil des ans et les jeunes arbres ont de façon évidente besoin de place pour poursuivre leur croissance.

1 Construisez quatre supports identiques avec des planches de 4 sur 10 cm de section. Utilisez du bois brut ou lisse. Assemblez les planches avec des vis en laiton.

Le siège peut être constitué de simples planches. Choisissez un bois dur si possible, plus résistant et durable, ou du bois tendre traité sous pression. Les styles sont variables, inspirez-vous des reproductions de sièges que vous trouverez dans les livres et les magazines pour construire le vôtre. La plupart possèdent six côtés, mais un siège simple à quatre côtés convient également.

Le siège est formé d'un certain nombre de supports de base – ici quatre, bien qu'il vous soit loisible d'en construire six –, disposés autour de l'arbre et reliés par des rangées de planches qui forment le siège. Les extrémités des planches sont coupées à 45° afin de faire un carré net lorsqu'elles sont assemblées. Avec six supports de base, sciez les angles à 60°. Pour vous assurer de couper toutes les planches dans le bon sens, marquez au crayon le plus joli côté de chaque planche, puis sciez une planche pour chaque taille et utilisez-la comme gabarit. Cette astuce vous permettra de ne pas vous tromper dans les tailles ni pour les mesures.

À DROITE Ce simple banc hexagonal, posé sur un lit de gravier, formera un refuge ombragé dès que l'arbre se sera étoffé.

2 Coupez les sièges dans des planches de 2,5 sur 10 cm de section. Placez deux supports autour de l'arbre et vissez les planches entre les deux supports.

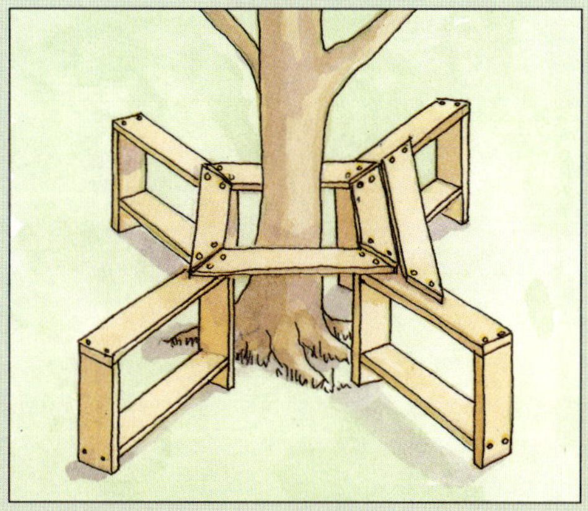

3 Chaque planche se trouve à cheval sur deux supports. Les planches sont placées bord à bord.

4 Continuez ainsi jusqu'à avoir installé toutes les planches. Posez quatre rangs de planches, espacées de 1,5 cm. Le dernier rang doit surplomber légèrement les supports.

Bancs

Un banc bien placé complète l'agencement du jardin et peut même devenir un élément esthétique important de l'ensemble tout en conservant sa fonction pratique en permettant de se reposer ou d'apprécier un point de vue.

L'emplacement idéal

Choisissez l'emplacement de votre banc avec soin, surtout si vous le maçonnez pour le fixer définitivement. Son accès doit être facile et la surface sur laquelle il repose assez dure pour éviter la création d'une flaque boueuse. Si vous placez le banc sur une pelouse ou sur la terre, installez quelques dalles ou un matériau comme du gravier qui empêchera la stagnation de l'eau à l'endroit où l'on pose les pieds. Pour un maximum de confort, ne mettez pas le banc en plein soleil ni complètement à l'ombre. Orientez-le de telle sorte qu'il offre une vue intéressante.

Les bancs d'occasion

Pour créer une atmosphère décontractée, disposez différents styles de bancs dans votre jardin. Achetez-en au marché aux puces ou dans les brocantes. Mais sachez que c'est de plus en plus difficile à trouver, car ils sont maintenant considérés comme des antiquités plutôt que comme des occasions. De plus, ils sont souvent en mauvais état, mais on trouve quelquefois des pièces faciles à restaurer. Les bancs sont utiles lorsqu'on est nombreux et qu'une grande quantité de sièges est nécessaire. Nettoyez-les, puis teintez-les ou repeignez-les. D'ordinaire, le résultat est plaisant et l'ensemble vous coûtera probablement moins cher que si vous achetez des modèles restaurés, des copies d'ancien ou même si vous les fabriquez vous-même.

Les styles de bancs

On trouve dans le commerce des bancs de styles et de formes variés, depuis le somptueux banc de sir Lutyens jusqu'au simple banc rustique en rondins en passant par celui en teck.

Le style Lutyens

Il est l'archétype du banc de jardin, quelquefois peint en blanc brillant. Il convient aux environnements anciens, classiques, aux murs de brique, aux massifs impeccables et aux jardins monochromes. Il serait totalement déplacé dans un jardin moderne.

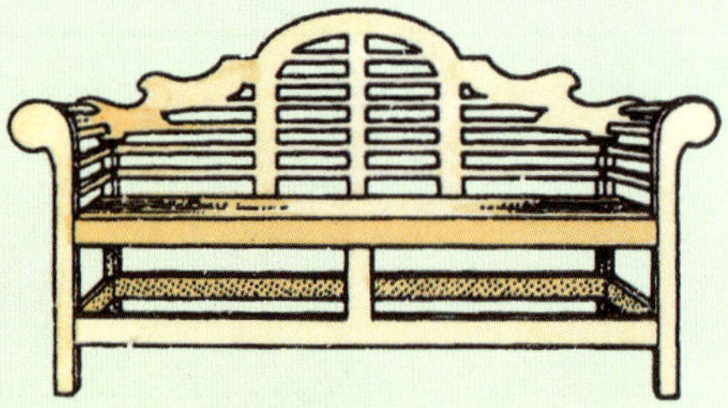

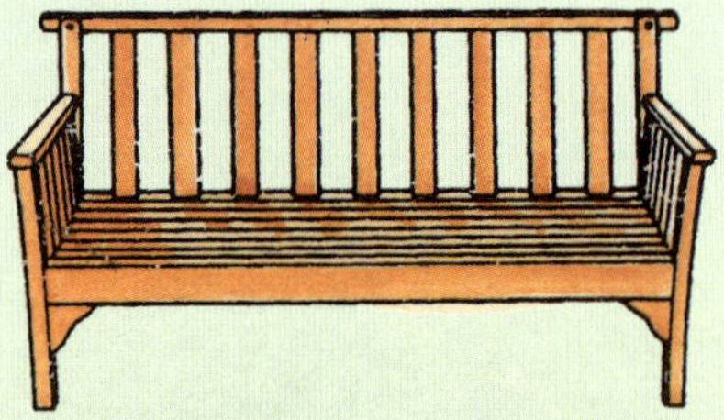

Le banc en teck

C'est le banc en bois le plus populaire et le plus commode à utiliser. Il a sa place dans tous les jardins, excepté les plus classiques ou les plus sauvages. Installez-le dans une prairie fleurie ou sur une terrasse. Évitez peut-être les planchers de bois.

Le banc rustique en rondins

Ce banc est idéal dans les jardins de sous-bois et campagnards. Placez-le dans un coin un peu indiscipliné d'un jardin naturel, entouré de rosiers grimpants. Il ne convient en aucun cas aux jardins modernes ou très classiques.

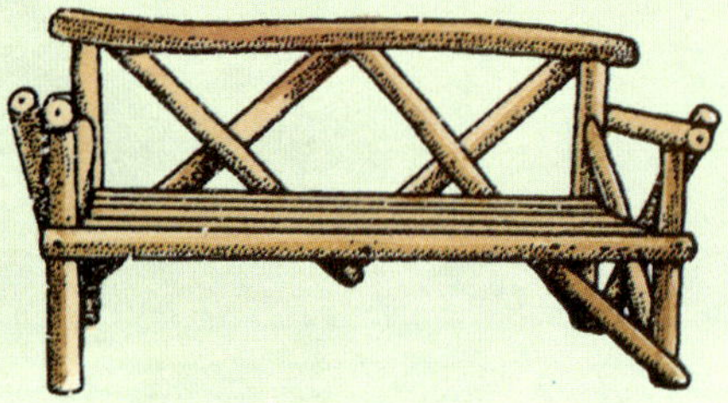

À GAUCHE Un simple banc, réalisé avec du bois de récupération, prend une teinte argentée en vieillissant.

Les coussins

Quel que soit le style de votre banc, il est fort probable que vous aurez envie d'y poser des coussins, surtout si vous l'utilisez beaucoup. Les planches en bois ne sont pas des plus confortables. Il existe un large choix de tissus et de toiles, selon le style de votre jardin. Mélangez-les, assortissez-les ou changez-les régulièrement selon votre fantaisie. Les simples galettes de mousse, faciles à trouver, se recouvrent avec tous les types de tissus. Vous pouvez aussi acheter dans le commerce des coussins imperméables, que vous laisserez dehors par temps de pluie.

Entretien

Comme tout mobilier de jardin, votre banc devra être entretenu. Repeignez-le souvent ou traitez-le contre les intempéries et essayez de lui conserver un aspect impeccable. Vérifiez régulièrement l'état des assemblages, des pieds, du dossier et du siège, à la fois pour des raisons de sécurité et parce que toute trace de peinture qui s'écaille ou de vis manquante lui donnera un air aussi fatigué que peu accueillant.

Construction d'un banc simple

Le banc qui correspond exactement à nos besoins et à l'emplacement qu'on lui a réservé est quelquefois difficile à trouver dans le commerce, mais il est facile d'en fabriquer un soi-même. La forme la plus simple consiste en deux socles en brique sur lesquels on pose des planches. Vous pouvez ainsi faire un banc sur mesure en sciant les planches à la longueur désirée. Posez le siège sur les socles ou vissez-le après avoir installé des chevilles. Définissez la hauteur et l'épaisseur des socles : deux briques posées côte à côte en largeur et deux briques bout à bout en longueur devraient suffire. Pour un banc de taille moyenne, construisez deux socles éloignés de 1,20 m. Si votre banc est plus long, montez un troisième socle afin d'éviter le gauchissement des planches. Pour un banc confortable, comptez six briques en hauteur.

❶ Posez une semelle en béton (voir p. 36) avant de monter les socles en brique ou utilisez une surface dallée existante. Étalez une couche de mortier et posez quatre briques en rectangle. Assemblez-les à l'aide de mortier. Étalez une couche de mortier sur les briques avant de poser la deuxième assise.

❷ Installez la deuxième assise en modifiant la disposition des briques pour consolider le socle. Posez deux briques en travers du socle à chaque bout et deux briques en longueur entre les deux. Vérifiez l'horizontalité de chaque assise avec un niveau à bulle et tapez avec le manche de la truelle si nécessaire.

❸ Lorsque le premier socle est terminé, vérifiez-en l'horizontalité avec un niveau à bulle et faites les retouches nécessaires. Construisez le second socle de la même façon, à environ 1,20 m du premier. Vérifiez leur alignement.

❹ Coupez trois tasseaux de 64 x 7,5 x 5 cm et quatre planches en bois lisse tendre ou dur de 15 x 4 cm de section. Fixez les tasseaux sur les planches avec des vis en laiton en laissant des intervalles de 1 cm environ entre les planches. Posez le siège sur les socles en brique et fixez-le définitivement à l'aide de vis si vous le souhaitez.

Bancs de senteurs

Un siège de jardin couvert de camomille ou de thym sent merveilleusement bon lorsqu'on s'assoit autour. Construisez simplement une sorte de boîtier en bois ou en brique, remplissez-le de terre légère et sablonneuse et plantez-y de la camomille ou du thym. Choisissez *Chamaemelum nobile* 'Treaneague', une variété de camomille robuste et dense qui ne fleurit pas, ou une variété de thym couvre-sol à croissance lente. Installez les plants à 15 cm de distance et arrosez-les régulièrement jusqu'à ce que les racines aient pris. Taillez-les de temps en temps pour leur donner un port net et compact.

À GAUCHE Ces vieilles traverses de chemin de fer forment un banc original dans un jardin moderne. Il repose sur une surface lisse de gravillons et est encadré par deux boules en pierre.

CI-DESSUS Les vieilles briques et pierres ornementales offrent un cadre idéal pour un banc de senteur garni de camomille.

Les sièges engazonnés

Les sièges couverts de gazon sont peu courants, mais ils sont amusants à construire et à utiliser. Dans sa forme la plus élémentaire, le siège engazonné est un simple bloc de terre recouvert d'herbe. Les côtés, le devant et le dos exigent un soutien, qui peut être composé de planches, de briques ou de baguettes tressées entre des piquets formant un clayonnage autour du siège. Ce clayonnage permet de créer de multiples formes différentes, allant du siège rond au siège en gradins. Il offre aussi l'avantage d'être démontable et facile à installer n'importe où dans le jardin. Utilisez une pente ou une terrasse existante et transformez un talus en siège engazonné. Ajoutez un clayonnage pour soutenir le devant et le dos.

Fabrication d'un banc modulable

Le banc de jardin de base peut être une construction modulaire, et être rallongé au fur et à mesure des besoins. Ce type de siège trouve sa place autour d'un patio ou sur les bords d'une piscine de forme classique.

1. Le siège est posé sur des socles en bois espacés d'environ 1,20 m et faits de deux poteaux de bois carrés de 10 x 10 cm reposant sur une semelle en béton. Coupez des poteaux de 75 cm de long et enfoncez-les de 23 cm dans les fondations. Écartez les deux poteaux d'environ 5 cm.

2. Laissez sécher le béton pendant une semaine, puis ajoutez les pièces transversales. Utilisez des planches de 45 x 10 x 5 cm. Fixez les pièces transversales de part et d'autre des socles à l'aide de vis en laiton.

3. Coupez neuf lattes en bois dur de 120 x 5 x 2,5 cm pour faire le siège. Posez-les côte à côte et fixez-les aux pièces transversales à l'aide de vis en laiton.

4. Traitez le bois avec un produit spécial, teintez-le ou vernissez-le. Laissez sécher complètement avant d'utiliser le banc.

Fabrication d'une table de pique-nique

La réalisation de cette table de pique-nique traditionnelle ne nécessite aucune connaissance particulière en menuiserie. Les pièces sont assemblées à l'aide de vis et de boulons. La table repose sur trois pieds formés d'un cadre en planches de 6,5 x 4 cm. Chaque cadre est composé d'une traverse sur laquelle on a vissé deux pieds qui s'écartent vers le bas. On visse des planches de 15 x 4 cm sur les pieds pour former le plateau de la table. Les sièges sont constitués de deux planches vissées sur des traverses horizontales à environ 45 cm au-dessus du sol.

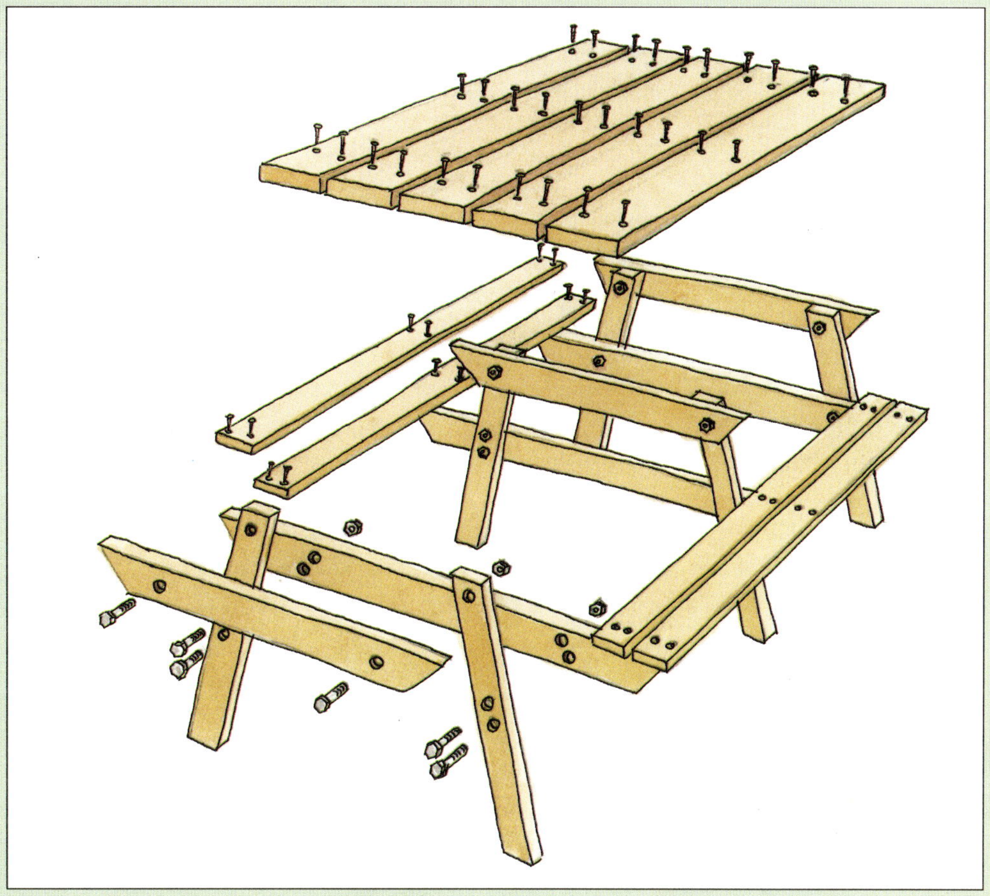

❶ Commencez par les cadres formant les pieds. Coupez six planches de 75 cm et sciez les deux bouts à 45° à l'aide d'une boîte à onglet. Puis coupez trois planches de 90 cm de long pour les pièces transversales supérieures. Sciez les deux bouts en les inclinant franchement vers l'intérieur afin d'éviter aux convives de se blesser les genoux. Posez les deux pieds sur le sol ainsi que la pièce transversale. Percez l'ensemble aux deux bouts avec une mèche de 1 cm, puis assemblez les pièces avec des boulons et des écrous, sans trop serrer.

❷ Ajoutez les pièces qui tiennent les sièges. Coupez trois planches de 1,50 m. Sciez les angles. Posez le cadre sur le sol, mettez la pièce en place. Son bord supérieur se trouve à 45 cm au-dessus du sol. Percez, assemblez avec des boulons et serrez tous les écrous.

❸ Coupez neuf planches de 1,50 m pour le plateau de la table et les sièges. Percez deux trous au milieu de chaque planche et aux deux extrémités. Vissez deux planches sur les pièces transversales de chaque côté pour faire les sièges.

❹ Vissez les cinq dernières planches à distance égale sur les pièces transversales supérieures pour faire la table. Traitez le bois et laissez sécher.

Chaises longues et transats

Les fauteuils, bancs, transatlantiques, chaises longues et autres sièges de jardin sont conçus pour le repos et la détente et trouvent leur place aussi bien au soleil qu'à l'ombre. Longtemps, les chaises longues furent en tube d'aluminium, mais on en vend désormais en plastique et même en bois. Elles sont souvent inconfortables, à moins d'y installer des coussins – certaines sont néanmoins maintenant équipées d'un fin matelas. Il existe aussi de luxueuses balancelles, fixées sur un portique. Leur doux bercement invite au farniente ou même à la sieste. Elles sont en général équipées d'un parasol ou d'un dais, qui protège du soleil.

CI-DESSUS Cette élégante chaise longue en bambou et son tabouret trouvent leur place dans un coin retiré et ombragé.

Les transats

Quand on prononce le mot transat, on pense en général à ces chaises longues tendues de tissu rayé synthétique qui pullulent en été sur les plages. Loin du cliché, les transatlantiques ont pourtant une vieille histoire et sont imbattables en termes de légèreté, de facilité d'installation et de sobriété de style. On en fabrique dans des tissus élégants et des toiles robustes, avec des cadres en métal, en bois, ou dans une combinaison intéressante des deux. Ils sont en général meilleur marché que d'autres fauteuils de jardin et constituent des sièges confortables et rapides à installer en cas de visite impromptue. Leur conception les rend faciles à plier ; ils prennent peu de place et sont vite rangés en cas de mauvais temps. Ils constituent donc une excellente solution pour les petits jardins.

Matériel

- **Tissu spécial ou pleine toile de qualité appropriée : on trouve de la toile au mètre, en 45 cm de large**
- **62 cm de tissu assorti ou contrasté pour le coussin**
- **Ciseaux et matériel de couture**
- **Pointes de tapissier**
- **Marteau**
- **Fils à coudre**
- **Bande agrippante autocollante**
- **Plumes ou mousse pour le remplissage du coussin**

Réalisation d'une toile de transat et d'un coussin

Pour calculer le métrage de toile nécessaire, posez le transat à plat et procédez de la façon suivante : commencez à prendre les mesures par le bord inférieur de la barre transversale supérieure, tournez autour, puis allez jusqu'à la barre transversale inférieure, et tournez également autour. Ajoutez 20 cm pour les ourlets et 62 cm pour le coussin.

❶ Repliez 10 cm de tissu à chaque extrémité. Posez la pliure le long du bord inférieur de la barre transversale supérieure. Enfoncez des pointes de tapissier tout le long de la barre.

❷ Entourez la barre supérieure de tissu, que vous tendrez jusqu'à la barre inférieure. Entourez ensuite la barre inférieure et tendez bien le tissu. Ouvrez le transat pour fixer les pointes plus facilement.

❸ Pour le coussin : pliez les 62 cm de tissu en deux, endroit contre endroit. Piquez les deux côtés et fermez le bas sur 2,5 cm de chaque côté. Mettez la housse à l'endroit et repliez vers l'intérieur les deux longueurs non ourlées du bas. Garnissez votre housse de plumes ou de mousse. Coupez une bande de tissu de la largeur du coussin x 12,5 cm. Repliez deux fois 1 cm sur les largeurs et sur une longueur. Collez le long de cet ourlet une moitié de bande agrippante. Insérez la longueur non ourlée dans le coussin et fermez par une couture. Collez la seconde moitié de bande agrippante sous le transat, pour y fixer le coussin.

Moustiquaires

Dans certaines régions, la moustiquaire est indispensable pour se protéger des insectes ; elle est très utile lorsqu'on s'endort dehors sans avoir pris de précautions. Des rideaux de voile fin conviennent bien, à condition qu'ils soient suffisamment grands pour couvrir tout l'espace nécessaire. Si vous possédez un hamac suspendu à un portique, accrochez la moustiquaire directement au portique. Sinon, suspendez-la à un arbre ou sur un filin tendu entre deux points d'ancrage.

Protection contre les intempéries

Le mobilier de jardin représente un investissement important. Pour le conserver en bon état, pensez à bien le protéger contre les intempéries. Vérifiez régulièrement sa solidité comme sa stabilité et si les endroits fragiles ou ceux qui supportent des poids importants n'ont pas besoin d'être réparés.

Le mobilier en pierre pose peu de problèmes car il est naturellement robuste et souffre peu des intempéries. Les mousses et lichens sont parfois indésirables, éliminez-les en les brossant à l'eau savonneuse ou en les passant au jet sous pression.

Protégez le mobilier en fer contre la rouille. Entretenez les endroits touchés dès que la rouille apparaît. Pour cela, éliminez toute trace de rouille en ponçant, puis traitez avec une peinture antirouille. Couvrez d'un revêtement à base d'huile et appliquez la peinture définitive. Évitez les problèmes de rouille en repeignant régulièrement votre mobilier.

Le mobilier en bois se nettoie au jet sous pression ou se brosse à l'eau savonneuse. Poncez les endroits abîmés pour éviter les échardes, et remplacez immédiatement les parties décomposées. Pour repeindre le vieux bois, commencez par le poncer complètement avec du papier de verre moyen, puis passez une première couche de protection avant d'appliquer la peinture définitive. Les bois durs conservent leur beauté si on les traite simplement avec un produit à base d'huile, et les bois tendres restent en bon état si on les traite avec un produit protecteur. Éliminez toute trace de vernis ancien avant de revernir le mobilier en bois, sinon la nouvelle couche ne tiendra pas.

Le mobilier en aluminium ne rouille pas ; il garde un bel aspect si vous le nettoyez régulièrement avec un chiffon humide. Vérifiez les articulations et mettez une goutte d'huile si nécessaire. Entretenez les parties composées d'un autre matériau pour que votre mobilier conserve fière allure.

Le mobilier en plastique perd souvent de son brillant ; vous pouvez y remédier en le nettoyant régulièrement avec un produit spécial. En cas de mauvais temps, mettez à l'abri tous les accessoires comme les parasols, coussins et hamacs, afin de préserver la beauté des tissus et des couleurs.

Achetez des housses ou fabriquez-en pour assurer une protection mais sachez qu'elles ne seront pas suffisantes pour supporter les rigueurs de l'hiver si les meubles restent dehors ; vous pouvez néanmoins les poser sur votre mobilier afin de le protéger de la poussière entre deux utilisations estivales.

CI-DESSUS Ces chaises de metteurs en scène apportent une touche de couleur dans la verdure.

Réalisation d'une chaise de metteur en scène

Pour un modèle de chaise standard, il vous faut un morceau de tissu de 65 x 40 cm pour le siège et de 65 x 20 cm pour le dossier.

❶ Faites un ourlet de 2 cm sur les deux longueurs du siège ainsi que sur celle du dossier. Retournez 5 cm sur les largeurs du siège et du dossier et marquez le pli.

❷ Fixez cette largeur sous l'une des barres du siège avec des clous de tapissier. Faites passer le tissu par-dessus la barre, puis par-dessus celle se trouvant en face et enroulez-le autour. Fixez le tissu en place avec des pointes de tapissier.

❸ Procédez de la même façon pour fixer le tissu sur le dossier.

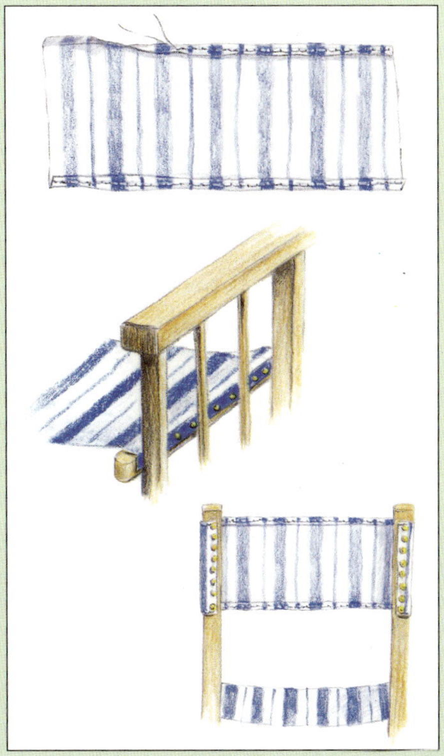

Hamacs

Le hamac, originaire d'Amérique du Sud, évoque sans conteste la nonchalance des journées d'été chaudes et ensoleillées. On trouve dans le commerce des hamacs de jardin dans une grande variété de tailles et de formes – des modèles en rubans de Nylon tissés à ceux composés de tissus brodés et garnis de glands et de pompons. Les fournitures nécessaires à la réalisation du hamac que nous proposons se trouvent facilement. La toile écrue que nous préconisons est très résistante. Vous pouvez la teindre ou la décorer au gré de votre imagination. Nous employons des rivets pour éviter de coudre la toile, qui est très épaisse. Mais si vous possédez l'équipement et le savoir-faire nécessaires, n'hésitez pas à faire des coutures. Si vous éprouvez des difficultés avec la fixation des œillets en laiton, demandez l'aide d'un fabricant de stores, qui possède l'équipement adéquat et fixera rapidement les œillets pour vous.

❶ Repliez un bord de la toile une première fois sur 2,5 cm, puis une deuxième fois jusqu'à former un ourlet de 7,5 cm. Sur toute la longueur de l'ourlet, tracez une ligne au crayon, à 12 mm de la première pliure. Maintenez le tissu fermement pour l'empêcher de se tordre et percez des trous le long de la ligne de crayon. Commencez à 4 cm du bord et faites un trou à la perceuse environ tous les 14 cm, pour finir à 4 cm de l'autre bord.

Fournitures et matériel

- **2,50 m de toile écrue de 90 cm de large et d'épaisseur moyenne (500 g)**
- **Des rivets de 4,8 x 14 mm**
- **Des rondelles adaptées aux rivets**
- **Un kit de fixation pour des œillets en laiton de 12 mm**
- **2 x 90 cm de tourillon de 25 mm de diamètre**
- **Des agrafes de 8 mm**
- **Deux anneaux en métal galvanisé de 50 mm de diamètre**
- **15 m de corde coupée en deux**
- **De la ficelle**
- **Deux mousquetons de 7,5 cm**
- **Un mètre ruban**
- **Un crayon**
- **Une perceuse électrique**
- **Une mèche de 4 mm**
- **Un pistolet à riveter**
- **Une agrafeuse**
- **Un cutter**

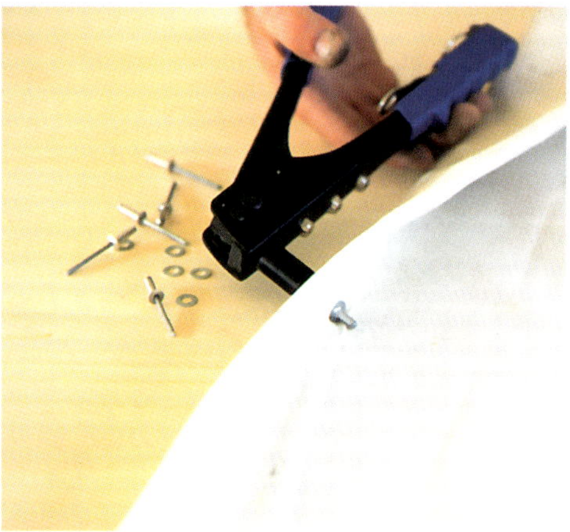

❷ Fixez l'ourlet en introduisant des rivets dans les trous que vous avez percés, en allant de l'endroit du tissu vers le côté où se trouve le pli de l'ourlet. Utilisez un pistolet à riveter. Chaque rivet est maintenu en place par une rondelle. Procédez de la même façon pour l'autre bord de la toile.

❸ Toujours sur les mêmes bords de la toile et en procédant comme en 1, tracez sur l'ourlet fixé avec des rivets une ligne au crayon à 25 mm de la première pliure. En commençant à environ 10,5 cm du bord du tissu et à l'aide du kit de fixation pour œillets, faites six trous le long de cette ligne de crayon à 14 cm d'intervalle. Vous y sertirez les œillets en laiton qui serviront à enfiler la corde. Mettez les œillets en place en les sertissant par-dessous. Recommencez pour l'autre bord du hamac.

❹ Enfilez 90 cm de tourillon dans la gaine formée par l'ourlet riveté et agrafez-le sur la toile. Posez le tout sur une surface plane et commencez par un bout du hamac. Placez l'anneau en métal galvanisé à environ 80 cm du bout du hamac. Donnez à chaque œillet un numéro de 1 à 6 en allant d'un bord à l'autre. Faites un nœud à un bout de la corde. Passez la corde par-dessous dans l'œillet n° 2 jusqu'à ce que le nœud l'empêche de glisser. Passez par l'anneau de métal puis par l'œillet n° 1.

Tirez la corde sur l'envers de la toile, puis repassez par l'anneau en maintenant la corde tendue et en respectant les 80 cm entre l'anneau et le hamac. Passez la corde par l'œillet n° 6 vers l'envers de la toile, puis revenez à l'anneau. Passez par l'œillet n° 5 de haut en bas, puis par l'œillet n° 4 de bas en haut. Revenez à l'anneau en métal. De là, passez dans le dernier œillet (n° 3), de haut en bas pour rejoindre le bout de la corde sous l'œillet n° 2. Défaites le nœud et attachez les deux bouts en refaisant un nœud. Recommencez de la même façon pour l'autre bout du hamac.

5 Assurez-vous que toutes les longueurs de corde entre les anneaux et les œillets sont égales, et cela à chaque bout du hamac. Réunissez toutes les longueurs de corde en dessous des anneaux en métal et attachez-les fermement en effectuant plusieurs tours.

6 Pour finir, attachez des mousquetons galvanisés à chaque anneau du hamac. Pour des raisons de sécurité, assurez-vous que les fixations que vous avez prévues pour le hamac sont solidement ancrées dans les arbres, poteaux ou murs, et faites un test avant de l'utiliser, surtout s'il doit servir aux enfants.

Comment suspendre votre hamac

Les points d'ancrage de votre hamac doivent être absolument sûrs et solides. La solution idéale et la plus classique consiste à l'attacher entre deux arbres. Il vous faudra cependant apprendre à faire des nœuds très résistants, tels les nœuds de marin qui forment des attaches irremplaçables. La plupart des hamacs du commerce sont accompagnés de l'équipement et des explications nécessaires au montage. N'installez pas votre hamac en plein soleil.

S'il n'y a pas d'arbres dans votre jardin, fixez le hamac entre deux murs ou autres structures solides. Mais si aucune de ces solutions n'est envisageable, faites l'acquisition d'un portique, que vous déplacerez dans le jardin au gré de vos envies. Vous en trouverez équipés d'un dais. Le seul inconvénient des portiques est d'occuper beaucoup de place lorsqu'on ne les utilise pas. Mais certains, plus modernes, sont pliables ou démontables.

À DROITE Ce vieil arbre constitue un support idéal pour un simple hamac en toile qui se balance au-dessus d'une pelouse ensoleillée.

Mobilier décoratif

Les décors en mosaïque font partie d'une tradition très ancienne. Tout le monde connaît les mosaïques de Pompéi et d'Herculanum, qui ont conservé l'éclat qu'elles devaient avoir le jour de leur réalisation. Les sols en mosaïques des cours intérieures et des bassins de style mauresque sont des oasis de fraîcheur dans un environnement écrasé de soleil. Les mosaïques modernes sont tout aussi ravissantes ; couvrez-en les sols, les murs, le mobilier ou les pots et jardinières.

On trouve facilement des produits qui servent à la fois à coller les mosaïques et à les jointoyer. Mais vérifiez d'abord si ceux que vous achetez sont adaptés à l'usage que vous voulez en faire. Certaines colles à carrelage ne conviennent pas pour le bois, dans ce cas, il est préférable d'acheter une colle vinylique.

Fournitures et matériel

- **Une planche de 18 mm d'épaisseur en contreplaqué marine ou autre bois traité pour l'extérieur de la taille de votre table**
- **Un assortiment de pâtes de verre de 2 x 2 cm**
- **De la colle vinylique et un pinceau**
- **Du joint extérieur et une spatule**
- **Du papier et un crayon**
- **Des gants en caoutchouc**
- **Une éponge**

❶ Dessinez le motif que vous souhaitez réaliser sur une feuille de papier. Trempez les plaques de pâtes de verre dans l'eau pour les détacher du papier sur lequel elles sont collées.

❷ Tracez deux diagonales sur la table pour en déterminer précisément le centre. Posez les carrés de pâte de verre sur la table en suivant le motif que vous avez dessiné. (Pour les dessins compliqués, il est préférable de réaliser le dessin directement sur la table au crayon.) Posez le carré central sur le point d'intersection des diagonales. Tout en posant les carrés de pâte de verre, pensez à laisser de légers interstices entre eux pour le joint. Cette étape du travail prendra environ deux heures, selon la taille de la table. Mais on peut s'arrêter en cours de route et reprendre plus tard.

❸ Lorsque vous êtes sûr de votre motif, collez les pâtes de verre. Enlevez une petite surface de mosaïque à la fois et étalez la colle sur la planche. Remettez les carrés en place, en prenant soin de les aligner. Laissez sécher douze heures.

❹ Préparez le joint en suivant les instructions du fabricant. Il doit avoir la consistance d'une pâte souple. Étalez généreusement ce joint sur toute la surface des carreaux avec une spatule.

❺ Laissez prendre une quinzaine de minutes, sans laisser sécher. Nettoyez la surface de la mosaïque avec une éponge légèrement humide, pour enlever l'excédent de joint.

❻ Collez une rangée de carrés autour du bord. Laissez sécher et remettez du joint.

À DROITE Cette table couverte de mosaïque est idéale pour le jardin. Elle ne craint pas la pluie et se nettoie très facilement.

CI-DESSUS **Le pied en fer forgé se marie à merveille avec ce type de mosaïque éclatante – mélange de carreaux cassés et entiers de couleur vive.**

Petit meuble de jardin

Pour rafraîchir un petit placard et lui donner un air rustique, recouvrez-le de couleurs primaires vives avec de la peinture acrylique. La porte en bois plein a été remplacée par un grillage à poule, que l'on a agrafé à l'intérieur de la porte. Le contenu du placard est ainsi parfaitement visible.

Placez-le dans un abri de jardin ou près du coin repas. Dans la cuisine, si vous avez besoin d'espaces de rangement, accrochez-le au mur au-dessus d'un plan de travail. Construisez de la même façon un placard plus grand pour ranger les outils comme les râteaux, binettes, fourches et bêches. Vous trouverez facilement ce type de petits meubles dans les brocantes et les vide-greniers.

Réalisation d'une mosaïque

N'achetez pas systématiquement tous les carreaux pour votre mosaïque. Avec des morceaux de vaisselle ou de carreaux cassés, vous pouvez réaliser de très belles pièces et obtenir des motifs originaux. Ici, nous proposons une table en chutes de carrelage que l'on a coupées en morceaux et assemblées en mosaïque.

❶ Découpez soigneusement les carreaux pour ne pas en abîmer la surface. Portez des lunettes de protection et des gants en caoutchouc. Collez les morceaux sur la table après l'avoir enduite d'une couche de colle à carrelage de 2 à 3 mm d'épaisseur.

❷ Remplissez les vides avec des morceaux plus petits, puis étalez le joint. Choisissez du joint blanc ou de couleur. Nettoyez l'excédent et laissez sécher douze heures. Frottez avec un chiffon sec et faites briller. Si nécessaire, fixez une baguette de finition tout autour.

Barbecues

Le plaisir de manger dehors s'accompagne de celui de faire la cuisine en plein air. La nourriture n'a pas le même goût – elle paraît meilleure ! –, de plus, on s'amuse davantage et l'on reçoit ses amis et parents plus facilement.

Dans les magasins d'articles pour le jardin, le choix de barbecues est souvent varié. Certains sont bon marché et basiques, d'autres plus chers et pourvus d'accessoires sophistiqués. Du point de vue du cuisinier, on peut dire que les modèles simples et peu onéreux exécutent parfaitement le travail qu'on leur demande et sont largement suffisants. La plupart des barbecues passent leur vie dehors, mais il est préférable de les mettre à l'abri pendant la mauvaise saison, lorsqu'on ne les utilise pas. C'est pourquoi la question du barbecue se pose souvent dans les petits jardins où la place manque, pensez-y !

De même que pour les barbecues mobiles, il existe un grand nombre de modèles de barbecues maçonnés, du plus simple au plus sophistiqué. Le modèle de base est un foyer en brique, avec un emplacement réservé aux outils et à la nourriture – bien qu'une table soit souvent suffisante. Si les briques ne sont pas maçonnées avec du mortier, le barbecue est parfaitement démontable et transportable dans un autre coin du jardin, et, s'il est posé sur des dalles, on pourra très facilement déplacer l'ensemble. Pour

CI-DESSOUS **Le barbecue en brique fait partie intégrante du patio, dans ce jardin de conception moderne. Le coin repas équipé d'une table et de chaises élégantes se trouve à proximité.**

Mesures de sécurité

- Allumez le barbecue avec un allume-feu ou un produit spécial – n'utilisez jamais d'essence ni de briquet.
- Ne placez jamais le barbecue à proximité d'une clôture en bois, d'un treillage ou des branches d'un buisson.
- Posez-le sur une surface stable pour l'empêcher de basculer.
- Soyez prudent en présence d'enfants et d'animaux dans le jardin.
- Laissez les braises refroidir complètement avant de les enlever.
- Tenez les convives éloignés du barbecue, car les flammes sont quelquefois imprévisibles.
- Portez des vêtements pratiques, évitez les manches larges, les cravates, les foulards et tout ce qui peut s'enflammer.
- Ne déplacez jamais le barbecue lorsqu'il a été mis en marche.
- Ne versez pas de produit d'allumage sur les braises chaudes.
- Ne laissez jamais un barbecue allumé sans surveillance.
- Utilisez des ustensiles de cuisine avec des manches pour ne pas vous brûler.

CI-DESSUS Dans les régions ensoleillées où l'on mange souvent dehors, équipez-vous d'un barbecue à gaz, plus pratique que le charbon de bois.

l'authentique amateur, le barbecue maçonné s'accompagne de toute une infrastructure réservée à la cuisine en plein air ainsi que d'un coin repas avec des sièges maçonnés, une table, des espaces de rangement et une évacuation pour la fumée sur le barbecue.

Les barbecues sont souvent en métal, mais vous pouvez les fabriquer vous-même à partir d'éléments de récupération, comme des vieilles briques, des pierres ou des blocs de béton. Si l'ensemble a l'air un peu « négligé », maçonnez-le grossièrement et donnez-lui un petit air méridional.

Choix de l'emplacement

Pour un certain nombre de raisons évidentes, le barbecue mobile est la solution idéale, puisqu'on peut le déplacer aisément pour le transporter à l'endroit désiré. Le barbecue est le lieu stratégique de la fête, là où tout se passe, et le cuisinier sera ravi de se trouver à proximité de ses invités. D'un autre côté, les barbecues présentent l'inconvénient de produire de la fumée et des odeurs de cuisine. Même si les convives les supportent parfaitement, ils n'ont pas toujours envie

Différents types de barbecues

- **Hibachi** – Il s'agit d'un simple récipient en fonte surmonté d'une ou de deux grilles amovibles, équipées de manches. C'est un instrument solide et résistant.

Hibachi

- **Barbecue à brasero** – C'est le modèle le plus populaire : il est formé d'un réceptacle en fer monté sur pieds, à hauteur de cuisson. Le gril est généralement ajustable en hauteur, et il est souvent équipé d'une broche pour les grosses pièces. Un écran protecteur permet de l'utiliser même par temps venteux. Choisissez un modèle de bonne qualité, car le métal manque quelquefois d'épaisseur.

Barbecue à brasero

- **Barbecue à couvercle** – Il ressemble au brasero mais porte un grand couvercle bombé. Lorsque le couvercle est fermé, la chaleur y est emmagasinée et le barbecue se transforme en four. Il permet de cuire les volailles et les grosses pièces de viande. Le gril n'est pas ajustable en hauteur, ce qui rend son utilisation plus délicate.

Barbecue à couvercle

- **Barbecue mobile** – C'est une variété de brasero intégré à une structure sur roues. Il est équipé de part et d'autre de plans de travail, quelquefois repliables, ce qui facilite son rangement. Choisissez un modèle de bonne qualité.

- **Barbecue à gaz** – La cuisson au gaz est plus facile et garantit une température constante. Pour beaucoup, ce détail gâche le plaisir du barbecue. Pourtant, fini l'attente pendant que les braises chauffent, et le foyer de la plupart des modèles est équipé d'un bloc de lave réutilisable. Choisissez un modèle sur roues, car ces barbecues sont souvent lourds.

Barbecue mobile

- **Barbecue en briques non maçonnées** – On le trouve en kit. Il contient un gril et un foyer (quelquefois formé d'une simple feuille métallique) que l'on introduit dans une structure en brique. On empile les briques sans les maçonner pour former une tour, que l'on peut facilement démonter et déplacer. La hauteur du gril n'est en général pas ajustable.

- **Barbecue maçonné** – Sélectionnez le modèle et le matériau de votre choix : briques, pierres, blocs de ciment ou parpaings. Il offre l'avantage d'être adapté à vos besoins puisque c'est vous qui en déterminez les dimensions. Il forme une structure permanente du jardin, en accord avec son environnement.

Barbecue à gaz

d'en être complètement imprégnés. De même, pensez à vos voisins, qui considéreront peut-être la fumée et les odeurs comme une nuisance et une intrusion dans leur vie. Essayez d'installer votre barbecue à un endroit où les vents dominants chassent la fumée et les odeurs dans des directions où elles ne gênent personne.

Ce problème est plus difficile à résoudre avec un barbecue en dur. Si vous construisez un barbecue maçonné, accompagnez-le d'une cheminée qui évacuera les fumées et les odeurs indésirables. Informez-vous sur la direction des vents dominants avant d'entreprendre les travaux.

L'efficacité et la sécurité d'un barbecue dépendent de sa conception, mais aussi de son emplacement. Souvenez-vous que le coin barbecue doit être facilement accessible de la cuisine, pour que le transport de la nourriture, de la vaisselle et des ustensiles s'en trouve facilité. Évitez donc les emplacements trop éloignés de la maison. Ne le placez pas sous la frondaison des arbres, la chaleur en endommagerait le feuillage. De la même façon, ne vous approchez pas trop d'une structure en bois ou d'un treillage.

Ne mettez pas le gril trop près d'une fenêtre qui s'ouvre et équipée de rideaux : ceux-ci présentent un réel danger, car ils peuvent prendre feu ; de plus, les odeurs pénètrent facilement dans la maison.

Si le barbecue est construit directement sur une pelouse, celle-ci sera piétinée au cours des allées et venues autour du barbecue et de la table. Entourez plutôt le barbecue de dalles ou d'un pavage en brique. Prévoyez une surface suffisamment grande

Construction d'un barbecue

Vous pouvez construire ce barbecue directement sur un patio ou une surface dallée, pourvu que le sol soit stable et uniforme. Sinon réalisez une semelle filante (voir p. 94). Le barbecue est composé de trois murs en U faits d'une épaisseur de briques et accompagnés d'un second U, qui constitue un plan de travail. Le foyer est formé d'une feuille métallique. Le foyer et le gril reposent sur des briques en saillie posées à la hauteur appropriée.

❶ La surface de travail peut être une simple planche de contreplaqué marine ou d'aggloméré, une grande dalle en pierre ou du bois tendre traité.

Matérialisez l'implantation des murs par des piquets et des cordeaux. Avec la truelle, étalez 1 cm de mortier de construction sur les fondations, le long d'un des côtés du barbecue. Faites des sillons dans le mortier et posez la première assise de briques bout à bout. À l'angle, posez une brique de telle sorte qu'elle forme un angle droit avec la dernière brique. Jointoyez avec du mortier. Continuez ainsi jusqu'à ce que vous ayez complété la première assise. Vérifiez l'horizontalité avec un niveau à bulle. Tapez sur les briques avec le manche de la truelle si nécessaire et vérifiez l'alignement avec les cordeaux.

❷ Posez la deuxième assise de briques de la même façon. Commencez par une brique coupée en deux, de façon à décaler les joints verticaux. Montez ainsi cinq assises de briques en vérifiant régulièrement l'horizontalité avec un niveau à bulle.

La sixième assise forme la saillie sur laquelle on posera le foyer. Posez les briques en largeur à angle droit de telle sorte qu'elles dépassent également de part et d'autre de l'assise précédente. Procédez de la même façon sur les trois murs parallèles latéraux. Continuez à poser les briques normalement sur le mur du fond.

❸ Ajoutez trois assises supplémentaires autour de la partie barbecue, en laissant la partie plan de travail telle quelle. Ajoutez une nouvelle assise de briques formant saillie, sur laquelle on posera le gril. Complétez par trois assises supplémentaires autour du barbecue, elles formeront un écran contre le vent. Le barbecue est terminé.

Lorsque le mortier a pris, nettoyez les joints en passant un petit morceau de tuyau d'arrosage entre les briques pour lisser le mortier et former un profil légèrement convexe. Laissez sécher pendant deux ou trois jours avant d'utiliser le barbecue.

pour accueillir plusieurs personnes, soit debout, soit assises, et installez la zone dallée au même niveau que la pelouse, pour faciliter la circulation.

Les plantes près du barbecue

Il est facile de comprendre que plantes et barbecue ne font pas bon ménage, simplement parce que la chaleur du barbecue risque de les brûler. Plantez néanmoins quelques herbes aromatiques. Vous serez ravi de cueillir tout près un bouquet de thym frais, de ciboulette ou de romarin pour parfumer vos cuissons, plutôt que d'avoir à traverser tout le jardin.

Conception du barbecue

Un barbecue est en général une structure parallélépipédique, en brique, pierre ou constituée d'un bloc de béton, ouverte dans sa partie supérieure et sur le devant. Elle doit être stable et la hauteur du gril, confortable : neuf ou dix assises de briques à partir du sol conviennent. Le gril et le foyer reposent sur des équerres ou des pattes métalliques fixées dans la maçonnerie, ou sur une assise de briques formant saillie. Prévoyez un foyer et un gril amovibles pour pouvoir les nettoyer et les ranger en hiver.

Leur conception va de la plus simple expression au barbecue équipé de placards, plans de travail, espaces de rangement et crochets pour les ustensiles de cuisine. Vous trouverez dans le commerce des kits contenant un gril, un foyer et des supports. C'est une solution simple et pratique. Achetez d'abord le kit, puis construisez le barbecue autour du kit afin qu'il soit parfaitement adapté.

Vous pouvez aussi opter pour un foyer métallique (il suffit d'une simple plaque si vous avez de quoi la poser) et compléter avec une vieille grille de four.

Fabriquez un écran contre le vent, montez quelques assises de briques supplémentaires sur le fond et les côtés pour protéger les braises, car le temps de cuisson dépend en partie de l'intensité du vent.

Construction d'un barbecue non maçonné

On peut construire un barbecue provisoire en empilant simplement des briques sans mortier. Ce type de barbecue est démontable et peut être rangé après la belle saison. Il est facile à construire, bon marché, se monte en quelques heures et fonctionne efficacement. Son appareillage et sa structure en alvéole assurent une combustion et un tirage excellents. Donnez la forme de votre choix à votre barbecue : circulaire, triangulaire, carrée ou hexagonale... Pour une unité de base circulaire, il vous faut cent briques environ, pour les autres formes, il en faut davantage. Posez les briques au sol sur une surface plane et stable, selon le schéma que vous vous êtes fixé, en prévoyant des intervalles de 5 cm entre chaque brique. Posez une seconde assise sur la première, en quinconce pour consolider l'appareillage. Continuez ainsi à monter les briques en assises réglées. Sur la septième assise, posez une plaque d'aluminium qui formera le foyer du barbecue, puis montez deux assises de briques supplémentaires. Posez le gril. Montez encore deux ou trois assises pour former un écran et protéger le barbecue contre le vent.

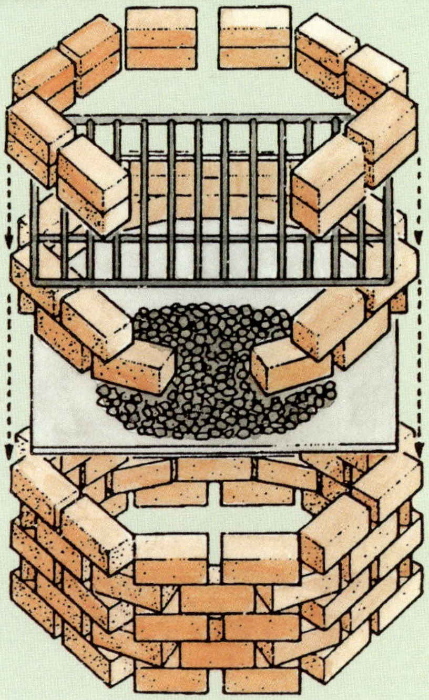

À GAUCHE Un barbecue maçonné peut rester tout à fait discret. En dessous, on a prévu un emplacement pour ranger le bois.

STRUCTURES INERTES ET ORNEMENTALES

Structures inertes

Dans la plupart des jardins, les structures inertes définissent l'ambiance générale. Elles déterminent, avec les enceintes et les surfaces dallées, le schéma d'ensemble du jardin, et forment le cadre dans lequel on installera les plantations. Les structures inertes comprennent toutes les constructions utiles et décoratives, les tonnelles, les pergolas, les pavillons d'été, les arches, les serres et les cabanes, et même les petits éléments comme les châssis, les composts et les containers d'eau de pluie.

CI-DESSUS **Des maisonnettes pour les oiseaux ajoutent une note charmante derrière une bordure de fleurs, bien que celles-ci soient plus décoratives qu'attirantes pour les oiseaux...**

À GAUCHE **Cette tonnelle forme à la fois un élément fort esthétique au bout d'une allée et un lieu de repos agréable.**

Un coin d'ombre

L'ombre est un élément important car elle procure confort, détente, repos quand il fait chaud, tout en autorisant les dîners en plein air, dans un lieu frais et agréable. L'objectif d'un grand nombre de constructions de jardin est de fournir de l'ombre. Les charmilles, tonnelles et pergolas offrent un cadre sur lequel on peut faire grimper des plantes, et ce sont ces dernières plutôt que la structure elle-même qui procurent de l'ombre. Il existe une grande variété de plantes grimpantes, pensez à toutes les espèces de vigne à grandes feuilles qui dispensent une ombre dense, douce et agréable laissant légèrement filtrer la lumière. Les clématites, le jasmin, le chèvrefeuille répandent leur parfum tout en créant un abri de verdure.

Pour réaliser une tonnelle simple et ravissante, construisez un cadre en bois traité avec un produit contre le pourrissement. Enfoncez la base des piquets de 45 cm dans le sol. Plantez des grimpantes sur trois côtés. Laissez le quatrième ouvert. Vous obtiendrez un lieu clos qui constituera une retraite agréable. Pour ouvrir davantage l'espace, n'installez les plantes que sur un ou deux côtés – à vous de choisir. Complétez l'ensemble par un siège qui invitera au repos et à la contemplation.

CI-DESSUS **Cette pergola en bois encadre une urne classique placée au bout de l'allée. Des rosiers et une glycine forment une arche parfumée.**

Fabrication d'un store

Un store est une structure que l'on peut fixer sur le mur de la maison ou du jardin pour la déplier et la tendre à tout moment. On peut aussi fixer le store sur des crochets d'un côté et sur des piquets de l'autre. Ici, nous proposons un modèle simple en cannisses de bambou.

❶ Mesurez la distance entre les fixations se trouvant sur le store et marquez l'emplacement des crochets (vendus en général avec le store) sur le mur. Percez deux trous et insérez des chevilles. Vissez les crochets et accrochez le store.

❷ Plantez les piquets en bambou profondément dans des pots de fleurs. Déroulez complètement le store. Placez les deux pots à égale distance du mur de sorte que les extrémités du store touchent le haut des piquets. Enfoncez délicatement les piquets entre les lamelles du store et attachez la corde de tente à l'extrémité du store. Cette dernière assure la stabilité de l'ensemble. En cas de vent fort, attachez deux cordes de tente, une à chaque extrémité du store.

Pour une structure plus permanente, installez des semelles en béton dans le sol. Coulez une petite quantité de béton pour pouvoir planter les grimpantes le plus près possible des poteaux. Créez une surface en dur en dessous, sur laquelle vous pourrez disposer une table et des chaises.

Une ombre temporaire

Les stores et les tentes de jardin sont des moyens rapides et très appréciés de créer de l'ombre. Ils offrent un certain nombre d'avantages, dont celui de pouvoir être repliés et rangés lorsqu'ils ne sont plus nécessaires. On peut ainsi retrouver le soleil à tout moment si on le désire. Ils sont particulièrement appropriés dans les jardins trop petits pour ménager à la fois des zones d'ombre et des endroits ensoleillés. Le fait de pouvoir choisir la couleur et la qualité du tissu est également un avantage appréciable. Choisissez même un tissu réversible avec des couleurs vives et gaies d'un côté et plus douces de l'autre. En principe, tous les tissus sont utilisables, mais si vous optez pour un store permanent, préférez une toile imperméable et solide. Vous trouverez dans le commerce des cannisses en bambou qui procurent une ombre douce et agréable.

On trouve aussi de plus en plus de tentes de jardin. Elles sont en général formées d'une simple structure composée de quatre piquets métalliques, sur laquelle on monte un toit et des parois plus ou moins longues. Fermez un ou deux côtés, pour vous protéger du vent et même de la pluie le cas échéant.

À DROITE **Cette tonnelle envahie par la végétation forme un abri efficace contre le vent en même temps qu'un lieu de repos agréable.**

Tonnelles et pavillons

Quelle est la différence entre une tonnelle et un pavillon ? La réponse se trouve dans leur utilisation. Ce sont tous deux des structures relativement petites, qui offrent une certaine protection. Les tonnelles sont des endroits clos alors que les pavillons sont plus ouverts.

Les tonnelles

Les tonnelles sont une invention majeure de la décoration de jardin. Elles permettent de créer une chambre à la fois close et secrète et en même temps ouverte à l'air, à la lumière et aux éléments. C'est là qu'on s'amuse à faire pousser les plantes qu'on aime, notamment les grimpantes, qui envahissent la structure et forment un berceau de verdure. Une tonnelle doit être suffisamment grande pour contenir un siège, ou même de préférence, un banc.

Les pavillons

Un pavillon ou encore pavillon d'été, kiosque ou belvédère, est une structure ouverte et de petite taille. Mais, considéré comme un lieu de retraite, il a de plus en plus tendance à être fermé. Il contient généralement un ou plusieurs sièges. Il est le plus souvent en bois, mais peut être en fer forgé ou tout autre matériau qui permet de réaliser une construction solide et esthétique. On s'installe dans un pavillon pour contempler le jardin, lire

CI-DESSUS Cette tonnelle et son siège en branches de saule tressées est un lieu à la fois informel et étonnant. La croissance des branches en fait un endroit vivant et toujours changeant.

À DROITE Ce petit pavillon en bois peint en mauve est fait pour être vu et invite à la rêverie. Il permet de dissimuler la cabane à l'arrière-plan.

Construction d'une tonnelle

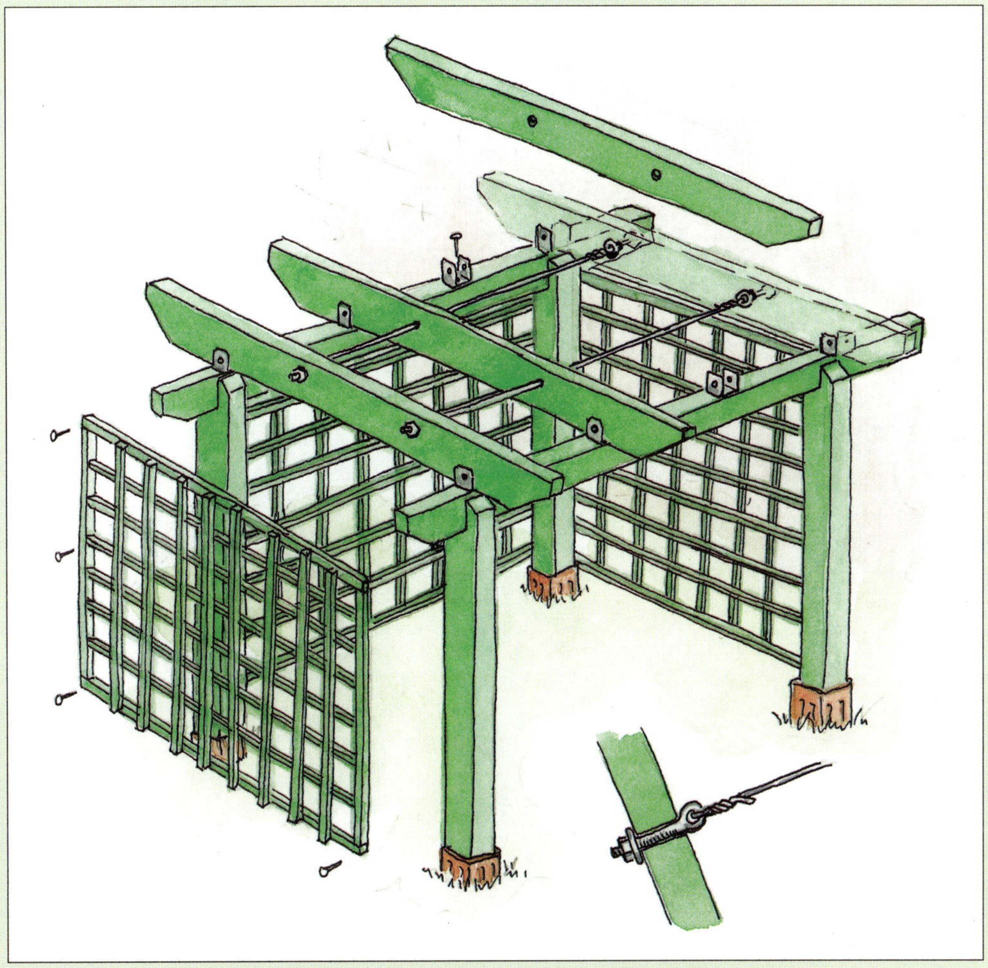

1. Plantez les poteaux verticaux dans une semelle en béton, un piquet de clôture ou un sabot vissé dans le sol. Placez les encoches vers le haut et alignez-les toutes dans la bonne direction.

2. Glissez les deux poutres transversales dans les encoches des poteaux. Posez-les parallèlement le long des deux côtés de la tonnelle. Pour les consolider, enfoncez de longs clous dans les poteaux et à travers les poutres.

3. Disposez les chevrons à intervalles réguliers perpendiculairement aux poutres. Fixez-les en place à l'aide de pattes galvanisées que vous aurez préalablement clouées sur les poutres.

ou rêver, mais aussi pour se protéger des intempéries tout en restant dehors. Il forme un abri paisible tout au long de l'année.

Orientez votre pavillon de telle sorte qu'il ne souffre ni du vent ni de la pluie, placez-le loin des lieux de passage fréquentés, des cabanes, des réserves et des serres. Couvrez-le de plantes grimpantes ou laissez-le tel quel, au gré de votre imagination et de votre fantaisie.

Construction d'une tonnelle en bois

Une tonnelle de style classique est une simple structure en bois, composée d'une arche fermée à l'arrière par une cloison. Mais toutes les formes et toutes les tailles conviennent. Par exemple, construisez une structure très sobre de style japonais, qui est relativement facile à construire. Achetez des poteaux et des traverses préfabriqués qui s'assemblent facilement. Matérialisez l'implantation de la tonnelle à l'aide de piquets et de cordeaux. Enfoncez un piquet à l'emplacement de chaque poteau vertical et tirez les cordeaux. Lorsque vous êtes satisfait du schéma, commencez la construction.

Les poteaux seront de section carrée de 10 sur 10 cm et auront 3 m de haut. Pour un assemblage facile, choisissez des poteaux portant déjà des encoches dans lesquelles s'emboîtent les poutres transversales.

Socles pour poteaux

Semelle en béton

Pour réaliser une semelle en béton, creusez un trou d'environ 70 cm et installez le poteau dans un lit de blocaille de 55 cm d'épaisseur. Remplissez le trou de béton et formez un léger monticule à la surface pour empêcher l'eau de pluie de couler en direction du poteau.

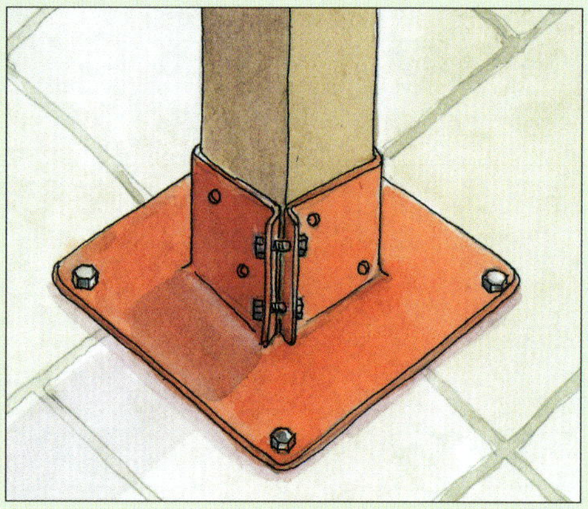

Sabot vissé au sol

Lorsque vous installez un poteau sur une surface en dur, utilisez un sabot que vous vissez dans le sol. Le poteau s'emboîte dans un collier métallique que l'on resserre autour du poteau à l'aide de vis de serrage. Le sabot est fixé au sol par une plaque horizontale vissée dans le dallage.

Piquet de clôture

Vous pouvez aussi utiliser un piquet de clôture composé d'une partie pointue surmontée d'un collier dans lequel on insère le poteau. La partie en bois du poteau aura 60 cm de moins que si vous le plantez dans une semelle en béton, mais elle n'aura pas la même solidité.

Assurez-vous que le bois a été traité contre le pourrissement. Posez les poteaux verticaux dans des semelles en béton, utilisez des piquets de clôture ou fixez-les dans des sabots vissés sur leur support (voir encadré ci-dessus). Vérifiez leur verticalité avec un niveau à bulle. Reliez les poteaux par deux poutres transversales parallèles, de chaque côté de la tonnelle. Les poteaux équipés d'encoches permettent d'emboîter les traverses, mais vous pouvez les consolider avec des pattes de fixation galvanisées, conçues et vendues avec les poteaux.

Fixez les chevrons perpendiculairement sur les poutres transversales. Faites-les tenir à intervalles réguliers avec des équerres galvanisées. Clouez d'abord les équerres sur les poutres transversales, mettez les chevrons en place, puis clouez les chevrons sur les équerres.

Placez les treillages latéraux et clouez-les sur les poteaux. Garnissez trois côtés de la tonnelle. Utilisez des treillages préfabriqués pour aller plus vite.

À GAUCHE Cette large tonnelle construite dans un style japonisant forme un écran idéal pour dissimuler les bâtiments à l'arrière-plan.

Si les chevrons sont très écartés et que vous projetez d'installer des plantes grimpantes, pensez à tendre entre les chevrons, parallèlement aux poutres, des fils de fer sur lesquels les plantes pourront s'accrocher. Percez un trou dans chaque chevron, faites passer le fil de fer et tendez-le entre des pitons.

Ajoutez un siège, et vous aurez réalisé la plus parfaite des tonnelles. Peignez-la ou appliquez une lasure traitante. Faites de même pour le siège. N'utilisez que des produits non toxiques. Il ne vous reste plus qu'à installer une plante grimpante pour créer un havre de paix et de détente. Pensez à utiliser une petite tonnelle comme niche pour une sculpture.

À DROITE La tonnelle couverte de rosiers grimpants trouve sa place dans un jardin de style classique où domine la symétrie.

Fixation d'une tonnelle sur un mur

Si votre jardin est trop petit pour contenir une structure autonome, vous pouvez utiliser un mur pour former un côté de la tonnelle et y appuyer toute la structure. La tonnelle est construite sur le même modèle, on supprime simplement deux des poteaux verticaux et l'on fixe la poutre transversale sur le mur.

Percez une série de trous de 2,5 cm de diamètre dans la poutre : à environ 45 cm de chaque extrémité de la poutre, puis tous les 45 cm environ.

Utilisez un niveau à bulle, une planche longue et de la craie pour tracer une ligne sur le mur, le long de laquelle vous placerez la partie supérieure de la poutre. Demandez de l'aide pour mettre la poutre en place et l'aligner sur la ligne de craie. Faites une marque à la craie à l'emplacement des trous percés dans la poutre. Enlevez la poutre et percez un trou à chaque emplacement marqué à la craie. Utilisez un foret de 35 mm et creusez sur environ 11,5 cm.

Remettez la poutre en place et vissez avec des boulons d'ancrage de 16,5 cm x 16 mm. Serrez les boulons avec une clé jusqu'à ce que la poutre soit solidement fixée contre le mur.

Placez les pattes galvanisées le long de la poutre pour installer les chevrons, puis glissez les chevrons en place et faites-les tenir avec des clous.

❶ Fixez la poutre sur le mur à l'aide de boulons d'ancrage, tous les 45 cm environ. Glissez les boulons dans les trous, poussez et serrez fermement avec une clé.

❷ Posez des pattes de fixation en U pour fixer les chevrons. Faites-les tenir en les clouant sur la poutre.

❸ Glissez l'extrémité des chevrons dans les pattes en forme de U et fixez en place avec des clous galvanisés traversant chaque patte et chaque chevron.

Arches et pergolas

Les arches et les pergolas font partie des infrastructures les plus répandues et les plus appréciées. Les styles sont nombreux et sans limites, allant des constructions les plus rustiques aux plus délicates. Les matériaux permettent toutes sortes de fantaisies, mais restez en accord avec le schéma général du jardin. Arches et pergolas sont quelquefois purement décoratives, relient une partie du jardin à une autre ou forment un lieu de repos ombragé. Mais elles jouent aussi un rôle utilitaire quand elles servent de soutien à une plante grimpante. Les arches et les pergolas encadrent une vue du jardin : en passant dessous, on découvre quelquefois tout un paysage. D'autres fois, elles forment l'entrée du jardin et attirent le regard sur ses premiers éléments. Prenez en compte la vue à partir de l'entrée : qu'elle donne sur l'allée centrale et la porte d'entrée ou sur le jardin tout entier, cette première impression sera décisive. Qu'elle soit en brique, en bois ou en fer, ou même s'il s'agit d'une haie vive, une arche marque toujours un passage.

À GAUCHE Cette arche classique est couverte d'ifs. On peut palisser l'arbre tout autour de la structure et dissimuler le bois.

CI-DESSUS Cette interprétation moderne de l'arche de style gothique est en fer forgé. Bien que d'aspect délicat, elle est solide et supporte les rosiers grimpants.

Les arches

Les arches constituent une façon efficace de créer une entrée et une sortie, et de relier plusieurs zones du jardin. Un coup d'œil suffit quelquefois pour donner envie d'aller à la découverte de ce qui se passe au-delà.

Qu'elles soient en bois ou en métal, simples ou ornementées, les arches ajoutent un charme considérable au jardin. Elles forment non seulement un support décoratif et idéal pour un grand nombre de plantes grimpantes comme les clématites, chèvrefeuilles et rosiers, mais créent des transitions douces entre différentes parties du jardin, entre une pelouse et une terrasse ou un potager, par exemple. Plusieurs arches les unes derrière les autres forment une pergola.

Les arches en bois, en général constituées de poutrelles assemblées à l'aide de clous galvanisés, sont assez faciles à construire.

Si vous êtes indécis quant au choix du style et de la taille de votre arche, faites un dessin. Puis prenez des photos de part et d'autre de son futur emplacement. Dessinez l'arche sur du papier-calque et superposez le calque et les photos pour obtenir une bonne idée du résultat.

Idées d'arches

Construisez une arche en accord avec le style de votre jardin. Il existe en fait des arches pour tous les styles.

- Dans un jardin campagnard, construisez une arche avec un treillage en branches de bois brut dont vous avez conservé l'écorce.
- Dans un jardin plus classique, remplacez les branches par des poutrelles en bois de section carrée.
- Dans un jardin plus élégant, construisez des piliers en brique que vous garnissez de poutrelles en bois séparées par un treillage.
- Pour une arche menant vers un jardin de style oriental, plantez des poteaux en bois reliés par une poutrelle transversale dont les bouts sont coupés en biseau.

CI-DESSUS **Cette arche rustique encadre une jolie vue et prolonge l'espace. Elle invite les promeneurs à la franchir pour explorer le jardin.**

Les arches en plastique et en métal

Les jardineries et grandes surfaces de bricolage proposent une immense variété d'arches préfabriquées en matière plastique et en métal. Les arches en plastique ont un aspect peu naturel et ne sont pas très résistantes. Le métal est plus économique à long terme. Prenez soigneusement les mesures avant de faire vos achats, car un grand nombre d'arches du commerce offrent un passage étroit et inconfortable. Essayez d'imaginer l'allure qu'aura la structure dans votre jardin lorsque, couverte de rosiers, elle aura rétréci en largeur et ne ressemblera en rien à l'arche généreuse dont vous aviez rêvé.

L'habillage de l'arche

Selon son emplacement, laissez votre arche nue ou couvrez-la de plantes grimpantes. Dans les petits jardins où l'espace est compté, les arches permettent de faire pousser quelques plantes supplémentaires. Les rosiers forment un excellent choix, apprécié de tous. Choisissez une variété ayant peu d'épines, comme 'Zéphirine Drouhin'. Les rosiers remontants fleuriront tout l'été, mais en ajoutant une clématite vous aurez des fleurs pendant plusieurs saisons. Plantez les rosiers et les clématites au printemps et attachez-les soigneusement aux poteaux. Maintenez les pousses à l'intérieur de l'arche, disciplinez les plantes pour les empêcher de devenir envahissantes.

Fabrication d'une arche rustique

Il est quelquefois plus économique de fabriquer son arche soi-même plutôt que de l'acheter dans une jardinerie. C'est à la fois plus plaisant et plus gratifiant. Une arche rustique est un modèle simple à construire, prenez néanmoins soin de la consolider. La précision de l'assemblage n'est pas aussi importante que pour une arche en poutrelles équarries. De légères variations d'épaisseur du bois et les maladresses d'assemblage font partie du charme de la structure.

Les chiffres suivants forment une base de départ : la hauteur minimale de l'arche sera de 2,40 m et sa largeur de 1,20 m. Lorsque la conception générale de l'arche vous satisfait, commandez le matériel. Pour les montants verticaux, qui porteront la structure, choisissez du bois d'un diamètre allant de 7,5 à 10 cm. Les piquets en châtaignier sont très jolis, mais d'autres

Assemblages simples pour arches et pergolas

Il existe un certain nombre d'assemblages simples, qui conviennent pour les arches et pergolas. Procédez avec soin et fixez vos assemblages avec de gros clous galvanisés ou des vis.

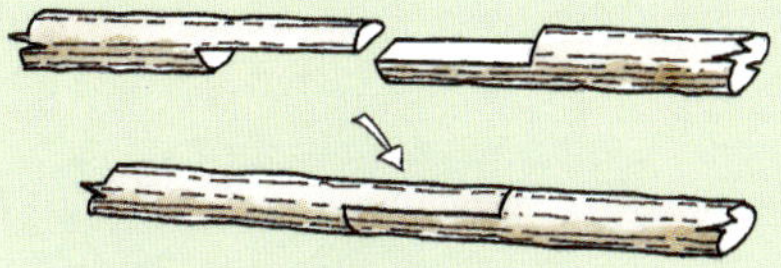

Assemblage à mi-bois

Pour les angles droits, faites un assemblage à tenons et mortaises.

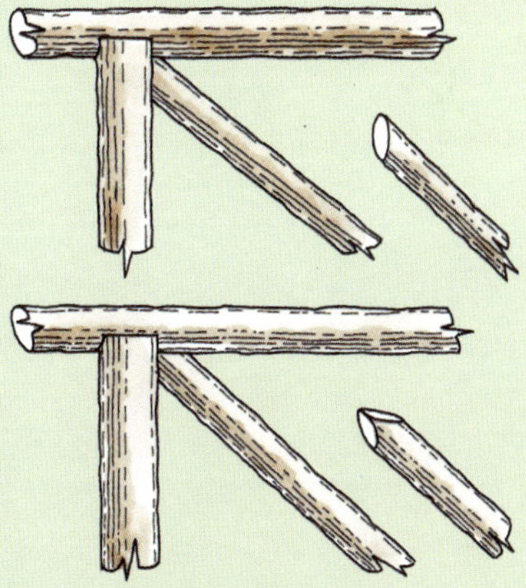

Pour fixer un bout de bois à l'intérieur de l'angle droit, coupez-le à 45°. Vous pouvez aussi le tailler en V et faire une encoche dans laquelle le V s'emboîte.

Pour consolider un angle droit, placez un aisselier en diagonale, qui a également un rôle décoratif.

qualités de bois conviennent également, à condition d'être traitées contre le pourrissement. Laissez reposer les parties enterrées dans une bassine remplie de produit traitant pendant plusieurs jours pour que le bois s'imprègne bien. Les piquets avec écorce, taillés en pointe, seront traités dans leur partie inférieure seulement, car l'écorce empêche l'infiltration du produit dans le bois.

Les pergolas

Les pergolas sont composées d'une série d'arches construites les unes derrière les autres. Qu'elles soient fixées sur la maison, au mur d'enceinte ou autonomes, c'est une façon décorative de fournir de l'ombre le long d'une allée ou sur une terrasse, grâce aux plantes grimpantes qui les garnissent. Elles sont en général en bois, bien que l'on trouve quelquefois des poteaux en brique ou en parpaing surmontés de poutres en bois épaisses.

Comme pour les arches, les types de pergolas sont aussi variés que les styles de jardins. Vous trouverez toujours une pergola correspondant à vos besoins ou à vos désirs. Prenez des photos de l'emplacement où vous construirez la pergola et utilisez du papier-

Une arche rustique

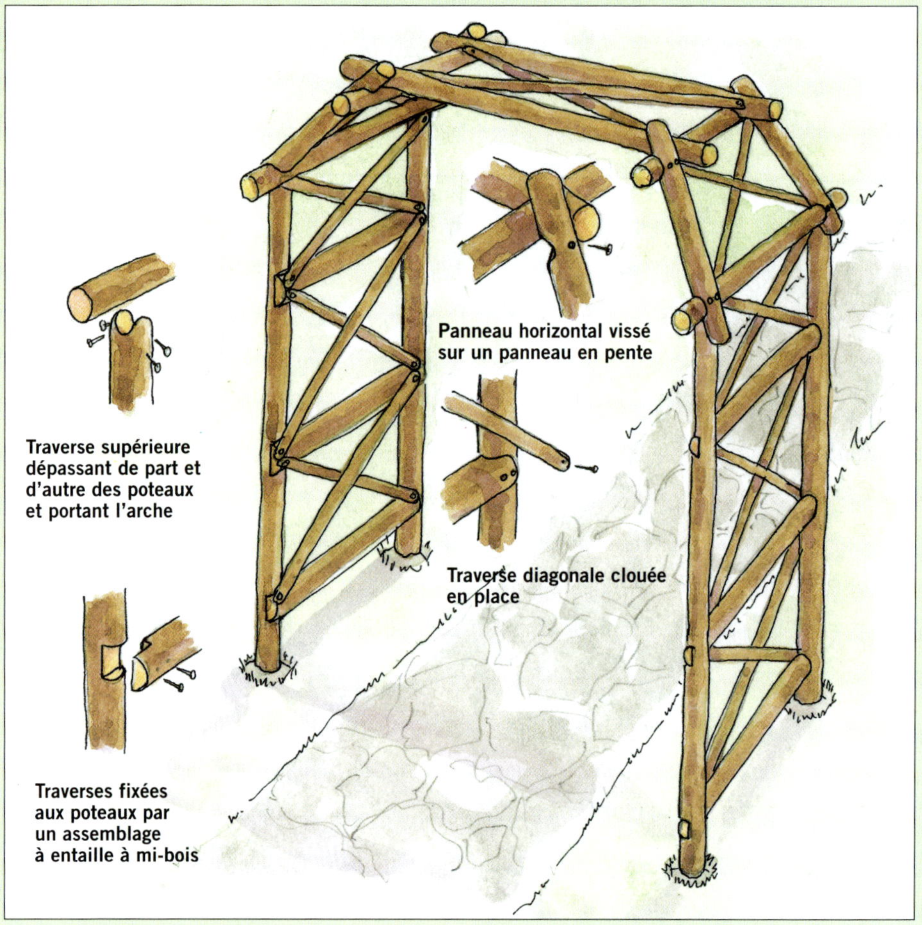

Construction de l'arche

❶ Avant de commencer, posez les panneaux latéraux à plat. Ils sont composés de poteaux ayant 7,5 à 10 cm de diamètre. Les traverses horizontales ont de 5 à 7,5 cm de diamètre.

❷ Fixez les traverses supérieures par des assemblages à entaille à mi-bois. Clouez simplement les traverses diagonales en place, leur rôle étant plus décoratif que structurel.

❸ Assurez la solidité des assemblages en y plantant des clous dont la longueur doit être suffisante pour solidariser les deux parties, sans pour autant dépasser.

calque pour faire des essais d'implantation et de style.

Utilisez le même type de bois pour les pergolas que pour les arches et respectez les dimensions minimales en hauteur et largeur.

La construction d'une pergola étant identique à celle d'une arche, suivez la même procédure. Plantez les arches dans le sol, en introduisant les poteaux dans des semelles en béton. Lorsque le béton a pris, ajoutez des pièces transversales et des aisseliers pour consolider la structure.

Pour palisser les plantes facilement, ajoutez des treillages sur les côtés ou des fils de fer en hauteur. Pour fixer les treillages, clouez-les directement sur les montants ou posez des tasseaux sur les montants sur lesquels vous fixez les treillages avec des clous à tête d'homme. Tendez les fils de fer en les faisant passer dans des pitons ou des trous percés directement dans le bois ; vous pouvez même les agrafer.

À DROITE Le sommet d'une arche n'est pas toujours arrondi ou pointu. Ici, les lignes droites sont adoucies par la cascade de rosiers.

❹ Pour réaliser un assemblage plus net, faites une encoche en V dans le montant et taillez la traverse en pointe. Assemblez à l'aide de clous.

❺ Montez d'abord les côtés et maintenez-les en place par des étais temporaires, pendant que le béton des semelles durcit. Vérifiez toutes les mesures avant de construire le sommet de l'arche.

❻ Fixez le sommet de l'arche sur les montants verticaux ou sur les traverses. Vissez solidement en place.

Pavillons et cabanes dans les arbres

Les formes, styles et tailles des pavillons d'été sont variés. Ils vont de la petite hutte discrète cachée dans le sous-bois au petit bâtiment ornemental en brique. Choisissez un style en harmonie avec le reste du jardin. Comme il s'agit d'une construction relativement peu importante, amusez-vous et donnez libre cours à votre imagination : réalisez un petit cottage, un temple classique ou une cabane en bois.

CI-DESSUS Cette cabane solide est parfaite pour des enfants assez grands pour monter et descendre l'échelle sans danger.

À DROITE Ce ravissant pavillon d'été, au bout d'une allée bordée d'arbustes débordants, invite au calme et à la sérénité.

Les pavillons d'été

Le rôle principal d'un pavillon d'été est d'abriter une aire de repos, un lieu d'où l'on contemplera une vue intéressante ou un espace agréable pour dîner dans un environnement calme. La décoration du pavillon d'été dépendra en grande partie de la fonction qu'on lui aura octroyée. On peut y ranger des meubles, le matériel pour la piscine, etc. Dissimulez les objets indésirables dans des placards, des coffres ou sous le toit, afin de jouir pleinement de l'espace lorsque vous recevrez vos amis ou dînerez en famille. Ou bien transformez-le en atelier ou en bureau, mais vérifiez auprès des autorités locales tous les usages autorisés.

Assurez-vous que la taille et le style de votre pavillon s'harmonisent avec ceux du jardin. Faites des essais sur un plan, en déplaçant le pavillon dans le jardin et en modifiant sa forme et sa taille, jusqu'à trouver forme, taille et emplacement idéals.

L'emplacement idéal

Le choix de l'emplacement est capital pour le jardin tout entier. Dans un petit jardin, un pavillon situé à proximité de la maison aura une présence considérable, mais, caché derrière un groupe d'arbustes, il se fera plus discret. Les pavillons d'été attirent l'attention et les regards. Selon que vous aurez choisi le bout d'une allée ou le côté du jardin, le couvert des buissons ou le découvert d'une pelouse, la même structure aura un impact visuel différent. Alors n'hésitez pas à passer du temps à sa conception et au choix de son emplacement. Un pavillon de bonne qualité est souvent plus séduisant ; si vous lui réservez une situation centrale ou en hauteur, n'hésitez pas à choisir un modèle plus onéreux. Si vous envisagez de le cacher, prenez un modèle meilleur marché.

Faites installer l'électricité pour avoir de la lumière, sinon éclairez avec des bougies ou des lanternes mais toujours avec prudence. Dans un petit jardin où le pavillon d'été forme le seul centre d'intérêt, créez une illusion d'espace en le plaçant derrière des arbustes et des plantes qui le cacheront légèrement à la vue. Suscitez la curiosité et invitez à la découverte.

Les cabanes dans les arbres

Les cabanes perchées dans les arbres amusent les grands enfants, ainsi que la plupart des adultes. La plate-forme construite autour d'un arbre est la première étape de la cabane.

S'il y a dans votre jardin un arbre capable de supporter une telle charge, construisez-y une vraie cabane. Sinon, installez-la à une certaine hauteur au-dessus du sol, sur des pilotis, par exemple. Choisissez un style en harmonie avec votre jardin : les rondins conviennent à un jardin de sous-

bois et les voliges à un jardin équipé d'un plancher de bois. Dans un jardin dédié aux enfants, concevez une cabane en forme de bateau.

Mesures de sécurité

Avant de construire une cabane dans un arbre, prenez connaissance des textes en matière de permis de construire. Tous les effets de style et débordements d'imagination sont permis, à condition de respecter les normes de sécurité. Une cabane dans un arbre nécessite un support solide et un accès sûr. Demandez l'aide d'un professionnel, car le risque encouru est supérieur au plaisir que vous pourriez tirer d'une cabane vaguement bricolée. N'utilisez que des matériaux de première qualité. Les planches trop fines peuvent se casser, blesser un enfant ou entraîner sa chute. Une peinture de bonne qualité forme une meilleure protection contre les intempéries, et les supports solides assurent la sécurité de l'ensemble. Attachez fermement les marches ou l'échelle à l'ensemble de la structure.

Si la construction d'une vraie cabane dans les branches d'un arbre nécessite l'aide d'un professionnel, la plate-forme sur pilotis est une structure plus facile à construire et tout aussi sympathique.

Fabrication d'une plate-forme sur pilotis

1 Marquez l'emplacement des poteaux, puis coulez des semelles en béton en évitant de blesser les racines des arbres. Vous pouvez utiliser des piquets de clôture.

2 Fixez les traverses sur les poteaux à l'aide d'assemblages à entaille à mi-bois. Percez des trous et vissez avec des boulons et des écrous hexagonaux, en intercalant une rondelle.

3 Installez deux rangées de traverses, l'une pour supporter la plate-forme, l'autre pour servir de garde-fou. Placez les traverses face à face et deux par deux à la même hauteur. Vérifiez l'horizontalité avec un niveau à bulle.

4 Ajoutez deux chevrons supplémentaires et fixez-les à l'aide de pattes en forme de U.

5 Fabriquez une plate-forme à l'aide de contreplaqué marine de 2,5 cm d'épaisseur ou de voliges. Vissez-les sur les chevrons à intervalles réguliers. Ajoutez des parois et réalisez une cachette amusante en les décorant. Fixez solidement l'échelle.

Abris et réserves

Au moment de concevoir le schéma d'ensemble du jardin, on a parfois trop tendance à négliger les réserves et les abris. Pourtant votre jardin aura très rapidement l'air négligé et vos outils seront rouillés si vous ne pouvez pas ranger ce qui traîne et protéger les différents accessoires.

L'abri de jardin familier est un élément indispensable, où vous pouvez ranger outils, tondeuse, mobilier de jardin, etc., mais aussi bricoler, peindre, rempoter des plantes et faire les petits travaux d'entretien. Il existe bien sûr plusieurs modèles d'abris, du plus classique au plus moderne, choisissez celui qui se marie au style de votre jardin.

Les coffres

Bien que les abris offrent un lieu de rangement idéal pour tout ce qui concerne le jardinage, les coffres et caisses en bois prennent moins de place et sont souvent de taille suffisante pour contenir les quelques outils dont vous avez besoin. Si elle n'est pas trop encombrante, vous pouvez même y ranger votre tondeuse. Les vieux coffres à charbon sont parfaits. Utilisez d'autres éléments du jardin comme espaces de rangement. Par exemple, si vous prévoyez pour votre coin repas des sièges maçonnés, fabriquez-les de telle sorte qu'ils deviennent des coffres discrets. Exploitez astucieusement l'espace disponible sous un plancher en bois surélevé.

Un abri dissimulé

Si la présence d'un abri vous gêne non pas tant pour l'espace qu'il occupe mais pour l'attention qu'il attire et qui le fait paraître trop grand pour le jardin, trouvez un moyen de le dissimuler. Peignez-le en vert foncé pour qu'il se fonde dans la végétation environnante ou bien couvrez-le de plantes grimpantes pour le faire passer inaperçu.

EN HAUT **Peignez un simple abri de jardin en vert foncé, pour le fondre dans la végétation environnante.**

CI-DESSUS **Cet abri minuscule ne contient que les quelques outils nécessaires mais est idéal pour un petit jardin.**

CI-DESSUS À GAUCHE **Au lieu de le dissimuler, cet abri de jardin met en avant son aspect à la fois rustique et professionnel.**

Les plantes adoucissent les angles de l'abri et en estompent le volume. Ou bien, placez un treillage devant, que vous palisserez de plantes grimpantes pour le cacher à la vue.

Construction d'un abri de jardin préfabriqué

Pour un abri de jardin durable, installez d'abord de solides fondations.

❶ Marquez l'emplacement des fondations, de taille légèrement plus grande que celle de l'abri. Si vous souhaitez une surface en dur devant ou sur le côté de l'abri, englobez-la dans le tracé. Matérialisez avec des piquets et des cordeaux tendus. Vérifiez les dimensions avec un mètre.

❷ Pour couler la semelle de béton sur laquelle reposera l'abri, construisez un cadre en bois (le coffrage) qui contiendra le béton pendant sa prise. Sa hauteur doit être égale à la couche de blocaille, plus celle de sable, plus celle de béton (voir étape 4).

❸ Faites tenir le cadre avec des piquets. Vérifiez les angles droits avec une équerre.

❹ Commencez par une couche de 10 cm de blocaille et tassez bien. Couvrez d'une fine couche de sable (2 cm) pour lier la blocaille. Finissez par le béton : mélangez une part de ciment pour deux parts de sable de construction et trois parts de granulats. Prévoyez une épaisseur de 7,5 cm pour les abris légers et 10 cm pour les abris plus importants.

Pour une petite surface, coulez le béton en une seule fois. Pour les surfaces plus grandes, il vous faudra le couler en deux fois dans des parties séparées par un tirant d'ancrage qui empêche l'ensemble de se fissurer. On utilise pour cela une pièce en bois dur placée à mi-chemin entre les deux extrémités du coffrage. On pose contre le tirant d'ancrage un morceau de bois tendre de 2,5 cm d'épaisseur, que l'on fait tenir à l'aide de piquets. On coule le béton dans la première partie, en débordant d'environ 2,5 cm dans la seconde. On enlève le morceau de bois tendre et les piquets, mais on laisse la pièce de bois dur en place. On coule le béton dans la seconde partie, en poussée contre le tirant.

La plupart des abris sont faciles à assembler, mais il faut en général l'aide d'une autre personne car poutres et poutrelles sont difficiles à manipuler. Suivez soigneusement les instructions du fabricant. Vérifiez que les angles correspondent bien pour éviter les infiltrations d'eau. Si le toit est doublé de feutre, assurez-vous qu'aucun interstice ne permet à l'eau de pénétrer et de le faire pourrir. Lorsque l'abri est monté, appliquez une couche de créosote ou de produit traitant supplémentaire ou une lasure – que l'on trouve dans toute une gamme de coloris.

Les changements d'usage

Lorsque les enfants sont petits, le jardin leur appartient et sa conception dépend de leurs activités. Mais lorsqu'ils ont grandi et abandonné la cabane qui leur servait de refuge, vous pouvez la récupérer pour en faire un abri ou une réserve. C'est pourquoi, anticipez et pensez à long terme au moment de faire l'acquisition de votre cabane.

Les abris discrets

Dans un petit jardin, construisez un abri contre le mur ou contre la clôture si elle est suffisamment solide. (S'il s'agit de la clôture de votre voisin, demandez-lui l'autorisation.) Ce type d'abris est en général suffisamment grand pour contenir la tondeuse et quelques outils indispensables, mais il reste discret. Construisez un cadre en poutrelles de bois de 7,5 sur 5 cm de section. Habillez les parois et la porte de planches taillées en biseau ou achetez des panneaux de clôture et coupez-les à la bonne taille. Entourez la porte d'un cadre de bois de 5 sur 2,5 cm de section pour la consolider. Terminez par un simple toit en pente en contreplaqué marine couvert d'un feutre bitumé. Remplissez tous les interstices entre le toit et les murs de mastic afin d'empêcher la pluie de pénétrer à l'intérieur de l'abri. Entourez l'abri de buissons pour le dissimuler à la vue.

Choix d'un abri

Les abris servent non seulement à ranger le matériel et les outils, mais aussi à bricoler, faire des petits travaux, entreposer provisoirement des objets encombrants ou des bacs de semis en attendant de planter les jeunes pousses.

Ils sont en bois dur ou tendre, en métal ou en béton. Tous les matériaux ont leurs avantages et leurs inconvénients, mais le plus utilisé, surtout en raison de son prix, est le bois tendre traité contre le pourrissement. Avant d'acheter un abri, faites-vous montrer le modèle tel qu'il se présentera une fois assemblé. Assurez-vous qu'il est solide, que sa taille est adaptée à vos besoins et qu'il ne présente aucun danger.

Choisissez son emplacement avec soin car il sera relativement définitif. Vérifiez qu'il soit facilement accessible sans pour autant occuper une position centrale. Si vous souhaitez le dissimuler, installez des plantes grimpantes ou des arbustes. Palissez des plantes sur l'abri lui-même.

Les rangements

Le rangement est un problème important, surtout si l'espace est limité et que votre souhait est de donner la préférence au jardin. En utilisant des solutions à la fois pratiques et décoratives, vous pouvez résoudre plusieurs problèmes à la fois.

Achetez des bancs dont la base forme un coffre ou des caisses en bois qui sont conçues à cet effet. Vous pourrez les traiter avec une lasure imitant le bois ou les peindre de la couleur de votre choix.

Si l'exiguïté de votre jardin n'autorise aucune forme d'abri, installez une petite cabane. Il en existe de toutes les formes et de toutes les tailles, et on peut les appuyer contre un mur. Elles prennent moins de place qu'un abri, mais permettent aussi de ranger moins d'outils. Évaluez vos besoins avant d'opter pour ce type de rangements. Vous pouvez aussi installer un appentis si vous n'avez la place ni pour un abri ni pour une cabane. Fabriquez-le vous-même si vous vous en sentez capable et avez suffisamment d'imagination ou demandez un devis à un menuisier, et faites-le faire sur mesure. Ainsi il sera parfaitement adapté à vos besoins et ne vous aura certainement pas ruiné. Les vieilles caisses à charbon conviennent également, mais vous pouvez créer un rangement original avec un tonneau, ou en aménageant une niche dans un mur. Les coffres forment aussi de bons rangements, mais ils ne permettent pas de ranger les outils à longs manches.

Vous pouvez aussi utiliser des boîtes en plastique avec couvercles du type de celles qui servent à ranger les jouets des enfants.

CI-DESSUS De simples tasseaux avec des clous permettent de ranger facilement et efficacement les gros outils comme les bêches, fourches et binettes.

Entretien des abris

Un abri de bonne qualité est cher, alors ne le négligez pas en le laissant pourrir dans un coin du jardin. Les abris et toutes les autres structures nécessitent un entretien régulier, qui prolongera leur vie de plusieurs années.

Protection contre les intempéries

Appliquez tous les deux ans un produit de bonne qualité sur les parties en bois pour les protéger contre le pourrissement. Pour cela, choisissez une journée ensoleillée et lavez d'abord l'abri de fond en comble.

Réparation des poutres endommagées

Surveillez tout signe de pourrissement. L'apparition de taches noires et un certain ramollissement du bois sont des indices évidents de pourrissement. Supprimez les petites parties endommagées et, après avoir traité la zone avoisinante, remplissez d'un durcisseur spécial pour le bois. Pour les plus gros dégâts, sciez la partie endommagée et remplacez-la par du bois neuf. Traitez immédiatement.

Réparation du toit

Vérifiez régulièrement l'état du toit et surveillez les parties faibles et les fuites éventuelles. Appliquez tous les ans une couche de peinture au bitume sur un toit en feutre. Dès que des fuites apparaissent, faites des réparations ou remplacez le toit. Ne changez la toiture vous-même que si vous êtes bon bricoleur ou si vous avez acheté une toiture prête à monter. Les petites réparations sont plus faciles. Commencez par enlever les parties de feutre endommagées ainsi que les clous qui les retiennent. Coupez un morceau de feutre neuf (il ne doit pas être froid pour ne pas se briser). Faites chevaucher la nouvelle pièce de 10 à 12,5 cm au-dessus de l'ancien feutre et prévoyez 2,5 cm pour retourner les bords. Faites tenir avec des clous galvanisés tous les 11,5 cm.

Les gouttières

Les gouttières modernes en plastique sont peu chères, et il est en général plus facile de remplacer complètement les parties endommagées plutôt que de les réparer. Vérifiez les gouttières à la fin de chaque été.

Superposées, l'ouverture vers l'avant, elles forment des étagères profondes très efficaces. On peut y ranger le petit matériel comme les truelles, les rouleaux d'adhésif, les ficelles, les paquets de graines, etc. Elles sont imperméables, et le choix des couleurs est vaste. En coupant des tuyaux en plastique en deux, vous pouvez confectionner d'intéressantes étagères creuses.

Fabriquez une sorte de coffrage en bois, posez-le dans l'angle de deux murs. Vous y glisserez vos binette, fourche, bêche, etc. Vous pouvez imaginer des rangements originaux qu'il ne sera pas nécessaire de cacher et qui deviendront des éléments décoratifs.

Les étagères offrent un grand nombre de possibilités. Si l'intérieur est trop exigu, posez des étagères sur les parois extérieures des abris et des cabanes. En les peignant d'une couleur assortie ou contrastée, vous ferez revivre un vieux mur.

Ne vous limitez pas aux formes traditionnelles, créez des motifs en organisant les étagères de différentes façons ; posez-en à angles droits ou en arrondi, alliez l'utile à l'agréable.

Une série d'étagères disposées en angle droit et couvertes de pots de fleurs égayent un coin un peu terne. Placez les rangements derrière un treillage. Mettez à profit les étagères ainsi que les objets que vous y placez pour en faire des éléments décoratifs. Laissez aller votre imagination. Ne perdez pourtant pas de vue que les objets placés sur les étagères sont soumis aux intempéries.

Les crochets et patères offrent d'autres possibilités. On peut les fixer sur tous les supports – murs, clôtures et même troncs d'arbres. Le choix de modèles est important, achetez-les dans les grandes surfaces et les magasins de bricolage. Les crochets de grande taille permettent de ranger les tuyaux d'arrosage.

Choisissez les crochets pour les paniers suspendus dans le style de votre jardin. Les crochets dorés conviennent aux jardins classiques et les crochets noirs ou blancs conviennent aux jardins minimalistes. Achetez des crochets décoratifs, de couleur ou en forme de fleur, ou peignez-les vous-même.

Construction d'un banc de rangement

Les bancs contenant un espace de rangement sont pratiques et utiles, surtout si vous manquez d'espace. Ils trouvent leur place sur les balcons et toitures en terrasses. On peut y ranger tout ce qui ne craint ni le froid ni l'humidité, comme les sacs de terreau, les objets en matière plastique – tout ce qui encombre et ne trouve pas de place ailleurs. De plus, ils ont l'avantage de former des sièges confortables.

Inutile de construire un banc énorme, mais plus il sera grand, plus vous pourrez y conserver de choses. Sa taille dépendra essentiellement de ce que vous voulez y ranger. Il sera solide car il faudra pouvoir s'y asseoir à plusieurs. Installez des charnières de bonne qualité qui résisteront aux nombreuses manipulations. Il existe dans le commerce des bancs avec des couvercles articulés. Ils sont en général destinés à l'intérieur de la maison, mais, en les traitant efficacement, vous pourrez les installer à l'extérieur. Si vous voulez un banc d'une taille précise, fabriquez-le vous-même.

Achetez des planches de 5 cm d'épaisseur au moins. Prenez les mesures de l'emplacement et calculez la quantité de bois qui vous sera nécessaire. Le fond sera plus épais que le reste. Le couvercle devra dépasser d'environ 1 cm à l'avant et sur les côtés. Traitez soigneusement le bois, sans quoi la vie de votre banc sera de courte durée.

Assemblez les pièces avec soin. Les extrémités, les parois et le fond doivent être parfaitement jointifs afin d'empêcher toute pénétration d'humidité.

Assemblez les pièces avec des équerres, des tasseaux ou des chevilles.

Essayez de surélever légèrement le coffre. Dans ce cas, consolidez les côtés en fixant des cornières dans les espaces vides. Ainsi le coffre ne sera pas en contact direct avec le sol.

Après avoir assemblé les différentes pièces, posez le banc sur son emplacement définitif. Fixez le couvercle avec des charnières simples ou à piano (de la longueur du coffre, coupées sur mesure).

Fixez deux chaînes entre le couvercle et le corps du coffre, pour que le couvercle ne tombe pas en arrière quand vous l'ouvrez.

Lorsque le banc est terminé, peignez-le de la couleur de votre choix, ou laissez-le dans sa teinte naturelle.

Confectionnez de gros coussins amovibles pour rendre le banc plus confortable, tout en conservant un accès facile au couvercle.

Vous pouvez aussi utiliser l'espace vide sous un banc ordinaire pour aménager un rangement. Posez des planches sur les côtés et le fond, puis fixez à l'avant une porte basculante équipée d'un loquet pour l'empêcher de tomber par inadvertance.

CI-DESSOUS Ces étagères posées sur un mur forment un excellent rangement pour les petits objets, comme les pots, sans pour autant occuper beaucoup d'espace.

Un rangement pour la poubelle

❶ Construisez trois murs en brique et un toit en dalle. Montez une assise de briques autour des dalles pour créer une plate-bande.

❷ Vissez des tasseaux de part et d'autre de l'ouverture et fixez des portes en treillage.

❸ Lorsqu'elles sont fermées, les portes cachent la poubelle, et les plantes donnent un charme à la structure.

Serres

La plupart des jardiniers rêvent de posséder une serre dans laquelle faire pousser toutes sortes de plantes. Mais les serres sont chères et prennent de la place. En règle générale, on conseille même aux acheteurs, après avoir évalué leurs besoins et pris les mesures, de faire l'acquisition d'une serre deux fois plus grande, car on finit toujours par trouver sa serre trop petite et par regretter de ne pas pouvoir l'utiliser davantage. Bien que ne possédant pas le prestige d'une serre, un châssis aura exactement le même usage, sauf lorsqu'il s'agit d'abriter le jardinier par temps de pluie ! Un châssis prend moins de place et est bien plus facile à construire qu'une serre.

CI-DESSUS Construisez la serre à proximité de la maison pour qu'en hiver elle profite de la chaleur emmagasinée dans les murs.

À GAUCHE Cette serre classique en bois est un lieu d'activité important dans un jardin en constante évolution. Le sol a été bétonné pour faciliter son utilisation par temps humide.

L'emplacement

L'emplacement d'une serre est important. Ne la mettez pas sous un arbre ni à proximité de bâtiments qui projetteraient leur ombre dessus. Évitez les endroits venteux et trop exposés aux intempéries ou trop frais. Construisez-la dans un lieu accessible, près d'une arrivée d'eau et d'une source d'électricité.

Si vous comptez faire l'acquisition d'une serre, prenez en compte certains aspects pratiques. Il faut de l'ombre par temps chaud, car même les plantes qui aiment le soleil souffrent du fort degré d'humidité qui peut régner dans une serre. Prévoyez une protection : peinture à la chaux, volets ou stores. Si vous préférez un côté au soleil et un côté à l'ombre, orientez l'entrée à l'est. Si, en revanche, vous préférez le plein soleil, orientez l'entrée au nord ou au sud.

Le chauffage dépendra des conditions que vous voulez entretenir : chaleur ou température modérée. Mais il est en général indispensable, ne serait-ce que pour tenir au chaud les graines en train de germer. Les systèmes de chauffage à la paraffine ou autres combustibles conviennent aux petites surfaces, mais ils nécessitent une surveillance constante. Les systèmes à thermostat sont très pratiques, mais ils consomment énormément d'énergie et alourdissent la facture. Les serres adossées à la maison profitent de la chaleur et de la protection des murs et sont donc plus faciles à chauffer.

Les différents modèles

Une serre doit permettre des types de plantations très différents pour être efficace. Une serre de 3 m sur 2,40 m est suffisamment spacieuse pour faire germer des graines, faire mûrir des fruits et abriter les plantes fragiles en hiver. Avant d'en faire l'acquisition, évaluez exactement vos besoins et estimez sa taille en conséquence. Mais cela dépendra aussi de vos moyens et des dimensions de votre jardin. Une serre de 2,40 sur 2 m convient bien à un petit jardin de ville. Plus grande, elle écraserait l'espace.

Avant de la construire, réfléchissez aux fondations qui seront nécessaires. Visitez des jardins et des jardineries avant de vous fixer sur un modèle. Vous en trouverez un grand nombre

Modèles de serres

Il existe de nombreux modèles de serres, tant autonomes qu'adossées contre un mur. Ces serres sont en bois, en métal ou en PVC. Le bois est plus séduisant que le métal, il est plus chaud, plus facile à réparer et on y fixe aisément des étagères. Mais le matériau est lourd et une serre en métal ou en aluminium sera comparativement plus facile et plus légère à monter. Comme les serres en métal sont plus résistantes que celles en bois, on peut aménager des verrières plus grandes, et augmenter la quantité de lumière.

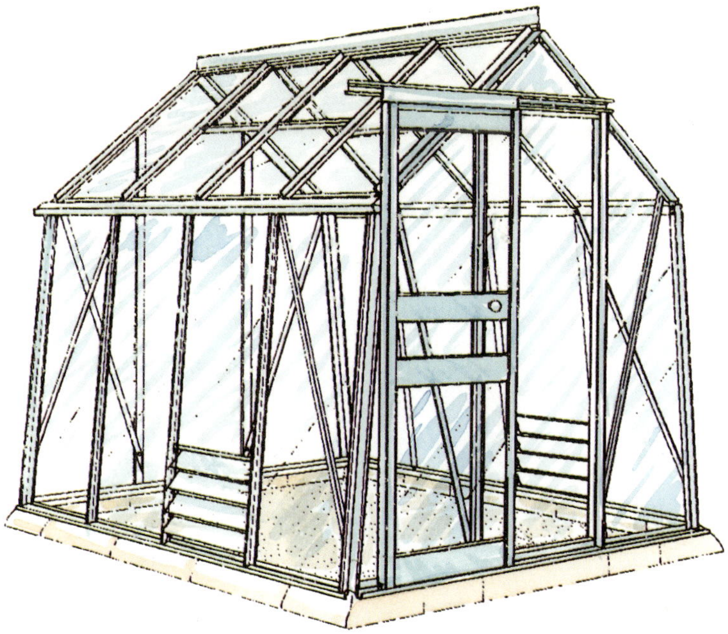

Cette serre de style classique est équipée d'un système de déflecteurs permettant une ventilation latérale.

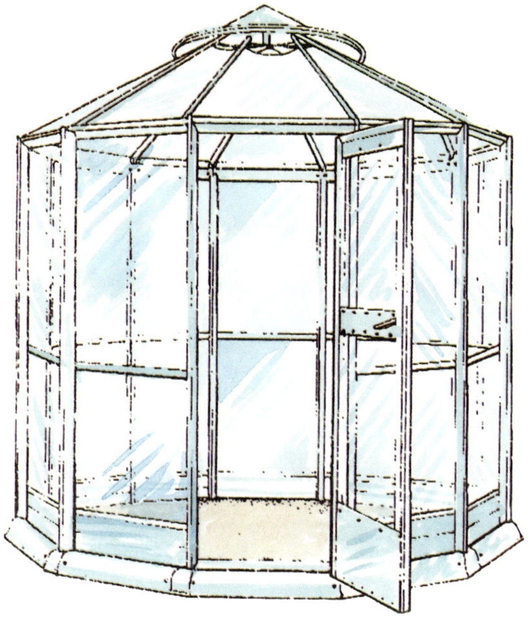

Ce modèle circulaire est efficace car les plantes reçoivent de la lumière de tous les côtés.

Ce type de serre est adossé contre un mur de la maison.

dans le commerce. Le choix est large : modèles légers en bois, à toit en double pente ou à une pente, adossés au mur de la maison, à toit brisé… Harmonisez-la avec le style du jardin.

La ventilation

La ventilation joue un rôle essentiel. Vous pouvez incorporer des systèmes d'aération et de ventilation dans la conception d'ensemble de la serre. On les contrôle grâce à un programmateur ou à une minuterie, qui se déclenchent dès que la température l'exige. Les serres doivent être correctement ventilées, même en hiver, pour éviter les problèmes d'humidité et la prolifération de moisissures et de maladies fongiques.

L'eau

Le problème de l'arrosage mérite une attention toute particulière. À moins de préférer transporter des arrosoirs remplis d'eau à bout de bras, pensez à un système d'irrigation. Automatiques, de goutte à goutte ou par aspersion : tous conviennent. Évaluez le coût de l'opération et son efficacité par rapport à vos plantations. Pensez aux branchements d'eau et d'électricité au moment de la conception et demandez toujours l'aide d'un professionnel afin de respecter les mesures de sécurité et d'éviter les accidents.

Installation d'un chauffage

La température qui règne à l'intérieur d'une serre est cruciale. Un chauffage peut se révéler indispensable en hiver. Si la serre est grande, n'en chauffez qu'une partie, cela vous permettra de faire des économies d'argent et d'énergie. Accrochez des feuilles de plastique sur des fils de fer à une certaine hauteur du sol et créez des écrans thermiques qui emprisonnent la chaleur. Vous pouvez les installer le jour ou la nuit, selon les besoins. Suspendez des écrans verticaux pour diviser la serre en zones plus petites et plus faciles à chauffer.

Achetez un thermomètre, vous surveillerez ainsi la température et éviterez de surchauffer inutilement. Isolez la serre avec des feuilles de plastique à bulles ou bien faites installer un double vitrage, qui vous permettra de réaliser des économies substantielles.

Le choix du système de chauffage est important. Vous pouvez opter pour un chauffage électrique, au gaz ou à la paraffine. Si vous disposez d'une prise électrique ou d'une arrivée de gaz, le choix est simple. Dans le cas contraire, examinez tous les systèmes existants, leur prix, celui de leur installation et de leur entretien.

Un chauffage individuel doit être posé sur une surface plane, en dur, loin de tout objet inflammable et de préférence au milieu de l'espace à chauffer, pour une meilleure

Remplacement d'un vitrage

À la suite d'un accident, il peut arriver qu'un carreau soit cassé et qu'il faille le remplacer.

❶ Enfilez des gants et enlevez soigneusement les parcloses de la vitre cassée. Vous les remettrez ultérieurement.

❷ Enlevez délicatement les morceaux de carreau cassé. Si les bandes formant le joint sont endommagées, enlevez-les, coupez de nouvelles bandes à la longueur désirée et introduisez-les en appuyant dans les feuillures formant le cadre du vitrage.

❸ Posez délicatement le nouveau vitrage en place. Il doit loger parfaitement dans le cadre avec un espace de 2 mm tout autour, afin de faciliter la pose des parcloses. Un panneau très haut doit chevaucher celui qui se trouve en dessous d'environ 1 cm.

❹ Assemblez le panneau et celui se trouvant en dessous à l'aide de clips de fixation. Exercez une pression douce mais ferme jusqu'à ce que les panneaux soient solidaires.

Dans les serres anciennes, les vitres sont en général fixées avec du mastic. Enlevez délicatement le mastic pour obtenir une surface propre et nette. Traitez le bois endommagé ou trop vieux. Lorsque le produit est sec, posez le vitrage neuf en place, faites tenir avec des pointes fines et remettez du mastic.

CI-DESSUS Les radiateurs à thermostat forment une excellente solution si on ne peut pas exercer une surveillance constante, mais ils sont chers.

À GAUCHE Cette serre très moderne possède des étagères intégrées suffisamment écartées pour faire pousser des salades en pots.

répartition de la chaleur et loin de la porte pour éviter les courants d'air.

Pour les radiateurs électriques, faites passer les fils dans des câbles aériens ou souterrains pour les amener de la source principale à la serre. Utilisez du câble spécial et isolez tous les éléments contre l'humidité. Pour le gaz, branchez-vous sur le gaz de ville ou achetez des bouteilles. Dans les deux cas, faites appel à des spécialistes pour l'installation et la mise en route.

Les appareils électriques sont, en général, équipés d'un thermostat qui permet de contrôler la température et de ne pas gaspiller l'énergie ; de plus, ils demandent un minimum d'entretien. Il n'y a aucun risque de fumée ou de dégagement de vapeur. Il existe plusieurs modèles de chauffages électriques. Les radiateurs soufflants sont efficaces et servent également de ventilateurs en été. Ils permettent à l'air de circuler, ce qui évite l'apparition d'un certain nombre de maladies. On peut fixer des radiateurs cylindriques, très efficaces, isolés contre l'humidité, le long des parois, à environ 30 cm du sol.

Les systèmes de chauffage au gaz sont moins pratiques, et il faudra réaliser des aménagements avant de les installer. Vous devez les vérifier régulièrement et changer la bouteille le cas échéant. Pour plus de sécurité, ayez toujours une bouteille en réserve et une valve à changement automatique pour en faciliter le remplacement.

Si vous utilisez du gaz propane, installez un système de ventilation, car le chauffage produit de la vapeur d'eau et de la fumée.

Les radiateurs à paraffine sont appréciés car ils sont bon marché et se déplacent facilement. Ils reviennent néanmoins cher à l'usage et sont peu efficaces. Le stockage du combustible n'est pas simple et le niveau de paraffine, la flamme et la mèche doivent être vérifiés quotidiennement.

L'installation d'un chauffage dans une serre est un avantage considérable, mais il exige une planification sérieuse.

Entretien de la serre

- Surveillez l'état de la serre pour éviter qu'un problème minime ne devienne majeur.
- Nettoyez les vitres à l'eau ou avec un produit approprié. Passez entre les panneaux avec un petit couteau à mastic pour enlever les débris de terre et de feuille, puis donnez un coup de jet.
- Remplacez aussitôt les vitrages cassés.
- Vérifiez et remplacez les charnières rouillées.
- Veillez à ce que les étagères et rangements restent en bon état.
- Traitez les parties en bois et remplacez celles qui pourrissent.
- Vérifiez les isolations des ventilateurs et leur mécanisme.
- Nettoyez les gouttières de tous les débris, surtout en automne.
- Surveillez les plantes régulièrement pour éviter l'apparition de maladies qui se répandent rapidement dans l'atmosphère chaude et confinée d'une serre.
- Ratissez régulièrement le gravier et enlevez les mauvaises herbes.
- En automne, nettoyez la peinture à la chaux avec un chiffon doux.
- Par une journée d'automne douce et aérée, sortez toutes les plantes et désinfectez toutes les surfaces intérieures de la serre. Rentrez les plantes et utilisez un fumigateur pour détruire les insectes.
- Consacrez régulièrement cinq minutes à l'inspection de la serre. À l'extérieur, vérifiez les portes, vitrages, ventilateurs, etc. À l'intérieur, surveillez les fuites du système d'arrosage, la santé des plantes et le bon état des parois, des écrans thermiques, de l'isolation et des étagères et rangements. Ces vérifications prennent peu de temps, mais elles sont vitales.

CI-DESSUS **Traitez les charnières avec un lubrifiant. Vérifiez le bon état de la porte et du système de fermeture.**

CI-DESSUS **Nettoyez les vitres au printemps et en automne pour faire entrer la lumière.**

CI-DESSUS **Nettoyez les étagères avec une brosse dure pour enlever les débris de terre, toiles d'araignée et feuilles.**

CI-DESSUS **Lubrifiez les charnières des fenêtres, surtout si elles sont placées dans des recoins.**

Châssis et cloches

Les châssis froids et les cloches permettent de protéger les plantes en hiver et d'acclimater les jeunes plants aux conditions extérieures avant de les repiquer. Les cloches, transportables d'un endroit à un autre, servent essentiellement à protéger les plantes fragiles du potager ou celles qui poussent au niveau du sol. Les châssis préservent les jeunes plants du froid en hiver et tous les semis de façon générale.

Les châssis les plus courants sont en métal, avec des parois et des couvercles en verre. Ils existent également en bois et verre et en briques maçonnées et verre. Certains couvercles sont équipés de charnières, de façon à pouvoir les ouvrir graduellement et ainsi endurcir les plantes petit à petit. Ces modèles sont très pratiques car ils protègent les plantes de la pluie, mais ils ont tendance à se refermer en claquant par grand vent.

Modèles de châssis et de cloches

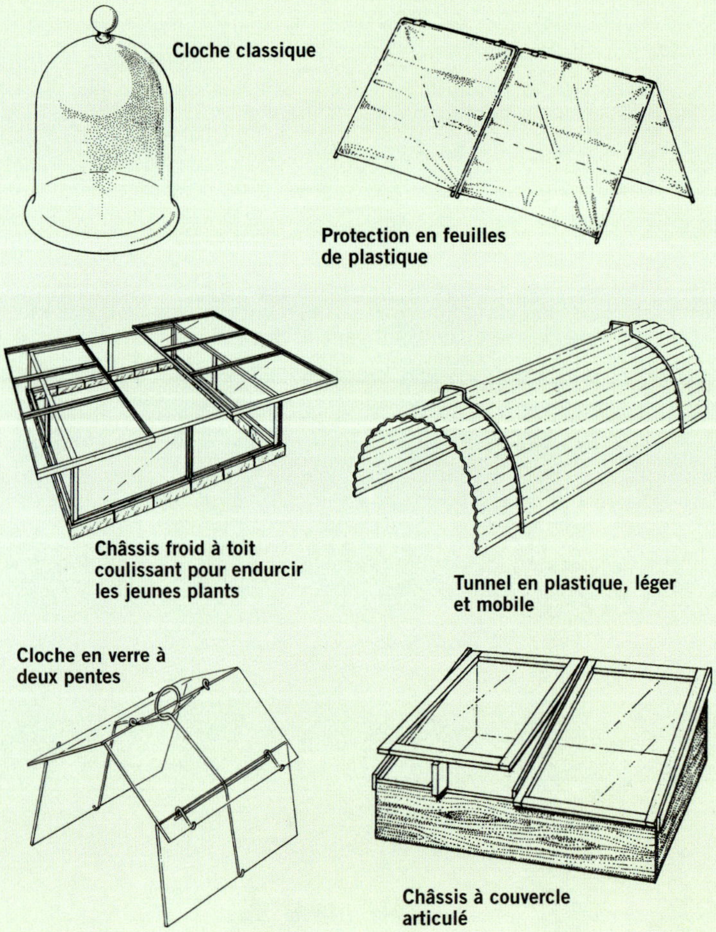

Fabrication d'un tunnel mobile

Ce tunnel, en fil de fer solide et film plastique, est facile à construire et extrêmement économique. Choisissez un film en polyéthylène à la fois résistant et suffisamment translucide pour laisser passer la lumière.

Coupez le film à la bonne taille. Pour calculer la longueur du plastique, mesurez la longueur de la zone que vous voulez couvrir et ajoutez 3 m pour donner de l'ampleur aux extrémités. Mesurez la hauteur du tunnel et multipliez-la par trois pour obtenir la largeur du film plastique nécessaire.

1 Coupez les fils de fer à la bonne longueur et formez des anneaux à chaque bout.

2 Faites passer deux longueurs de fil de fer dans les anneaux de part et d'autre. Vous obtenez la structure du tunnel.

3 Posez le polyéthylène sur la structure et ancrez-la avec des piquets en fil de fer. Faites tenir le plastique avec des ficelles.

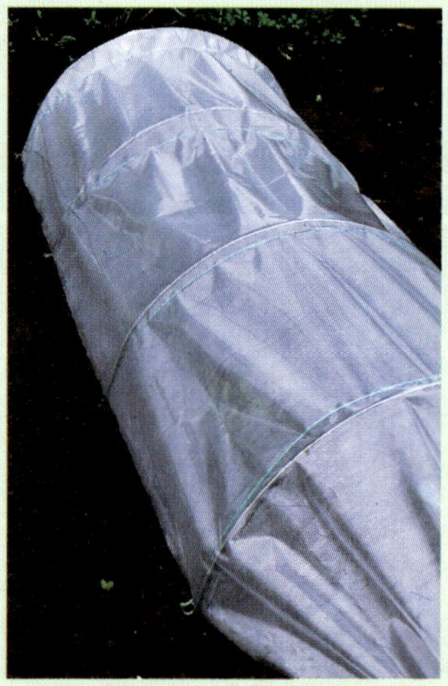

4 Resserrez le polyéthylène aux deux extrémités. S'il fait trop chaud, vous pourrez ouvrir d'un côté ou de part et d'autre.

Bacs à compost

Le compost est un amendement organique qui permet de conserver un sol riche et en bonne santé. On en remplit les trous de plantation, les sillons creusés par la bêche, et il sert d'amendement pour tout le jardin. Il enrichit tous les types de sol : les sols secs et sablonneux retiennent mieux l'eau, et les sols argileux se trouvent allégés par l'addition de matières organiques. La nature du compost attire les organismes vivants, qui jouent un rôle important dans l'amélioration de la structure du sol. Ils participent à la décomposition des matières organiques en les métabolisant et en les transformant en nutriments que les plantes absorbent aisément.

L'achat de compost est coûteux, de plus il faut l'emballer et le transporter. On comprend donc aisément pourquoi il est rentable de créer son propre compost, qui sera de bonne qualité et toujours disponible. Le bac à compost idéal est formé de deux compartiments mesurant chacun 1 m^3 au minimum. Le premier contiendra le compost que vous utilisez couramment, le second des déchets domestiques et organiques en décomposition, pour le futur compost. Vous pouvez acheter un bac à compost préfabriqué, mais en le construisant vous-même vous en adapterez la taille à vos besoins. Les compartiments doivent mesurer 1 m^3 chacun afin d'assurer une température suffisamment élevée pour la décomposition des matières.

Commencez par y jeter les déchets du jardin et de la cuisine (jamais de viande ni de plats cuisinés, qui attirent les animaux nuisibles). Pour accélérer le processus de décomposition, faites un apport d'azote sous forme d'engrais liquide tous les 15 cm de compost environ.

En retournant le compost régulièrement avec une fourche, vous introduisez de l'air et des organismes aérobies qui accélèrent le processus (les micro-organismes anaérobies ne sont pas souhaitables et provoquent une odeur de décomposition désagréable). Le compost est prêt en trois à quatre mois. Sa consistance doit être souple, sa couleur sombre et son odeur agréable. Ne placez pas le bac dans un emplacement manquant de ventilation et ne le couvrez pas d'un film de polyéthylène étanche qui empêche l'air de pénétrer.

Lorsqu'un compartiment est plein, utilisez le compost qu'il contient et commencez à remplir le second compartiment. Lorsque les deux bacs sont vides, laissez-les reposer pendant un certain temps avant de les réutiliser, cela afin d'éliminer tout organisme anaérobie. Lorsque le système est en place, il vous fournit régulièrement un amendement économique, de bonne qualité et facile à utiliser.

Fabrication d'un bac à compost

1 Matérialisez l'emplacement du bac à compost. Il est inutile de construire des fondations, car le bac sera placé à même le sol pour laisser passer les vers de terre, qui participent à la décomposition. Marquez les emplacements de six piquets de 1,50 m dessinant deux carrés. Enfoncez les piquets d'un tiers de leur hauteur. Ils doivent être solides. Vérifiez l'horizontalité avec une planche et un niveau à bulle.

2 Consolidez provisoirement à l'aide de bâtons placés sur les côtés et le fond. Clouez les planches en place. Commencez par les planches supérieures, que vous coupez d'abord à la bonne longueur et clouez. Puis clouez une première planche sur toute la longueur du fond. Vérifiez que tous les angles sont droits et que le panneau du milieu est bien positionné. Finissez de clouer des planches sur le fond.

3 Fabriquez des coulisses pour les planches des panneaux frontaux. Clouez des baguettes de 25 sur 25 mm de section sur les trois poteaux formant le devant du bac. Coupez les planches pour qu'elles glissent entre les baguettes. Mettez-les en place. Clouez des petits blocs de bois de la même largeur que les planches entre chacune d'elles. Traitez le bois. Fabriquez un couvercle ou couvrez avec des sacs et ajoutez des briques pour donner du poids.

Réalisation d'un cadran solaire

Le premier cadran solaire connu fut découvert en Égypte, il y a environ 5 000 ans. Avant l'invention des horloges mécaniques, les clepsydres et les cadrans solaires constituaient les seuls moyens de connaître l'heure. Bien qu'en Europe un grand nombre d'églises portent des cadrans solaires sur leurs murs, la nécessité de savoir l'heure n'avait pas l'importance qu'elle a aujourd'hui. Le lever et le coucher du soleil définissaient le cours des journées, qui s'écoulaient au rythme des travaux agricoles.

Le cadran solaire que nous proposons est en ardoise, mais vous pouvez utiliser d'autres matériaux. Lorsqu'il sera en place, le cadran solaire ne bougera plus, son poids n'a donc que peu d'importance. Bien qu'on trouve dans le commerce des cadrans solaires très simples, ils ne conviendront à votre jardin que s'ils sont fabriqués dans votre région. L'heure indiquée sur votre cadran solaire (heure locale) diffère de l'heure du fuseau horaire selon que le cadran se trouve à l'est ou à l'ouest du méridien de référence. Dans un lieu localisé à 10° à l'ouest de Greenwich, par exemple, il sera midi quarante minutes après Greenwich. Pour faire votre cadran, quelques calculs sont indispensables.

À DROITE Ce cadran solaire très simple a trouvé une place de choix au milieu de cette profusion de fleurs blanches.

Fournitures et matériel

- **Du papier-calque**
- **Une plaque d'ardoise de 50 x 50 cm et de 25 mm d'épaisseur**
- **Une ardoise en forme de triangle rectangle de 18 mm d'épaisseur et dont la base mesure 35 cm (le gnomon ou hauteur du triangle dépen de l'emplacement du cadran solaire)**
- **Un adhésif spécial extérieur pour la pierre**
- **Des chiffres romains (facultatif) en métal allant de I à XII avec deux V**
- **De la colle à carrelage**
- **Un crayon et du papier**
- **Une règle**
- **Un compas**
- **Un rapporteur**
- **Du papier carbone**
- **Du ruban adhésif**
- **Une meuleuse**
- **Un disque fin à couper la pierre**
- **Des lunettes protectrices et un masque**
- **Une limande**

Calculs

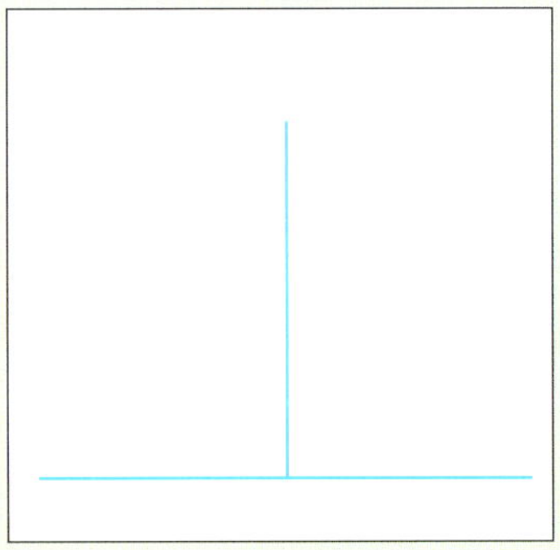

❶ Tracez une ligne horizontale au bas de la page. En son milieu, tracez une ligne verticale perpendiculaire. Marquez les points **A** et **B.** Plus votre feuille de papier sera grande, plus le tracé des angles sera précis et plus votre cadran solaire sera exact.

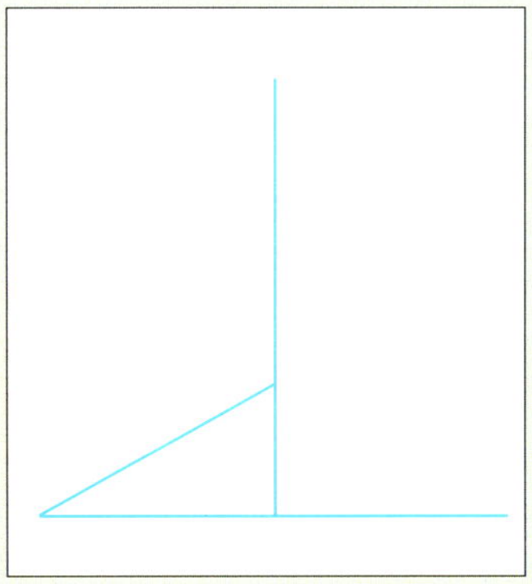

❷ Tracez une ligne à partir de **A.** L'angle formé est égal à la latitude de l'emplacement du cadran solaire (le nombre de degrés nord ou sud de l'équateur). Cette ligne croise la perpendiculaire en **C.** Cet angle déterminera la construction du gnomon, c'est-à-dire la pièce triangulaire qui projettera son ombre sur le cadran solaire.

❸ Tracez la hauteur issue de **AC** du triangle **ABC.**

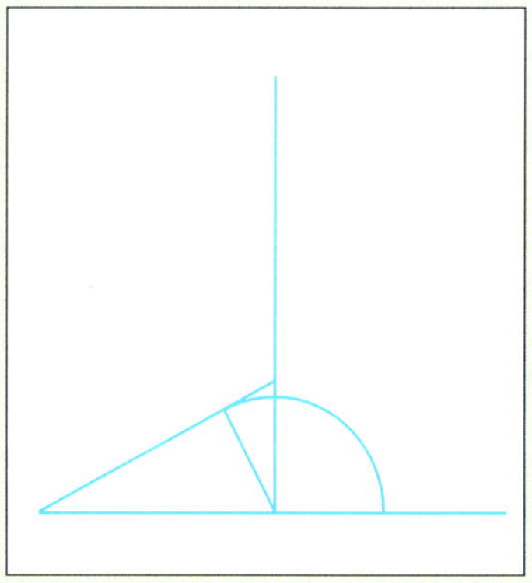

❹ Mesurez la distance **BD** et reportez-la en **E** : piquez le compas en **B**, allez jusqu'en **D** puis tracez un arc de cercle de rayon **DE.**

Fabrication d'un cadran solaire

❶ Agrandissez ou réduisez votre projet à la photocopieuse afin de l'adapter à la taille de la plaque d'ardoise. Posez une feuille de papier carbone sur l'ardoise puis par-dessus le dessin du cadran solaire. Faites tenir l'ensemble avec du ruban adhésif et repassez sur le dessin pour le transférer sur la plaque d'ardoise.

❷ Tracez soigneusement les lignes dans l'ardoise avec une meuleuse et un disque fin à couper la pierre. Servez-vous d'une limande pour couper droit.

❸ Coupez un angle droit dans la plaque de 18 mm d'épaisseur. Coupez les autres angles du triangle rectangle en vous référant aux calculs effectués en 2 p. 150. Si vous ne possédez pas de meuleuse, adressez-vous à un tailleur de pierre ou à un carreleur. Il coupera la plaque avec une meuleuse plus rapide, équipée d'un diamant.

❹ Placez le triangle rectangle sur la ligne de midi du cadran solaire en prenant soin de bien superposer les deux lignes, et fixez-le en place à l'aide de l'adhésif spécial. Si vous avez choisi des chiffres romains pour votre cadran solaire, collez-les en place comme sur le schéma 7, ci-dessous.

❺ Placez le cadran solaire dans une zone dégagée, en évitant le couvert des arbres et l'ombre des bâtiments. Si vous habitez dans une région de l'hémisphère Nord, le gnomon (la ligne de midi) doit être dirigé vers le nord réel. Sachez que le nord réel n'est pas le nord magnétique, n'utilisez donc pas une boussole. Vous pouvez localiser le nord réel de trois façons : **1)** Utilisez un plan à l'échelle de la région, portant l'indication de la longitude vous permettant de repérer le nord. **2)** Choisissez une nuit claire et repérez l'étoile Polaire. Placez le gnomon du cadran solaire de telle sorte qu'il pointe vers l'étoile. **3)** Au cours d'une journée ensoleillée, placez un bâton vertical à l'emplacement du cadran solaire. Lorsque l'ombre projetée par le bâton est la plus courte (au milieu de la journée), l'ombre est dirigée vers le nord. Ce calcul est plus précis le 15 avril, le 14 juin, le 1er septembre et le 25 décembre.

❻ Lorsque vous avez localisé le nord réel, positionnez le cadran solaire définitivement sur son socle et faites-le tenir avec du mortier ou un adhésif spécial.

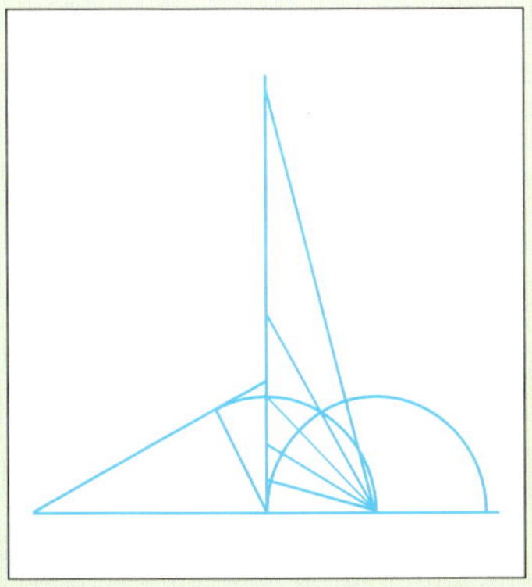

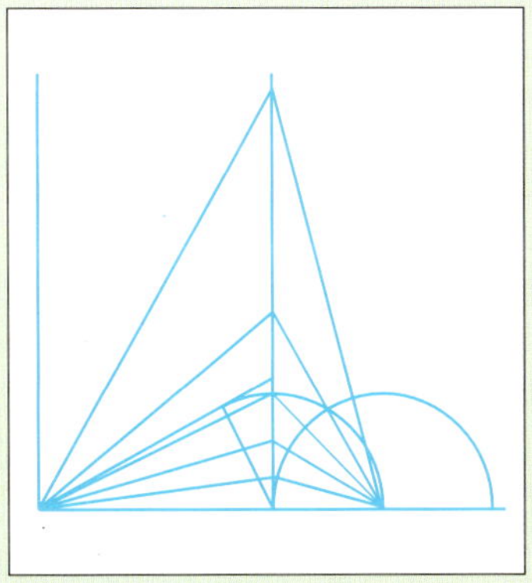

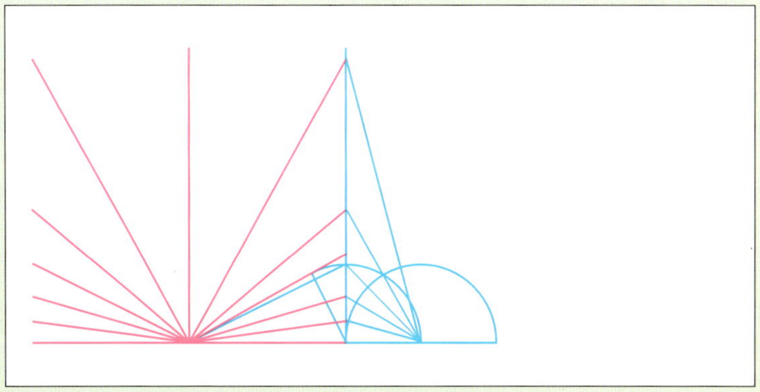

❺ Piquez la pointe du compas en **E** et tracez un demi-cercle de rayon **BE** et de diamètre **BF.** Avec le rapporteur, divisez la partie gauche du demi-cercle en cinq sections de 15°. Soyez extrêmement précis. Tracez des lignes à la règle à partir du point **E** le long de chaque section de 15° et croisant la droite **BC.**

❻ Reliez chacun des points obtenus sur la perpendiculaire au point **A.** Vous créez ainsi les points marquant les heures de l'après-midi sur votre cadran solaire. Tracez une ligne verticale perpendiculaire à la droite **AF** issue de **A.** Elle indique midi.

❼ Pour tracer les lignes figurant les heures du matin, créez une symétrie des heures de l'après-midi, à gauche de la ligne de midi. La méthode la plus facile consiste à décalquer la première série de lignes à l'aide d'une feuille de papier-calque. Retournez la feuille de sorte que les lignes se trouvent à gauche de la ligne perpendiculaire issue de **A** (qui indique midi). Repassez sur les lignes afin de les reporter sur le plan.

Fabrication d'un nichoir

Vous trouverez dans le commerce des nichoirs de toutes les formes et de toutes les tailles. Celui que nous proposons est une simple boîte conçue pour accueillir les oiseaux des jardins. Un trou de 25 mm convient aux petits oiseaux alors qu'un trou de 35 mm conviendra plutôt aux gros. Modifiez la taille et la forme de la boîte selon l'espèce. Pour les oiseaux préférant nicher à ciel ouvert, éliminez le trou et découpez une ouverture horizontale de 5 cm sur la face avant. L'idée qu'il faut équiper les maisonnettes d'un perchoir n'est pas fondée, car la plupart des oiseaux s'accrochent à l'ouverture ou à l'écorce se trouvant tout autour. Les perchoirs fournissent en fait un moyen d'accès aux prédateurs qui cherchent à attaquer le nid.

Le nichoir que nous proposons est en bois grossier et en chutes de planches avec écorce, que vous trouverez dans la plupart des scieries. Comme ces planches avec écorce forment souvent du bois de rebut, il est facile de les obtenir à moindre coût. Mais vous pourrez fabriquer le même nichoir avec de simples planches en bois tendre, du bois raboté ou du contreplaqué marine.

Fournitures et matériel

- 35 x 15 cm de bois brut de 12 mm d'épaisseur, pour le fond de la maisonnette
- Environ 57 cm de bois brut avec son écorce, découpés en 3 bandes de 15 cm de large pour les côtés et le devant
- 23 x 18 cm de bois tendre de 12 mm d'épaisseur pour le toit
- Environ 15 x12 cm de bois tendre de 12 mm d'épaisseur pour la base
- Une lasure protectrice couleur bois non toxique
- De la colle vinylique spéciale extérieur
- Des vis cruciformes de 40 mm
- 2 vis à tête ronde en laiton de 40 mm
- Une baguette en bois tendre de 15 cm de long et de 12 x 12 mm de section et 3 vis cruciformes de 25 mm, ou bien une bande de joint d'étanchéité en caoutchouc de 5 cm de large et 15 cm de long et des semences de tapissier en acier de 12 mm
- Des clous ou des vis pour fixer la boîte
- Un foret de 25 ou 35 mm
- Une mèche de 2 mm
- Un tournevis cruciforme, une lime de 25 mm, une perceuse électrique, une équerre, un mètre ruban et une scie

❶ Commencez par découper les différentes parties du nichoir. Découpez deux triangles isocèles de 25 mm de côté dans chaque angle supérieur du fond de la maisonnette. Recoupez les trois bandes avec écorce de la façon suivante : l'une mesurant 15 sur 16,5 cm pour le devant et deux mesurant 15 sur 20 cm pour les côtés. Coupez la partie supérieure des deux côtés en biais, de sorte que la pièce mesure 16,5 cm à l'avant et 20 cm à l'arrière. Découpez dans la partie réservée à la toiture, avec une scie et une lime, une encoche de 150 sur 20 mm en laissant 40 mm de part et d'autre.

❷ Taillez la partie supérieure de la face avant du nichoir en biseau à un angle de 15° environ pour l'harmoniser avec les pentes formées par les côtés. Percez un trou de 25 ou 35 mm de diamètre au milieu de la face avant, à 10,5 cm du bas. Traitez avec un produit protecteur non toxique en vous assurant que toutes les tranches sont bien saturées.

❸ Coincez l'avant du nichoir entre les deux côtés. Percez deux trous de chaque côté pour faciliter la pose des vis, collez et vissez en place avec les vis cruciformes de 40 mm. Vérifiez que toutes les pentes à l'avant et sur les côtés présentent une certaine cohérence afin d'éviter les infiltrations d'eau. Vissez solidement de manière à dissimuler les têtes des vis dans l'écorce.

❹ Assemblez et collez le fond de la boîte. Vissez-le entre les deux côtés de la même manière que précédemment. Placez le fond de façon à pouvoir ensuite encastrer la base.

❺ Encastrez la pièce formant la base de la boîte entre les trois côtés et sous le fond. Percez des trous pour les vis, collez et vissez en place sur chaque côté avec deux vis cruciformes de 40 mm. Posez le toit du nichoir sur la boîte en encastrant l'encoche dans la pièce formant le fond. Percez un trou pour les vis, au milieu des deux bords du toit, et vissez le toit sur les côtés à l'aide de vis en laiton à tête ronde de 40 mm. Pour empêcher l'eau de pénétrer dans le nichoir, fixez la baguette de 15 cm contre le fond et vissez avec trois vis cruciformes de 25 mm ou placez un joint d'étanchéité en caoutchouc de 5 cm de large à l'aide de semences de tapissier en acier de 12 mm.

Entretien des nichoirs

En automne ou en hiver, lorsque les oiseaux ont abandonné le nichoir, nettoyez-le. Un toit amovible et une base coulissante faciliteront le travail. Jetez les vieux nids et enlevez les débris avec une brosse dure. Ouvrez-le à l'air libre pendant quelques jours. En hiver, si vous observez des signes indiquant la présence d'oiseaux – par exemple des oiseaux volant régulièrement autour du nichoir en fin d'après-midi, ou des traces récentes lorsque vous l'ouvrez –, attendez leur départ au printemps avant de procéder au nettoyage.

Tous les deux ans, traitez en automne avec un produit protecteur pour conserver le bois en bon état.

❻ Vissez et clouez le nichoir dans un endroit abrité, sur un arbre ou sur un mur, à 2 m au-dessus du sol. Évitez la proximité de branchages afin d'en interdire l'accès aux chats et autres prédateurs. Évitez les emplacements trop venteux et le plein soleil.

Fabrication d'une table à graines

La table à graines proposée contient un abri dans le toit. On peut la suspendre loin de tous dangers et surtout des chats, et son toit protège les graines de l'humidité par temps de pluie et de la moisissure par temps orageux.

Sa petite taille empêche les gros oiseaux, souvent voraces, d'y pénétrer. Sa conception en fait un élément décoratif, qui trouve sa place dans tous les jardins. En outre, l'orifice aménagé dans sa base en facilite le nettoyage.

La construction de notre table nécessite un grand nombre de découpes de bois, à des dimensions très variables. Vous pouvez utiliser du bois brut ou du contreplaqué, mais l'utilisation d'une scie électrique sur pied peut être indispensable pour obtenir des découpes précises et un résultat satisfaisant.

Fournitures et matériel

Des planches de bois tendre découpées de la façon suivante :

- **4 planches de 40 x 18 cm et de 12 mm d'épaisseur pour faire la base et le plancher du toit**
- **2 planches de 38 x 18 cm et de 12 mm d'épaisseur pour faire les pignons**
- **4 planchettes de 4 x 23 cm et de 12 mm d'épaisseur pour les montants**
- **2 planchettes de 4 x 34,2 cm environ et de 12 mm d'épaisseur**
- **2 planchettes de 4 x 300 cm environ et de 12 mm d'épaisseur**
- **8 planchettes de 2,5 x 35 cm et de 12 mm d'épaisseur pour les bordures du toit et de la base**
- **4 planchettes de 2,5 x 23 cm et de 12 mm d'épaisseur pour les montants**
- **2 planchettes de 2,5 x 25 cm et de 12 mm d'épaisseur pour les supports du toit**
- **4 planchettes de 2,5 x 20 cm et de 12 mm d'épaisseur pour les supports de la couverture**
- **4 planchettes de 2,5 x 29 cm environ et de 12 mm d'épaisseur pour les grandes planches**
- **1 planchette de 75 cm x 10 cm et de 12 mm d'épaisseur pour les frises décoratives**
- **6 planchettes de 42 x 10 cm et de 6 mm d'épaisseur découpées pour la couverture du toit**
- **De la colle vinylique spéciale extérieur**
- **Des pointes de 25 mm**
- **4 vis de 40 mm en laiton**
- **4 pitons de 40 mm en laiton**
- **4 fois 91,5 cm de tourillon de 10 mm de diamètre**
- **8 crochets de 40 mm en laiton**
- **1 crochet de 65 mm en métal galvanisé**
- **Une lasure traitante à l'eau non toxique**

❶ Fabriquez la base de la table en collant côte à côte deux des planches de 40 cm. Faites tenir l'assemblage avec quatre planchettes de 35 cm. Collez et clouez-les bord à bord autour de la base. Vous obtenez ainsi une base de 40 sur 35 cm. Procédez de la même façon avec les deux autres pièces de 40 cm et les quatre dernières planchettes de 35 cm. Vous obtenez ainsi le plancher du toit. Percez un trou de 35 mm de diamètre dans un des angles de la base, à 40 mm du bord, pour l'écoulement de l'eau.

❷ Assemblez les deux planchers aux quatre angles. Placez les parties lisses (sans planchettes) face à face et assemblez à l'aide de cornières fabriquées avec quatre planchettes de 23 cm et de 4 cm de large et quatre planchettes de 23 cm et de 2,5 cm de large assemblées deux par deux, collées et clouées à l'aide de pointes de 25 mm. Posez les planchettes de 2,5 cm de large sur les grands côtés des planchers, bord à bord avec les angles, puis posez les planchettes de 4 cm de large sur les petits côtés à cheval sur la tranche (de 12 mm) des planchettes de 2,5 cm de large. Vous obtenez ainsi des cornières de 40 cm de côté.

❸ Fixez une planchette de 25 cm de long et de 2,5 cm de large sur le bord supérieur de chaque petit côté du plancher du toit (celui qui n'a pas de trou pour l'écoulement de l'eau) avec de la colle et des pointes de 25 mm. Mesurez la distance entre les cornières. Vous obtenez environ 35 cm pour les grands côtés et 30 cm pour les petits côtés. Coupez des planchettes de 4 cm de large et de 12 mm d'épaisseur et collez-les tout autour de la base à l'aide de colle et de pointes. Vous couvrez ainsi les assemblages inesthétiques.

4 Pour réaliser la frise décorative, prenez la planchette de 75 cm de long et de 10 cm de large. Tracez une ligne au milieu sur toute la longueur. Faites un point au crayon tous les 5 cm en commençant à 25 mm du bout de la planchette. Percez des trous avec une mèche de 35 mm de diamètre.

5 Sciez la planchette en deux en suivant la ligne pour obtenir deux bandes de 75 sur 5 cm. Coupez chaque bande en deux, vous obtenez ainsi quatre bandes décoratives. Fixez-les en place entre les montants à l'aide de colle et de pointes. Alignez avec le plancher du toit.

6 Coupez dans les deux planchettes de 38 cm deux triangles de 38 cm de long et 15 cm de haut pour faire les pignons du toit. Percez un trou de 35 mm de diamètre dans l'un des pignons à 6,5 cm de la pointe du triangle. Fixez de part et d'autre de la pente du pignon et à l'intérieur deux baguettes de 20 cm de long et de 25 cm de large. Coupez les baguettes en biseau pour épouser la pointe du triangle. Elles permettront de faire reposer les planchettes formant la couverture du toit. Collez et clouez-les. Fixez les pignons sur le plancher de la toiture en les collant et les clouant sur les supports de 25 cm posés au cours de l'étape 3.

7 Mesurez la distance entre les deux pignons – environ 42 cm – et couvrez le toit avec 2 fois 3 lattes de 42 cm de long, 10 cm de large et 6 mm d'épaisseur. Collez puis clouez les lattes. Commencez par le bas et faites déborder d'environ 12 mm par-dessus le bord de la table. Placez les deux autres lattes en les faisant se chevaucher. Terminez au ras du faîte du toit. Faites de même pour l'autre pente du toit et terminez en couvrant bord à bord la dernière latte de l'autre pente. Cette précaution empêchera l'eau de pénétrer.

8 Pour cacher les interstices entre les lattes, fixez deux bordures de pignon d'environ 29 cm de long chacune et de 2,5 cm de large. Coupez-les en biseau pour épouser la forme de la toiture. Fixez-les à l'aide de colle et de pointes. Découpez deux épis de faîtage décoratifs dans des chutes de bois et couvrez-en les deux pointes à l'avant et à l'arrière. Fixez avec de la colle et des pointes. Découpez les pignons selon votre imagination pour personnaliser votre table à graines.

9 Vissez quatre pitons de 40 mm dans les quatre angles du toit. Prenez les quatre tourillons et percez dans chaque extrémité un trou de 3 mm. Enduisez généreusement chaque crochet de colle et vissez un crochet dans chaque extrémité des tourillons. Laissez bien sécher la colle.

10 Pour finir, peignez la table et les tourillons avec une lasure traitante. Laissez sécher, puis attachez les crochets dans les pitons fixés sur le toit de la maisonnette.

11 Vissez un solide crochet galvanisé de 65 mm dans la branche d'un arbre ou sur un portique, dans un endroit où la table à graines ne risque pas d'être à portée des chats ou d'autres prédateurs. Accrochez les crochets de la table au crochet de l'arbre. Vous pouvez aussi utiliser des chaînes, mais la table sera moins stable.

JEUX D'EAU

Choix du style

À moins de trouver dans son jardin une source ou un étang tout prêts à être aménagés, il faut partir de rien ou de peu de chose. Cependant, le jeu en vaut toujours la chandelle. Même si le choix est parfois difficile : bassin classique sur la terrasse, étang peuplé de poissons au fond du jardin, fontaine jaillissant d'un tas de galets ou encore cascade dévalant les rochers. L'eau, insaisissable, est un élément enchanteur qui apporte au jardin un supplément de vie.

Du point de vue du paysagiste, l'eau est un élément intéressant car il change sans arrêt. Une étendue d'eau calme apporte une note paisible et reflète le ciel et ses variations de couleur. Mais si une brise trouble la surface limpide, le décor s'en trouve totalement modifié. Le soleil qui joue à la surface de l'eau crée à chaque instant de nouveaux motifs et de nouvelles couleurs. L'eau est un élément sonore, sa musique va du goutte-à-goutte sur une pierre au tumulte du torrent ou de la cascade. Les possibilités de jouer avec l'eau sont innombrables.

Choix d'un style

Avant de commencer à creuser, prenez le temps de réfléchir à vos motivations, au style que vous préférez, à l'emplacement idéal et à la forme du bassin. Lorsque vos idées sont claires, passez à l'étape suivante.

La forme et le style dépendent du schéma d'ensemble du jardin. Ils reflètent son aspect général et doivent le mettre en valeur plutôt que d'ajouter un élément supplémentaire. Un bassin symétrique souligne l'austère sérénité d'un jardin classique, et un bassin asymétrique accentue la fantaisie foisonnante d'un jardin naturel. Amusez-vous à encastrer des bassins ronds, dessinez un rectangle aux lignes pures, organisez une suite de petits bassins : dans ce domaine, tout est possible, laissez libre cours à votre imagination. Mais restez toujours fidèle à l'esprit du jardin.

Les bassins classiques

Le bassin de forme classique convient aux petits jardins ne possédant pas ou peu de pelouse et où dominent les surfaces dallées. Il a une allure simple, nette, les bords sont en général maçonnés et leurs formes sont régulières et géométriques. Le schéma de plantation est sobre : ajoutez aux plantes aquatiques quelques spécimens au port très droit, comme les iris, qui créent des lignes verticales nettes formant contraste avec la surface lisse et horizontale de l'eau.

Les différents liners (bâches en plastique spécial)

- **Les liners rigides** sont en fibres de verre, ils sont disponibles dans plusieurs tailles et formes. Ils sont solides et n'autorisent en principe aucune fuite.
- **Les liners semi-rigides** sont en plastique préformé. Ils sont moins chers mais aussi moins solides. Préférez-leur les liners souples.
- **Les liners souples** sont en PVC renforcé de Nylon, ou en butyle. Les liners en butyle sont plus solides et souvent garantis vingt ans. Mais, la plupart du temps, ils dépassent cette durée de vie et peuvent aller jusqu'à cinquante ans.

Les bassins informels

Un bassin plus informel se fond davantage parmi les lignes d'un jardin naturel, qu'il soit de création récente ou ancienne. Ce type de bassins séduit les amateurs de plantes, car il offre des possibilités innombrables. Il se marie bien aux plantations exubérantes, plus difficiles à installer dans d'autres parties du jardin. On peut le prolonger par un marais, pensez-y au moment d'installer les plantations.

Les vasques

Les vasques offrent les mêmes avantages que les bassins classiques, car elles conviennent aux petits jardins et leurs bords sont maçonnés. Dans les très petits jardins ou dans les jardins dallés entourés de clôtures ou de murs, elles introduisent un élément lumineux qui ouvre l'espace et empêche le jardin de paraître confiné. On peut s'asseoir sur leur bord et jouir de la proximité de l'eau fraîche. Combinez une

À GAUCHE Ce bassin circulaire entouré de briques et orné d'une fontaine classique prend des allures très informelles, niché parmi une végétation luxuriante et un environnement multicolore.

vasque avec une fontaine et mettez-y des poissons qui profiteront de l'oxygénation provoquée par le mouvement de l'eau.

Le bassin pour poissons

Si vous envisagez d'élever des poissons dans votre bassin, pensez d'abord à résoudre tous les problèmes liés à leur survie et à la gestion de leur environnement. Leurs exigences sont différentes de celles des plantes et doivent être planifiées avec soin. La conception du bassin doit tenir compte de contraintes techniques, comme l'installation de filtres et de pompes. Pensez au nettoyage régulier du bassin et au fait que les poissons grandissent et se multiplient. Les petits poissons deviennent plus gros, et plus particulièrement les carpes koi, qui ne sont pas les meilleurs compagnons des plantes aquatiques. Les plantes qui permettent l'oxygénation d'un petit bassin ornemental ne conviennent plus si les poissons ont de gros besoins.

Faune et flore

Les bassins drainent une foule de petits animaux qui ravissent en général petits et grands. L'eau est un élément vital qui attire les insectes et, par voie de conséquence, tous les animaux qui en vivent. Les possibilités de plantations s'en trouvent accrues. Les petits animaux qui rendent visite aux bassins sont d'excellents prédateurs pour les bêtes nuisibles.
Les hérissons, crapauds et grenouilles mangent les limaces, les escargots et les insectes.
Les oiseaux qui viennent se baigner débarrassent le jardin des insectes nuisibles.

Ce type de bassin peut être petit ou grand. Même le plus petit point d'eau installé dans un vieux tonneau attire les insectes et permet de faire pousser quelques plantes aquatiques. Dans un bassin plus grand, on peut installer des plantes de marais, des plantes aquatiques, des plantes génératrices d'oxygène. Aménagez un accès en pente douce pour permettre aux animaux de s'approcher et de boire sans danger. Prévoyez une issue dans le cas où un animal tomberait à l'eau. Les hérissons et les blaireaux savent nager, mais ils se noient s'ils ne peuvent pas reprendre pied à un moment ou à un autre.

Les bassins et les enfants

Pour éviter les accidents avec les enfants et les animaux, installez une vasque ou une fontaine à bulles. Évitez les bassins profonds et ceux dont les margelles permettent de se pencher. Préférez les bassins peu profonds garnis de galets. Si vous tenez à posséder un bassin traditionnel, aménagez à l'intérieur des marches en brique ou en bloc de béton.

CI-DESSUS **Ce bassin rectangulaire forme une parfaite transition entre la pelouse bordée de dalles et les arbustes.**

CI-DESSOUS **Une cascade menant à un bassin a permis d'installer le jardin sur plusieurs niveaux. Le bruit de l'eau ajoute du charme au foisonnement des plantes.**

Mesures de sécurité

Le problème de la sécurité et le plaisir de posséder un bassin conduisent souvent à un dilemme difficile pour les parents de jeunes enfants. Aucune étendue d'eau, si peu profonde soit-elle, ne peut être considérée comme complètement sûre. Dans ce cas, remettez éventuellement à plus tard l'idée de posséder un bassin. Pour vous aider à patienter, dessinez-en les contours : un lit de pierres sèches menant à une zone de galets peut suggérer l'eau avant de devenir un ruisseau et un bassin. Aménagez un bac à sable à l'emplacement d'un futur bassin. Le film plastique utilisé pour tapisser le bac peu profond vous servira plus tard lorsque vous remplirez le bassin d'eau.

CI-DESSUS **Les grilles de sécurité peuvent être parfaitement esthétiques : cette grille moderne reprend un thème aquatique de nénuphars.**

CI-DESSOUS Cette jarre en céramique est sans danger : il est peu probable qu'un enfant y tombe.

Les difficultés s'accroissent lorsqu'une famille avec de jeunes enfants emménage dans une maison possédant un bassin et que celui-ci joue un rôle important dans le jardin. Pompez l'eau et remplissez provisoirement le bassin de sable pour créer une aire de jeux. Cherchez des solutions esthétiques, par exemple en entourant de bassin d'une clôture élégante que vous pouvez fermer à clé. Dans tous les cas, il arrive toujours un moment où les risques diminuent et où vous pouvez remplir votre bassin d'eau ou enlever la clôture. Restez malgré tout prudent et respectez un certain nombre de mesures de sécurité toujours utiles.

Aménagement des bords

À la campagne, un grand nombre de bassins sont en réalité d'anciennes mares réaménagées. Le fond de ces mares est en général composé d'argile et elles ont été creusées dans des endroits où affleure l'eau de la nappe phréatique. Les bords de ces mares sont souvent raides, surtout en été lorsque le niveau de l'eau baisse. C'est pourquoi elles sont dangereuses, car les enfants, courant en direction de la mare, risquent de glisser et de tomber à l'eau. Réduisez les risques en créant une pente douce, de telle sorte que l'eau soit visible de loin et n'apparaisse pas au dernier moment.

Jeux d'eau pour les enfants

Une fontaine en galets d'où l'eau jaillit doucement amuse beaucoup les enfants. Elle peut aussi jouer un rôle décoratif dans le jardin. Vous en trouverez les explications p. 178. Choisissez un grillage solide pour soutenir les galets et éviter tout risque de chute pour les enfants. Le jet d'eau qu'ils peuvent traverser en courant est une des variantes de la fontaine de galets. Dans ce cas, le grillage doit être plus fin pour contenir des petits galets, sur lesquels il est plus facile de courir. Une version amusante et plus moderne consiste en un rideau d'eau coulant le long d'une feuille de Plexiglas, puis dans un réservoir dissimulé sous terre ou dans une rigole d'environ 2,5 cm de profondeur. La rigole permet de faire flotter des bateaux en papier.

Une pente douce menant vers une série de marches descendant progressivement dans l'eau donne une impression à la fois de sécurité et d'espace. La mare paraît plus grande et plus accueillante. Elle paraît moins profonde et moins inquiétante, et les abords sont moins sombres.

Au moment de concevoir l'installation d'un bassin neuf entouré d'herbe, il est prudent de prévoir une zone d'eau peu profonde descendant en pente douce plutôt qu'un brusque changement de niveau.

Évitez aussi d'utiliser la terre entassée autour du bassin au moment de l'excavation pour en faire un monticule entourant le bassin. Ce type de réalisation paraît peu naturel et crée en direction de l'eau des pentes raides particulièrement dangereuses.

Les revêtements

Les revêtements entourant un bassin doivent être antidérapants, pour la sécurité des petits et des grands. Le revêtement le plus dangereux consiste en un dallage de pierre, couvert de mousse et glissant dès qu'il fait humide ou qu'il pleut. Si vous utilisez de la pierre naturelle, optez pour une surface rugueuse et nettoyez-la régulièrement. De nombreux pavés de béton portent une surface rugueuse antidérapante et forment d'excellents revêtements à installer autour d'un bassin ou d'une mare.

Les planchers en bois sont esthétiques et très utilisés, mais soyez sûr qu'ils ont été traités et ne sont pas glissants lorsqu'ils sont humides. Le bois est aussi dangereux que la pierre, et les surfaces très lisses ne sont pas conseillées pour cet usage. Les carreaux en terre associés au bois pour former des damiers sont une solution à la fois efficace et esthétique.

Les barrières de plantes

On peut créer une barrière naturelle autour d'une mare en plantant un rideau dense de végétation à la fois dans et autour de l'eau. Ce type de plantations limite la vue sur le bassin. On en réduira progressivement la densité lorsque les enfants grandiront. Installez la végétation épaisse et arbustive à l'extérieur et les plantes plus légères à proximité de l'eau.

Les cornouillers *(Cornus)* et les saules *(Salix)* forment d'excellentes barrières de végétation en sol humide. Si le sol est plus sec, plantez des espèces plus résistantes. Une mare en pente douce, entourée d'une végétation abondante et accueillant la faune locale, est un choix judicieux et peu dangereux où les enfants peuvent jouer et observer la nature dans une relative sécurité.

Utilisation d'une grille de protection

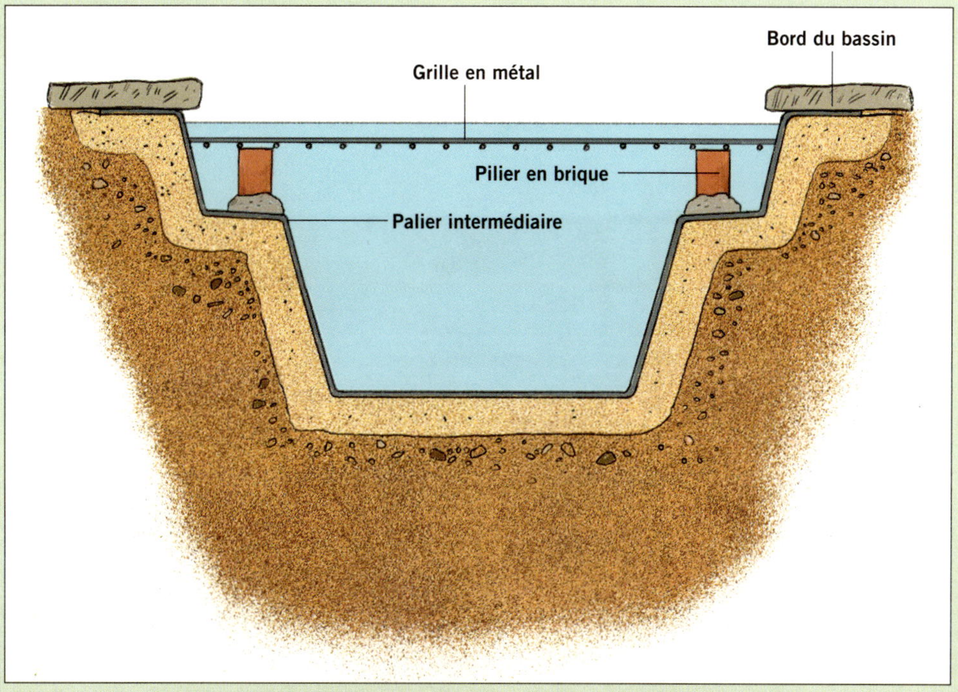

On peut couvrir un petit bassin d'une grille en métal galvanisé que l'on dissimule à l'aide de plantes aquatiques. On trouve ces grilles chez les marchands de matériaux, car elles sont destinées à l'origine au renforcement des planchers et allées en béton. Leur taille moyenne est de 2 x 1,20 m. On peut donc les utiliser pour un bassin de taille inférieure à ces dimensions, car la grille doit reposer sur les bords.

Pour les bassins plus grands, construisez dans l'eau des piliers qui supportent la grille. On peut ainsi assembler plusieurs grilles bord à bord. Si la mare possède des paliers intermédiaires, vous pouvez y faire reposer les piliers. Leur hauteur sera de deux ou trois assises de briques et ils ne dépasseront pas de la surface de l'eau. En cas de nécessité ou en l'absence de paliers, construisez des piliers plus hauts au milieu de la mare.

On peut aussi dissimuler une grille sous des galets comme pour une fontaine – voyez p. 178 pour plus d'informations.

Bassins surélevés et semi-surélevés

Un bassin surélevé se trouve complètement au-dessus du niveau du sol, alors qu'un bassin semi-surélevé est à moitié enterré. Les bassins semi-surélevés conviennent particulièrement aux terrains en pente, car on peut adosser l'un des côtés contre la pente et construire l'autre en surplomb au-dessus de la pente.

Les murs de soutènement des bassins surélevés doivent pouvoir contenir le poids de l'eau et résister à sa pression. Par exemple, un bassin dont les dimensions extérieures sont de 1 m sur 2 et 50 cm de profondeur, contient 1 000 litres, soit 1 tonne d'eau. Ce qui signifie que la structure qui entoure le bassin – qu'elle soit en bois, en brique ou en béton – doit posséder des fondations solides et respecter les normes les plus absolues de sécurité. Si vous avez le moindre doute, demandez l'aide d'un professionnel.

Les bâches souples ou liners sont faciles à utiliser pour ce type de structure. Mais les liners préformés ne conviennent qu'aux petits modèles de bassins surélevés, ils ont tendance à se fissurer s'ils ne sont pas correctement encastrés.

Dans les bassins semi-surélevés, une partie de la pression de l'eau est absorbée par le remblai de terre qui entoure le bassin. C'est pourquoi on peut utiliser les liners préformés qui s'encastrent dans le sol.

Les matériaux utilisés pour la construction des bassins surélevés ou semi-surélevés dépendent aussi largement du style du jardin, mais, avant tout, tenez compte d'un certain nombre de paramètres d'ordre pratique. Les briques, le béton ou les traverses de chemin de fer conviennent pour un patio ou une terrasse, mais toujours posés sur des fondations. Quel que soit le matériau choisi, construisez des murs en double épaisseur. On utilise peu les rondins sur une terrasse en raison de la profondeur à laquelle il faut enfoncer les piquets. D'un point de vue esthétique, les rondins sont mieux adaptés à un bassin informel.

CI-DESSUS Bien que ce jardin ne soit adapté ni aux enfants ni aux personnes âgées, la large margelle en dalles du bassin invite à se reposer.

Bassin semi-surélevé en rondins de bois

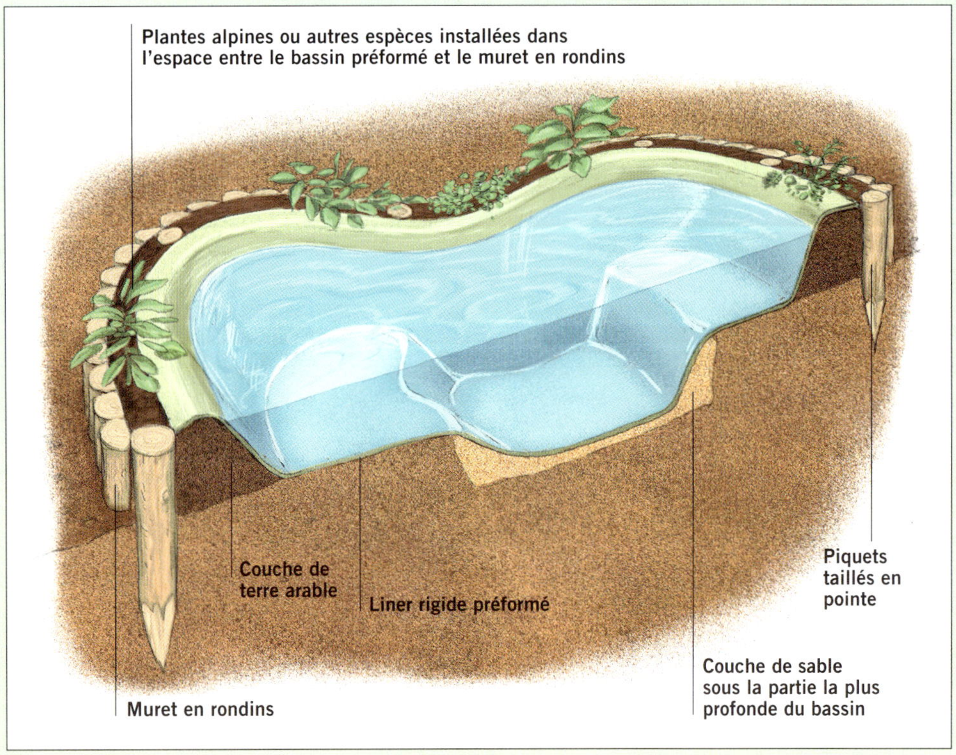

L'eau et l'électricité

L'appréhension qu'éprouvent la plupart d'entre nous quand il s'agit de faire passer des câbles électriques dans une mare est tout à fait compréhensible. Cependant, les accidents liés à l'électricité sont actuellement rares grâce à l'utilisation d'une protection différentielle à haute sensibilité appelée aussi coupe-circuit. Toutes les installations électriques en sont équipées dès lors qu'il existe un danger de court-circuit lié à la présence de l'eau. Le coupe-circuit est un dispositif de protection électrique chargé d'interrompre en trente millièmes de seconde le passage du courant dès qu'il dépasse la valeur nominale prévue.

Bien qu'il existe un grand nombre d'accessoires que l'on peut adapter sur un bassin, comme les éclairages, qui sont plus sûrs si on en réduit le voltage à l'aide d'un transformateur, le courant réduit n'est pas assez puissant pour faire fonctionner les pompes de fontaines de plus de 1 m de haut. La plupart de ces pompes fonctionnent en 220 volts, c'est pourquoi nous vous conseillons de respecter les quelques recommandations suivantes avant d'installer des équipements électriques.

- Demandez conseil à un électricien aussi bien pour le choix de l'équipement que pour l'installation.
- Protégez-vous contre les accidents en installant un coupe-circuit au niveau de la connexion avec le tableau électrique de la maison, même si vous optez pour des appareils de faible voltage. Si vous devez tirer des câbles à travers le jardin vers le bassin, utilisez des câbles à gainage rigide, enterrés à une profondeur de 30 à 60 cm et matérialisez l'emplacement du câble en le couvrant de tuiles et de ruban adhésif signalétique.
- N'utilisez que des boîtes de dérivation et des interrupteurs étanches pour connecter le câble principal à celui des équipements extérieurs. Ne les posez jamais dans des endroits inondables.
- Faites un plan indiquant la position des différents câbles souterrains et conservez-le.

Équipement pour un courant en 220 volts

Pour équiper une fontaine dont la hauteur est supérieure à 1 m, il faut du courant électrique en 220 volts.

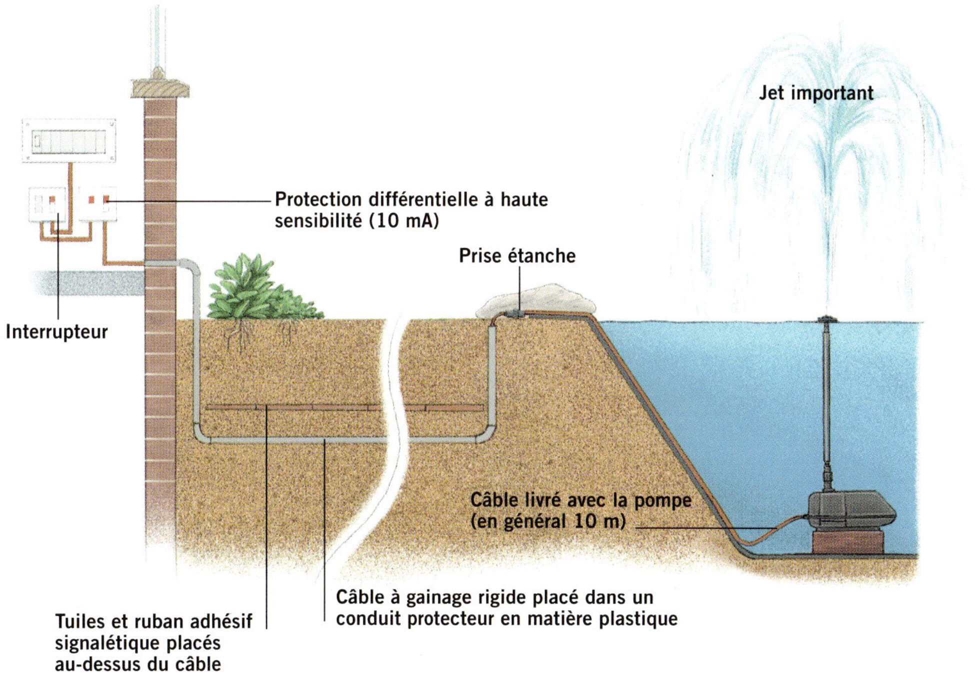

Équipement pour courant de faible voltage

Pour équiper une fontaine sur galets ou un éclairage de bassin, on peut utiliser du courant de faible voltage.

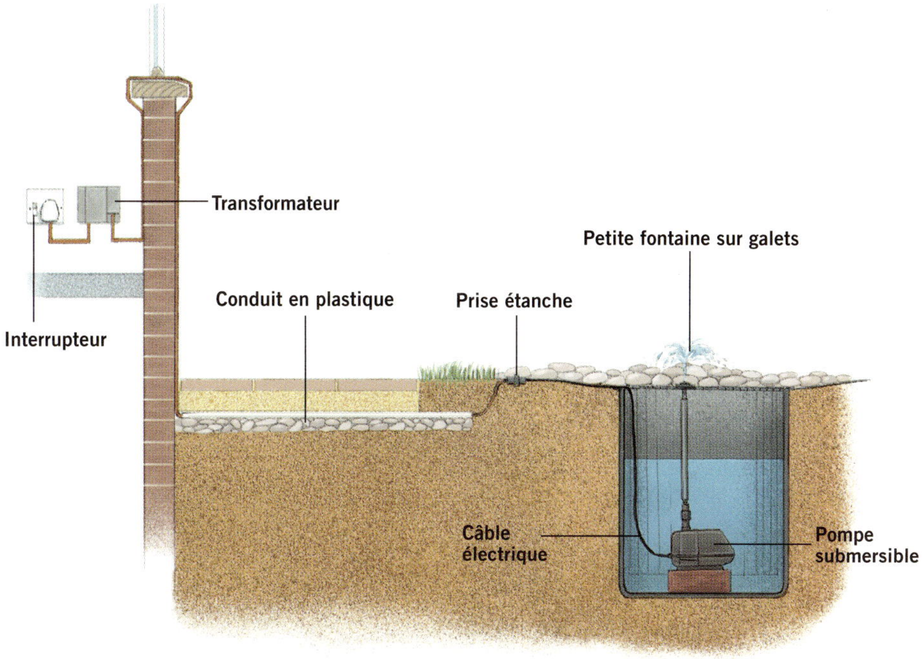

Choix du lieu

Afin de décider de l'emplacement définitif d'un bassin ou d'une fontaine, tenez compte d'un certain nombre de principes importants relatifs à leur taille, à leurs dimensions et à leur forme.

Taille

En règle générale, on peut dire que, plus un bassin est grand, plus il est réussi. En effet, plus sa taille est importante, plus il est facile à entretenir au fil du temps. La plupart des propriétaires de bassin reconnaissent qu'ils auraient préféré construire un bassin plus grand lorsque le leur devient trop exigu pour installer de nouvelles plantes et que les poissons sont devenus trop gros.

Plus les dimensions sont réduites, plus l'équilibre biologique est difficile à maintenir. Les températures changent rapidement et l'oxygénation se fait mal. Dans la mesure du possible, essayez de construire un bassin mesurant entre 5 et 6 m^2 au moins.

Proportions et forme

La dimension est liée à la profondeur. Quelle qu'en soit la taille, si le bassin ne mesure que 15 cm de profondeur, le résultat sera catastrophique. La profondeur idéale d'un bassin de taille moyenne mesurant entre 5 et 20 m^2 est de 60 cm. Les bassins de moins de 5 m^2 pourront avoir entre 40 et 45 cm de profondeur. Pour les bassins de plus de 20 m^2, 75 cm est une profondeur idéale. Le calcul des dimensions est étroitement lié à l'équilibre biologique régnant dans le bassin. Les algues prolifèrent plus volontiers dans les eaux peu profondes et en plein soleil. Les bassins profonds contiennent une grande quantité d'eau, ce qui en empêche le développement. Les volumes d'eau importants agissent comme une barrière thermique, ils sont moins sensibles aux brusques changements de température, qui nuisent à de nombreuses formes de vie aquatique.

Le rapport entre la profondeur et la surface ne vaut que si les parois du bassin sont relativement verticales. Les bassins dont les bords sont en pente ou qui possèdent des paliers intermédiaires contiennent un volume d'eau moindre. Pour compenser, augmentez la profondeur au milieu du bassin.

Choix de l'emplacement

Lorsque vous avez décidé de la taille et de la forme de votre bassin, choisissez son emplacement. Il est évident qu'un bassin classique convient mieux à une terrasse près de la maison et qu'une mare informelle sera plus jolie au bout du jardin, parmi la végétation. Tenez compte des paramètres suivants avant de vous décider.

L'ombre

Le bassin doit recevoir suffisamment de soleil pour chauffer l'eau et prodiguer de la lumière en quantité suffisante aux plantes subaquatiques. Les variétés de plantes aquatiques qui poussent dans les bassins ombragés sont peu nombreuses et les nénuphars ne fleurissent pas dans ces conditions. L'ombre des arbres surplombant le bassin est particulièrement néfaste, et la chute de leurs feuilles augmente la couche de végétaux en décomposition au fond du bassin. Cette décomposition des feuilles entraîne la formation de méthane, qui nuit aux poissons. Évitez absolument les feuilles d'if, de houx et de cytise, car elles sont vénéneuses et néfastes à la faune et à la flore aquatiques. Bien que les conifères ne posent pas le même type de problèmes, leurs aiguilles et bourgeons se déposent constamment à la surface de l'eau et la polluent.

Le vent

Le vent refroidit la surface de l'eau, disperse l'eau des fontaines et endommage les tiges tendres des plantes aquatiques fragiles. Pour les faire bénéficier d'un ensoleillement maximal, on place généralement les bassins au milieu d'une pelouse où, en revanche, ils sont exposés au vent. Protégez-les du côté des vents dominants par un treillage ou bien par des plantations.

CI-DESSUS Ces deux élégants bassins sont placés en quinconce pour attirer le regard vers le fond du jardin. L'allée dallée invite à la promenade.

Le gel

L'air froid s'accumule dans des poches au niveau du sol, ce qui rend les gels précoces fréquents. Le gel fait brunir les feuilles et endommage les plantes. Les bassins informels sont souvent situés au bas des pentes, car c'est là que leur installation semble le plus naturelle. Cela les rend plus sensibles au gel. Placez-les à mi-pente pour limiter les dégâts.

Les terrains en pente

Une pente raide peut être un atout. Appuyez le bassin d'un côté contre le remblai et construisez l'autre côté en surplomb. Les bords du bassin épouseront par ailleurs les courbes naturelles de la pente.

Tout bassin placé au bas d'une pente est sensible au gel et sujet aux écoulements d'eau en cas de fortes précipitations. Si l'herbe environnante a été traitée avec des engrais, ceux-ci se répandent alors dans le bassin avec l'eau de pluie. L'apport d'engrais nourrit les algues qui prolifèrent de façon dangereuse. Si votre région est sujette aux fortes précipitations, construisez des canaux permettant le drainage des eaux de ruissellement.

La nappe phréatique

La nappe phréatique est le niveau où se trouve l'eau lorsqu'on creuse un trou. La plupart des nappes phréatiques se situent nettement en dessous du niveau où l'on construit les bassins de jardin. Mais ce n'est pas toujours le cas, notamment dans les régions humides. On peut faire un test pour déterminer l'emplacement de la nappe phréatique : creusez un trou de 60 à 90 cm de profondeur et laissez reposer pendant un jour ou deux. Si l'eau apparaît au fond du trou, cela signifie que la nappe phréatique est proche. Dans ce cas, la pression de la nappe peut faire gonfler le liner se trouvant sous le bassin et entraîner des déformations.

Problèmes de sous-sol

Après avoir défini l'emplacement du bassin et en avoir choisi la forme, pensez à vérifier l'état du sous-sol et le passage d'éventuelles installations essentielles comme les drains, les canalisations, les câbles téléphoniques et électriques et les conduites de gaz. Si vous avez le moindre doute quant à la présence de ce genre d'installations, contactez la compagnie concernée, qui est équipée pour les localiser.

Choix de l'emplacement du bassin

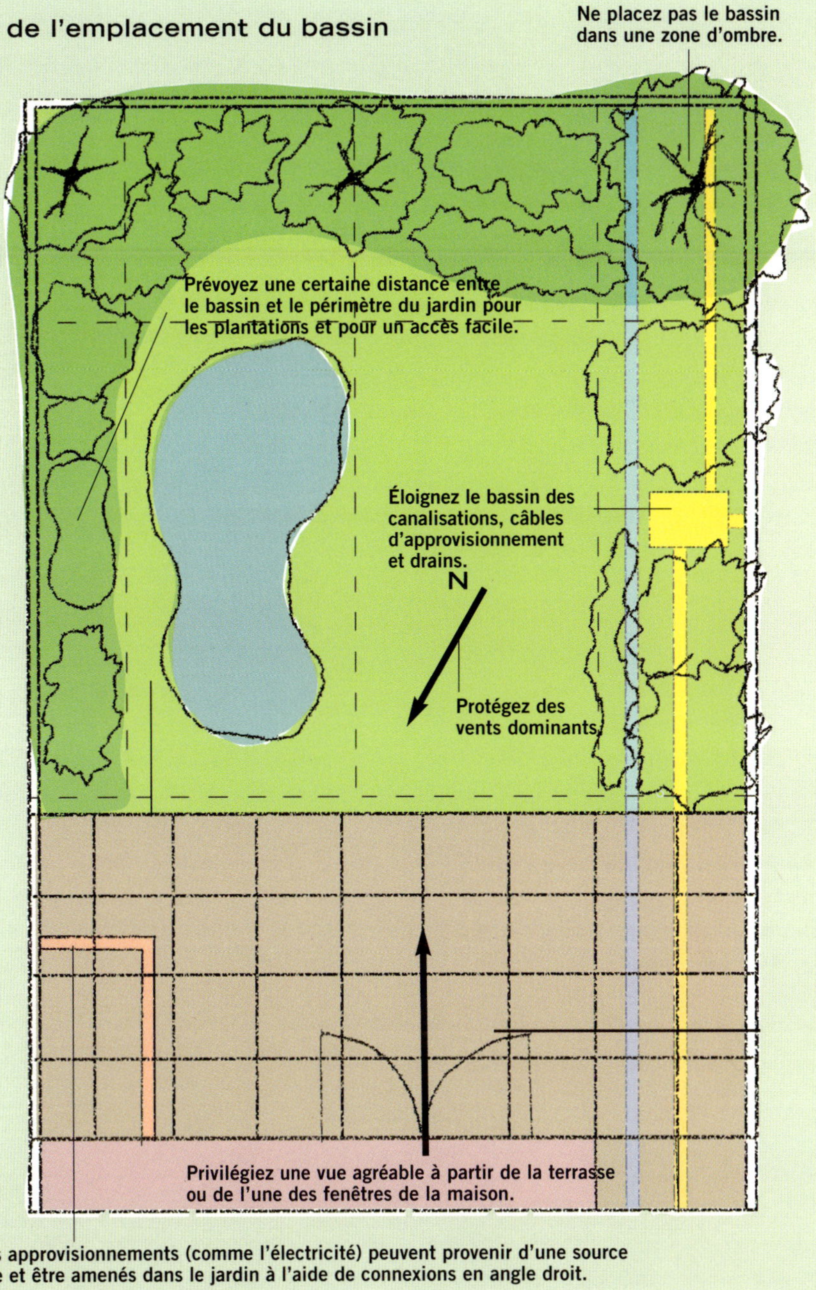

Considérations ultimes

L'emplacement idéal sera probablement un compromis entre plusieurs priorités. Par exemple, vous pouvez, d'une part, souhaiter privilégier une vue sur le bassin depuis l'une des fenêtres de la maison et, d'autre part, souhaiter que certains éléments ornementaux ou arbres se reflètent dans l'eau. Faites un croquis indiquant les zones d'ombre, la direction des vents dominants, les vues intéressantes à partir de la maison. Cela vous aidera à établir la liste des différents emplacements possibles. Puis disposez un tuyau d'arrosage sur le sol, placez un miroir à l'intérieur de son périmètre pour figurer l'eau et observez les éléments reflétés par le miroir. Un déplacement de 60 à 90 cm sur le sol peut modifier complètement l'angle de réflexion et l'image reflétée.

Lorsque vous avez localisé le site idéal, réfléchissez à la nécessité d'une installation électrique. Si une pompe est absolument indispensable, et si la distance entre le lieu d'approvisionnement en électricité et le bassin est trop importante ou si cela entraîne des dépenses considérables, modifiez vos plans et déplacez le bassin.

Bassins préformés

Les bassins préformés offrent une solution idéale pour les plans d'eau avec contours réguliers et symétriques. Il existe deux types de bassins préformés : les coques rigides en fibres de verre ou en PVC, et les coques semi-rigides, en plastique bon marché, mises en forme grâce à une méthode d'aspiration qui permet une grande fantaisie. L'effet visuel des deux modèles est plus efficace lorsqu'ils ont des formes simples plutôt que des contours compliqués qui fragilisent l'ensemble. Les formes carrées, rectangulaires et circulaires rendent plus facile la construction de bords dallés destinés à dissimuler des contours disgracieux. Les modèles rigides sont aisés à nettoyer et à réparer si nécessaire, et leur surface lisse facilite la suppression des algues.

CI-DESSUS Ici, de larges dalles bordent un bassin de style classique entouré de plantes. Elles permettent de dissimuler élégamment la coque rigide.

Les bassins rigides et semi-rigides sont relativement faciles à installer en comparaison des liners souples, qui exigent une consolidation des bords. Les bassins rigides sont plus adaptés aux terrains en pente, car ils sont suffisamment résistants pour être partiellement surélevés et dissimulés par un remblai ou un mur de soutènement. Les bassins semi-rigides ne conviennent pas aux terrains en pente.

Les bassins rigides possèdent en général des paliers intermédiaires également rigides, d'environ 20 cm de large, et qui permettent l'installation de paniers contenant des plantes aquatiques poussant dans des eaux moins profondes. La densité des plantes leur permet de se mélanger, donnant à l'ensemble un aspect foisonnant et naturel.

Les bassins préformés conviennent peu aux contours sinueux. La présence de courbes et la multiplication de paliers intermédiaires réduisent le volume général du bassin et rendent le milieu aquatique plus sensible à la prolifération des algues vertes. Prévoyez une profondeur minimale de 45 cm. Tout bassin d'une profondeur inférieure serait sensible aux changements rapides de température et inadapté à la présence de poissons pendant les étés chauds et les hivers froids.

Les bassins préformés deviennent très lourds lorsqu'ils sont pleins et subissent une pression importante. Si l'excavation n'épouse pas parfaitement la forme du bassin,

Mode d'excavation

1 Pour matérialiser l'emplacement d'un bassin de forme régulière et symétrique, placez la coque à l'envers sur le sol et dessinez-en les contours avec du sable.

2 Pour les formes asymétriques, placez la coque debout sur son futur emplacement. Soutenez-la provisoirement avec des briques ou des parpaings pour l'empêcher de basculer. Plantez des piquets dans le sol verticalement au bord à des intervalles d'environ 1 m. Tendez un cordeau entre les piquets pour matérialiser le contour du bassin. Vous pouvez ensuite le dessiner avec du sable.

3 Mesurez la profondeur de la coque à partir du bord jusqu'au palier intermédiaire. Creusez la terre jusqu'à cette profondeur en ajoutant 5 à 7,5 cm sur tout le périmètre.

4 Ratissez légèrement et égalisez la surface de terre creusée. Placez la coque dans l'excavation et appuyez fermement pour que le fond s'imprime dans la terre.

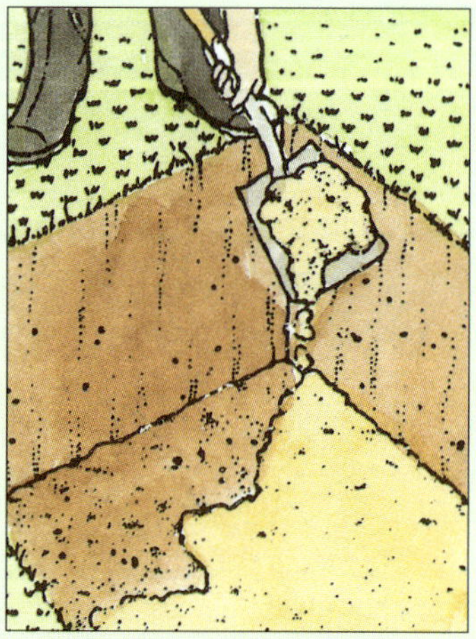

Enlevez la coque et creusez en ajoutant 5 à 7,5 cm en profondeur.

5 Lorsque vous avez atteint la profondeur désirée plus 5 à 7,5 cm, placez une planche en bois sur le sol, dans le sens de la largeur, et vérifiez la profondeur du bassin. Contrôlez l'horizontalité du fond à l'aide d'un niveau à bulle.

6 Ratissez les bords et le fond pour supprimer les débris de racines et les cailloux pointus et tassez le fond. Puis disposez une couche de sable sur le fond.

Installation d'un bassin préformé

Fournitures et matériel

- Du sable, des piquets en bambou et de la ficelle
- Une coque préformée rigide
- Des briques ou des parpaings pour faire des supports provisoires
- Un mètre ruban
- Une bêche
- Une brouette
- Un râteau
- Du sable fin ou de la terre tamisée
- Une planche de bois suffisamment longue pour couvrir la largeur du bassin
- Un niveau à bulle
- Une pièce de bois de 5 x 5 x 60 cm pour tasser le sol
- Des dalles, pierres ou briques pour faire le bord

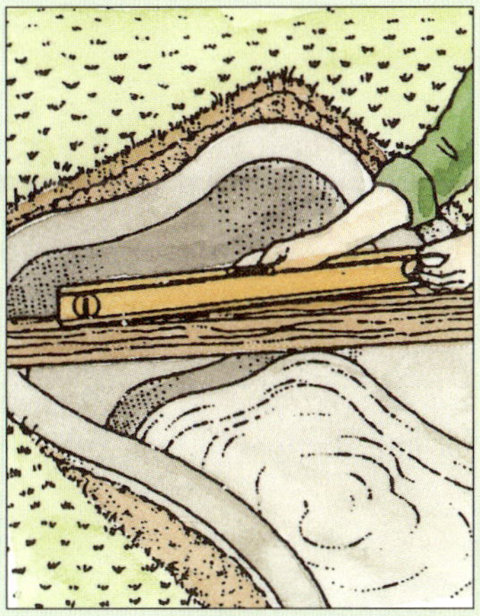

❶ Demandez de l'aide pour placer la coque dans l'excavation. Pour vérifier l'horizontalité, placez une planche en travers de la coque et posez dessus un niveau à bulle.

❷ Versez doucement de l'eau jusqu'à une hauteur de 10 cm. Remplissez les espaces entre les bords de l'excavation et ceux de la coque avec du sable ou de la terre tamisée jusqu'à atteindre le niveau de l'eau. Utilisez un morceau de bois pour tasser la terre.

❸ Recommencez en ajoutant 10 cm d'eau, puis 10 cm de sable ou de terre. Assurez-vous qu'il ne se forme pas de poches d'air et que la coque soit toujours horizontale. Continuez ainsi 10 cm par 10 cm jusqu'à ce que la coque soit pratiquement pleine et que le poids de l'eau la stabilise définitivement. Puis mettez en place les bords du bassin.

les tensions sont mal réparties dans la coque. Cela peut provoquer des fissures – surtout dans les modèles bon marché –, difficilement détectables lorsque le bassin est rempli d'eau. Pensez que les bassins préformés ont l'air énormes lorsqu'ils sont vides et beaucoup plus petits une fois encastrés dans le sol.

Les bassins préformés, et plus encore les coques semi-rigides, sont susceptibles de se fissurer lorsqu'on laisse la glace s'installer sur toute la surface de l'eau. Une épaisse couche de glace emprisonne des gaz toxiques qui, s'ils ne sont pas libérés, empoisonnent les poissons. Pour éviter ce type d'incidents, installez un système de chauffage flottant, ou, si la glace se forme, faites un trou en plaçant un récipient d'eau chaude sur la glace jusqu'à la faire fondre. N'essayez pas de la briser vous-même.

À DROITE Les formes simples sont souvent plus réussies que les contours compliqués, surtout pour les bassins classiques et dans les jardins où l'accent est mis sur les plantes.

Liners souples

Les bâches ou liners souples autorisent une grande liberté en matière de formes et de tailles. On peut les utiliser seuls pour réaliser des bassins informels dans des sols lourds ou en combinaison avec des parpaings ou du béton pour consolider les parois de bassins classiques et rectilignes. Ils permettent aussi de doubler et de rendre étanches les vieux bassins en béton, fissurés au fil du temps.

Vous trouverez les liners souples dans toute une gamme de variétés, de qualités, de couleurs et d'épaisseurs. Ils sont vendus dans différentes largeurs ou assemblés par soudure pour couvrir des surfaces importantes. Le choix dépendra des matériaux disponibles et du style du bassin. Le modèle le plus cher est en butyle et le moins cher est en polyéthylène. Entre les deux, vous trouverez toute une variété de matériaux d'excellente qualité. Nous ne conseillons pas de réduire la taille du bassin dans le seul but d'acheter le liner le plus cher. Si vous devez recouvrir le liner de terre ou d'un autre matériau comme des galets, les qualités moins onéreuses conviennent parfaitement car elles ne seront pas exposées aux rayons ultraviolets et n'en subiront donc pas les dommages. Si vous avez le choix entre plusieurs couleurs, prenez le noir – c'est la couleur qui paraît la plus naturelle et elle donne une impression de profondeur.

CI DESSUS Les liners souples sont particulièrement adaptés à la création de petits bassins, dans un cadre naturel et sauvage, comme ici.

À GAUCHE Les bassins informels peuvent être réalisés à partir d'une bâche en butyle qui épouse mieux les coins que les anciens modèles de liners souples.

Les protections

Les matériaux de protection en sous-couche pour les bassins et mares sont disponibles sous forme de membranes et de nappes géotextiles, qui sont imperméables, étanches et indestructibles. Elles ont remplacé le sable ou le papier journal. Le sable crée des bords instables et le papier journal est sujet au pourrissement, ce qui met le liner en contact avec les cailloux au fur et mesure du tassement de la terre.

Les liners souples

L'utilisation de liners souples est très pratique pour réaliser des bassins et autres structures aquatiques. Achevez de préférence tous les travaux d'excavation avant d'acheter le liner, bien qu'il n'y ait aucune réelle contre-indication à procéder à des travaux de dernière minute pour ce qui concerne la forme et la profondeur du bassin. Cependant, si vous ne voulez pas être confronté à des problèmes de soudure ou de raccord, menez à bien tous les travaux d'excavation afin de définir avec précision la taille du liner (voir ci-dessous). Après avoir creusé l'emplacement du bassin, éloignez-vous pour juger de l'effet. Déplacez-vous pour regarder le site sous différents angles et voyez si vous devez procéder à des réajustements ou à des modifications.

Avec le même rectangle de liner, vous pouvez créer des formes très différentes : par exemple, prévoyez un rétrécissement qu'un pont enjambera. Si les contours du bassin vous obligent à procéder à des découpes dans le liner, faites-le souder dans un magasin spécialisé équipé du matériel adéquat, ou assemblez-le vous-même sur place à l'aide de ruban adhésif résistant à l'eau. Les plis sont inévitables aux angles ainsi que dans les courbes complexes. Estompez leur caractère trop voyant en faisant des plis nets avant de remplir le liner d'eau. Avec le temps, la formation d'algues et les plantations cacheront les plis, qui deviendront de moins en moins visibles.

Calcul des dimensions du liner

Prenez les mesures d'un rectangle englobant les contours du bassin. Mesurez aux largeurs et longueurs maximales du bassin puis ajoutez deux fois sa profondeur à chaque mesure. Vous obtiendrez la taille minimale de liner qu'il vous faudra acquérir, mais ajoutez encore 30 cm à chaque chiffre pour permettre un léger chevauchement. Pour les bassins débordants, ajoutez un peu plus que la largeur du bord de briques ou de dalles qui entoure le bassin, afin de créer une extension du liner à la verticale, juste en dessous du bord.

Types de liners souples

	Pour	Contre
Polyéthylène	• Type le plus ancien de liner, développé à partir des années 1930 • Disponible en plusieurs épaisseurs (seuls les plus épais conviennent pour les bassins) et largeurs • Bon marché	• Se détériore sous l'effet des rayons ultraviolets : il durcit et se fend, ce qui le rend peu durable • Peu maniable • Se déchire facilement • Ne peut être assemblé • Ne peut être réparé • Durée de vie de 3 à 5 ans • Rarement sous garantie
Polyéthylène léger	• Variété de polyéthylène développée récemment et améliorée, de plus en plus facilement disponible • Plus souple que le polyéthylène standard • Difficile à déchirer • Peut être réparé • Se détériore très lentement sous l'effet des rayons ultraviolets ; durée de vie de 15 à 30 ans • Garantie de 15 à 30 ans • Moins cher que les autres liners	• Ne peut être soudé
PVC	• Développé à partir d'une nouvelle génération de polymères dans les années 1960 • Disponible en différentes épaisseurs et densités • Certaines catégories sont laminées et consolidées avec un maillage en Nylon • Peut être assemblé • Peut être réparé • Plus durable que le polyéthylène courant, avec une durée de vie de 15 à 20 ans • Sous garantie • Prix variables	• Les variétés épaisses sont peu maniables
Butyle	• Développement simultané à celui du PVC, est le plus couramment utilisé par les professionnels • Disponible en plusieurs épaisseurs • Son élasticité le rend plus solide que les autres liners et plus facile à utiliser pour les bassins de forme fantaisiste • Se soude facilement, même sur place si nécessaire • Se répare facilement : les kits de réparation pour chambre à air de vélo conviennent • Résiste aux rayons ultraviolets • Très résistant – durée de vie pouvant aller jusqu'à 50 ans • La plupart des fournisseurs le garantissent un minimum de 20 ans	• Coût élevé

Construction d'un bassin à l'aide d'un liner

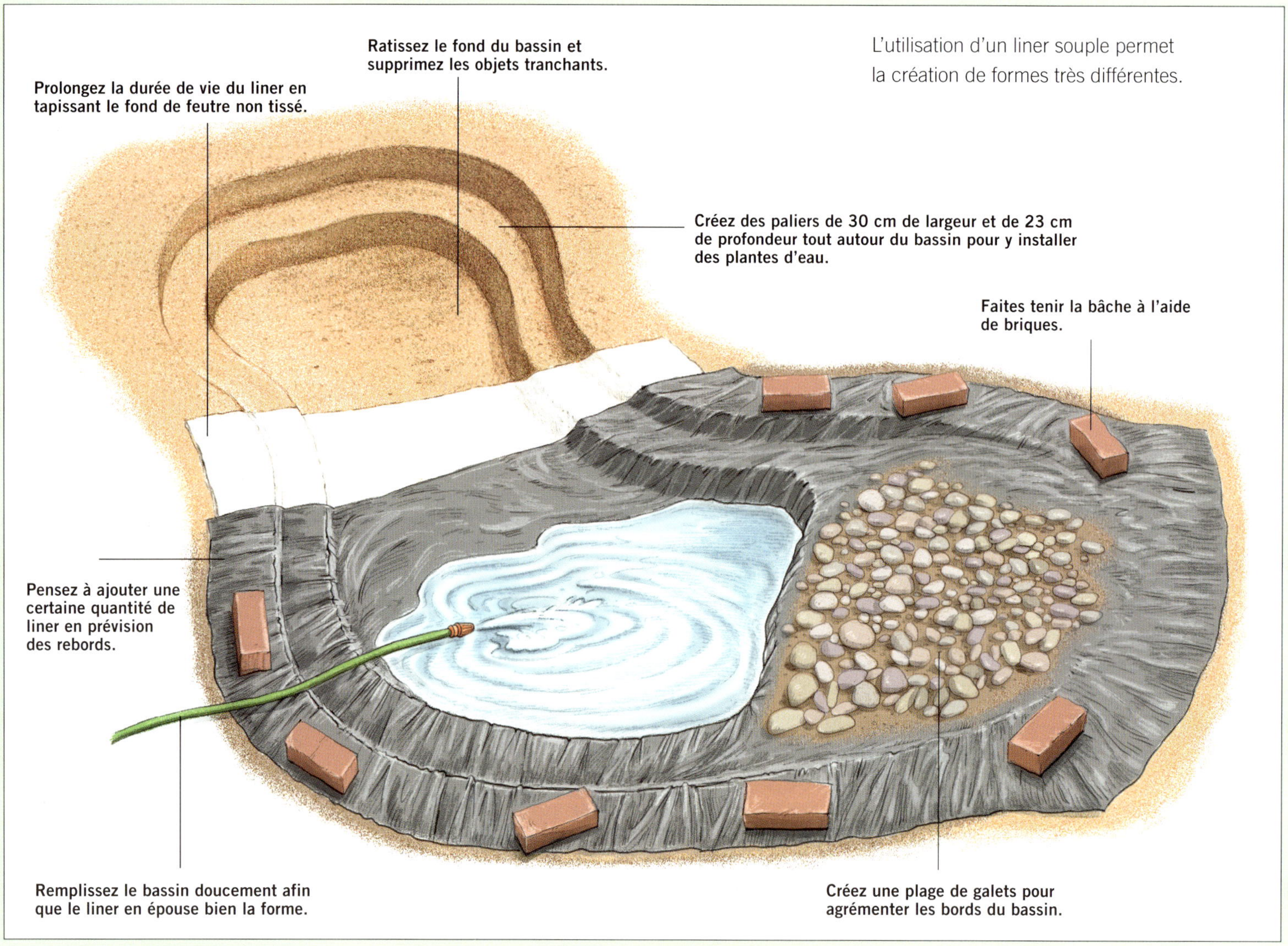

Travaux d'excavation

Matérialisez l'emplacement du bassin à l'aide d'un tuyau d'arrosage ou de piquets et d'un cordeau. Si le bassin se trouve sur une pelouse, enlevez le gazon et utilisez une bêche pour tailler des bords bien nets. Placez des piquets en bois tous les 50 cm, à 15 cm du bord du futur bassin. Les piquets doivent se trouver suffisamment rapprochés pour qu'on puisse poser une limande sur deux piquets voisins.

Faites une marque sur un piquet indiquant le niveau futur de l'eau. Ce piquet sera appelé « piquet de référence ».

À l'aide de la limande et du niveau à bulle, faites le tour du bassin et tracez des marques sur tous les autres piquets en fonction du piquet de référence. Vous pourrez ainsi corriger toutes les variations de niveau en ajoutant ou en enlevant de la terre si nécessaire.

Commencez à creuser à 15 cm à l'intérieur de la rangée de piquets à une profondeur de 23 cm. Créez une légère pente, afin d'atténuer la pression de la glace en cas d'hiver très froid et pour empêcher les parois de s'effondrer. Ratissez le fond de l'excavation, puis matérialisez l'emplacement des paliers intermédiaires à l'aide d'une ligne de sable. Prévoyez des paliers de 30 cm de large aux emplacements où vous souhaitez installer des plantes aquatiques.

Creusez la partie la plus profonde du bassin à l'intérieur des marques en sable sur environ 23 cm si la profondeur totale est de 45 cm ou sur 38 cm si la profondeur totale est de 60 cm.

Ratissez le fond pour égaliser sa surface. Passez délicatement sur les parois pour éliminer les cailloux pointus. Si le sol est inégal ou accidenté, tapissez l'ensemble d'une couche de sable humide de 2,5 cm d'épaisseur.

Si vous prévoyez une bordure engazonnée risquant d'être piétinée, consolidez-la en maçonnant une rangée de dalles sur le liner, sous la couche de gazon.

À DROITE Pour ce ravissant bassin de style japonais, où deux sphères minérales se répondent, on a utilisé plusieurs matériaux. Le liner est masqué à l'arrière par de grosses pierres et sur les côtés par des plantations.

Installation du liner

❶ Matérialisez l'emplacement du bassin et définissez l'horizontalité du site à l'aide de piquets en bois (voir Travaux d'excavation, p. 170). Creusez de façon régulière en tenant compte des paliers intermédiaires.

❷ En vous servant d'une lisseuse, tapissez le fond et les parois avec une couche de sable humide de 2,5 cm d'épaisseur. Prenez soin de bien faire adhérer.

❸ Étalez le liner sur une pelouse près de l'excavation, afin de le réchauffer au soleil. Cela permet de l'assouplir. Lissez-le et supprimez tous les plis. Tapissez tout le trou d'une sous-couche de feutre non tissé. Prévoyez un excédent d'environ 30 cm tout autour du bassin. Mettez le liner en place, en le centrant bien et en le faisant déborder de 30 cm tout autour.

❹ Faites épouser au liner les formes du bassin, en prenant soin de toujours conserver les 30 cm prévus tout autour. Vous ne pourrez éviter l'apparition de plis. Essayez de les lisser au maximum. Faites tenir le liner à l'aide de briques ou de gros cailloux, pour l'empêcher de glisser ou de voler à l'intérieur du bassin. Remplissez le bassin aux trois quarts d'eau et enlevez les briques tenant les bords.

❺ Ajoutez toutes les parties maçonnées avant de remplir le bassin d'eau jusqu'à son niveau définitif. Coupez les excédents de liner avec des ciseaux lorsque l'ensemble vous donne entière satisfaction.

Bassins préfabriqués

Les bassins préfabriqués en fibres de verre conviennent bien aux ruisselets et cascades. Les cours d'eau plus importants tapissés de liner souple et formant cascade sur une série de rochers sont plus ambitieux et nécessitent un certain savoir-faire : les cascades, pour être étanches, doivent être réalisées en béton.

Les bassins, ruisselets et cours d'eau préfabriqués n'offrent pas une grande variété de formes et limitent les possibilités. Certaines des couleurs mises sur le marché par les fabricants sont difficiles à intégrer dans un jardin et sont peu naturelles. Mais, en revanche, leur installation est relativement facile et rapide.

CI-DESSUS Cette cascade est reliée au reste du jardin grâce à l'utilisation de matériaux de même couleur.

Conseils

- Le bassin d'arrivée doit être suffisamment grand pour contenir l'eau venant des étages supérieurs. Faites en sorte que son niveau reste toujours égal.
- Le bassin de départ doit être plus profond que les autres.
- Une petite valve de régulation insérée dans le tuyau d'alimentation près de l'entrée du bassin de départ permet de contrôler facilement le débit de l'eau.
- Les eaux s'écoulant dans des bassins peu profonds ont tendance à être envahies par des algues tapissantes en été. Utilisez un dispositif de contrôle équipé d'une spirale électrique qui s'enroule autour du tuyau d'arrivée d'eau et qui atténue la formation des algues.

Construction d'une cascade à répétition

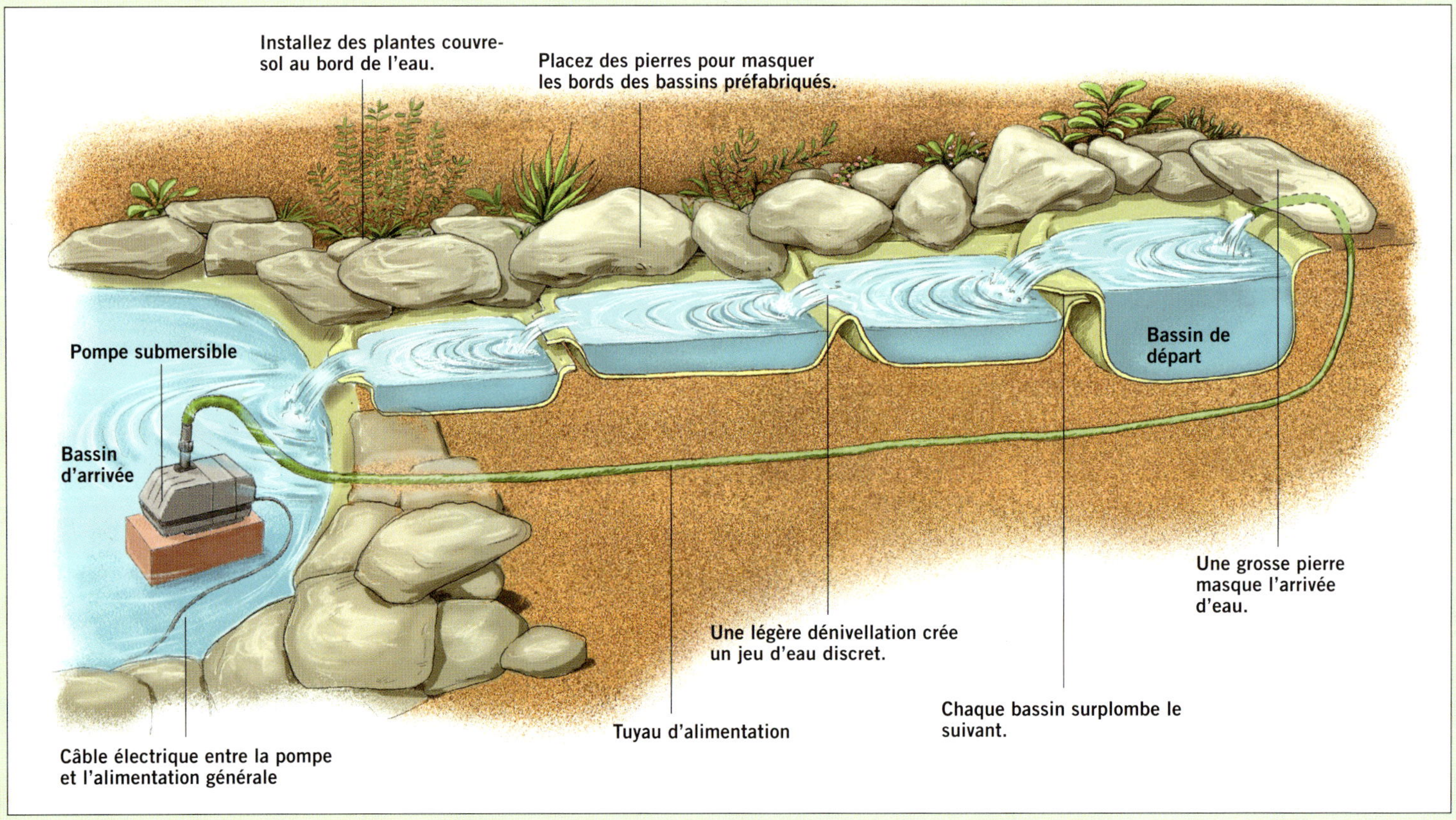

Les bassins rigides en fibres de verre sont les plus solides, les plus résistants aux rayons ultraviolets et les plus durables. Il existe aussi des systèmes de cours d'eau et de bassins de rocaille en PVC ou formés d'une coque en plastique, qui, moins chers, ont une durée de vie limitée et sont plus fragiles. Vous trouverez plusieurs variétés de finitions dans le commerce : galets, cailloux ou sable grossier. Placez-les sur un terrain en pente, parmi un jardin de rocaille pour qu'ils se fondent dans le paysage. Si vous choisissez un système de cascades formé d'une série de bassins en surplomb, modifiez de temps en temps leur direction, pour donner une allure plus naturelle au ruisseau, car l'eau voyage rarement en ligne droite le long d'une pente.

À GAUCHE L'objectif principal lors de l'installation d'un cours d'eau est de l'intégrer à l'environnement.

Contrairement aux ruisseaux évoluant dans des conditions naturelles, ici le sol qui borde le cours d'eau est sec et donc peu favorable aux plantes aimant les environnements humides. Mais vous trouverez certaines plantes alpines couvre-sol poussant dans les sols secs qui permettent de masquer les bords des coques préfabriquées.

Les bassins de rocaille préfabriqués permettent de créer une série de petits bassins en haut du cours d'eau, à son point de départ, et de réaliser ainsi un environnement naturel. Ils contiennent un petit réservoir d'eau même lorsque la pompe ne fonctionne pas, ce qui évite tout débordement au moment où l'on met le système en route.

Travaux d'excavation et d'installation

Fournitures et matériel

- **Un mètre ruban**
- **Une série de coques rigides et un bassin de départ**
- **Des piquets et cordeau pour matérialiser les emplacements**
- **Une bêche**
- **Une truelle**
- **Une brouette**
- **Du sable fin**
- **Un niveau à bulle**
- **Du tuyau de plastique en PVC souple de 2 à 2,5 cm de diamètre permettant l'alimentation en eau à partir de la pompe ; utilisez un diamètre supérieur à 2,5 cm si la distance jusqu'au bassin de départ est supérieure à 3 m**
- **Des rochers de taille moyenne et petite**
- **Une pompe submersible**
- **Une connexion étanche, aux normes**
- **Un coupe-circuit**
- **Des plantes couvre-sol**

1 Après avoir mesuré la longueur du cours d'eau et fait l'acquisition du bassin de départ et de la quantité de coques nécessaires, matérialisez sur le sol le trajet qu'empruntera votre ruisseau. Creusez une tranchée d'environ 15 cm de profondeur, de la largeur et de la longueur de la première coque rigide. Tapissez la tranchée d'une couche de 5 à 8 cm de sable fin. Placez la coque sur le sable, de 7 à 10 cm en surplomb au-dessus du bassin d'arrivée. Stabilisez et contrôlez l'horizontalité. Remplissez-le suffisamment d'eau pour en assurer la stabilité. Enterrez le tuyau d'alimentation partant de la pompe le long du cours d'eau, à 15 cm sous le sol.

2 Installez toutes les coques de la même façon, à la suite les unes des autres, jusqu'à atteindre le haut du cours d'eau. Installez chaque unité en surplomb au-dessus de la précédente.

3 Creusez un trou pour le bassin de départ et tapissez d'une

couche de 5 à 8 cm de sable. Mettez le bassin en place. Contrôlez-en l'horizontalité et placez-le en surplomb au-dessus de l'unité précédente.

4 Remplissez les espaces vides de sable ou de terre tamisée, afin de stabiliser l'ensemble. Faites passer le tuyau d'alimentation dans le bassin de départ et dissimulez-le à l'aide d'un ou de plusieurs rochers. Maintenez l'extrémité du tuyau au-dessus du niveau de l'eau du bassin pour empêcher l'eau d'être refoulée dans le bassin d'arrivée lorsque la pompe sera arrêtée.

5 Faites les raccords entre la pompe et l'alimentation générale en électricité. Utilisez exclusivement du matériel étanche. Équipez le système d'un coupe-circuit pour éviter tout accident. Mettez la pompe en marche pour vérifier le bon fonctionnement de l'installation et faites alors les derniers ajustements.

6 Placez quelques rochers et pierres le long du cours d'eau pour créer une ambiance naturelle et installez des plantes couvre-sol.

Fontaines

Les fontaines sont des ornements qui, par l'animation qu'elles créent, forment un pôle d'attraction supplémentaire. On peut les adosser contre un mur pour réaliser un petit coin de fraîcheur sur un patio. Elles fonctionnent grâce à une pompe submersible placée au fond du bassin ou sur une plate-forme en brique ou parpaing si le bassin est profond. Certaines pompes sont également équipées d'un tuyau flexible permettant d'alimenter une cascade.

Choix de la fontaine

Il est important que la portée du jet ne dépasse pas les dimensions du bassin. Si le bassin est petit, choisissez un modèle de fontaine simple, et évitez les jets élevés qui éclaboussent lorsqu'il y a du vent. Les fontaines conviennent bien aux bassins classiques, mais dans les bassins informels elles ont tendance à paraître déplacées ; alors, prudence !

Installation d'une fontaine

Dans la plupart des cas, le jet s'élève simplement au-dessus de la pompe, qui peut être équipée de différentes buses modifiant la forme du jet. Placez la pompe de sorte que la buse dépasse légèrement du niveau de l'eau. Si nécessaire, disposez l'ensemble sur un gros bloc de pierre pour le surélever.

Les pompes électriques

L'eau des fontaines et cascades se déplace grâce à l'action d'une pompe submersible. La pompe est alimentée par un transformateur branché sur l'installation électrique générale.

L'eau arrive directement à la fontaine à partir de la pompe se trouvant en dessous. Dans le cas d'une cascade, l'eau arrive dans la partie supérieure de l'installation par un tuyau relié à la pompe placée dans un bassin. Dissimulez le tuyau sous terre le long de la cascade et son arrivée derrière un rocher. Le câble d'alimentation de la pompe suit le

CI-DESSOUS Les buis *(Buxus)* en pots, taillés en boules, soulignent la modernité de cette fontaine.

Jets d'eau

Choisissez la buse convenant à l'effet que vous souhaitez obtenir et s'harmonisant avec la fontaine.

- **Jet en dégradé :** jet traditionnel, composé de plusieurs niveaux de cercles concentriques formant une structure pyramidale.
- **Jet en gerbe :** l'eau retombe en bouillonnant et en formant une gerbe. Son style classique convient à un bassin simple mais de taille relativement importante.
- **Jet bouillonnant :** jet à l'aspect naturel, peu élevé, bouillonnant doucement et rappelant une source.
- **Jet en cloche :** l'eau jaillit d'un tuyau vertical et forme en retombant une demi-sphère bien dessinée, d'aspect lisse et brillant.
- **Jet en colonne :** deux ou trois colonnes d'eau jaillissent de manière vive et verticale. Ce type de jet convient aux jardins de conception moderne.
- **Geyser :** la fontaine en geyser est souvent haute et sort de terre avec force. En retombant, l'eau bouillonne de façon spectaculaire et fait un bruit de cascade.

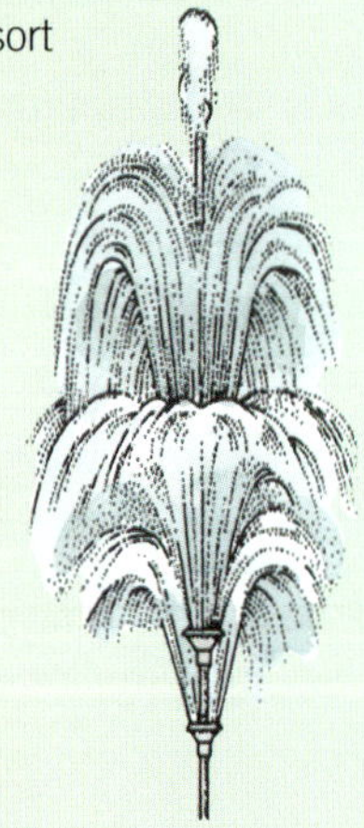

En dégradé

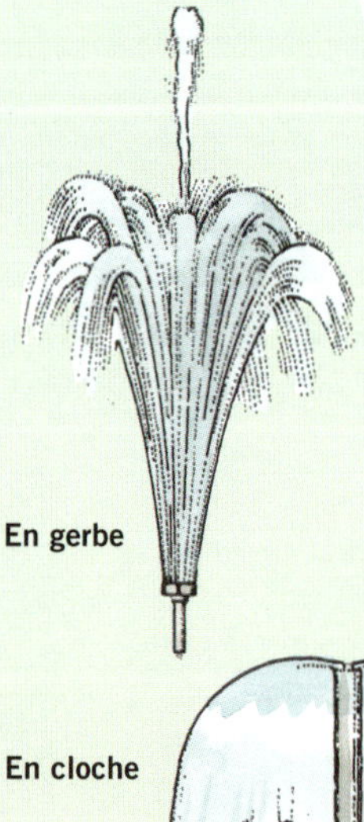

En gerbe

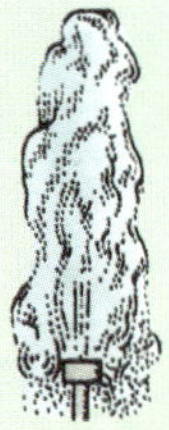

Bouillonnant

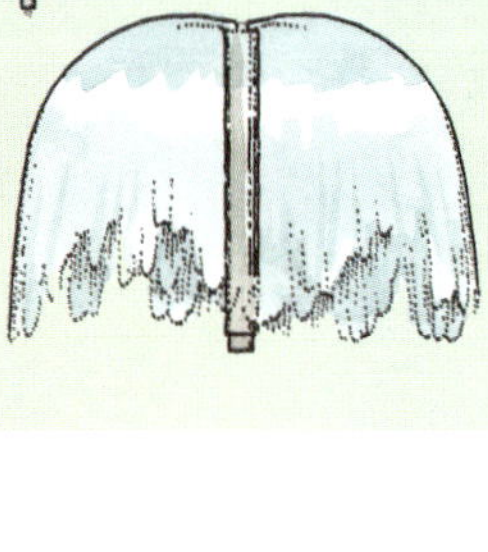

En cloche

Installation d'une pompe

Fontaine ornementale
Branchez la pompe au jet avec un tuyau flexible. Dissimulez la pompe dans le socle de la fontaine si celui-ci est creux.

Fontaine simple
Placez la pompe dans le bassin à la bonne hauteur, afin que la buse dépasse juste de la surface de l'eau. Posez des briques ou des parpaing si l'eau est trop profonde.

CI-DESSUS **Une pompe ancienne provenant d'une ferme alimente une fontaine placée dans un cadre champêtre.**

À DROITE **Ce bassin de style moderne mais de facture classique offre le spectacle d'un nageur se tenant en équilibre au sommet du jet d'eau.**

fond et les parois du bassin. Faites-le passer sous une pierre du rebord, puis reliez-le à un raccord étanche, et enfin à un transformateur. Bien que le courant de faible voltage circulant entre la pompe et le transformateur ne puisse provoquer de choc électrique, protégez le câble pour l'empêcher de se détériorer. Ne le laissez pas traîner à terre, où il peut aussi vous faire trébucher. Le meilleur moyen est de le faire passer dans un tuyau en plastique, enterré à 60 cm de profondeur. Assurez-vous qu'il ne passe pas sous un massif de fleurs car vous risqueriez de le toucher en bêchant.

Pour calculer la capacité de toute pompe actionnant un jet, renseignez-vous sur les paramètres suivants : la hauteur de la fontaine ou celle du jet, la vitesse du débit, la taille du bassin, la cadence de son fonctionnement (constant ou non) et la présence d'un filtre. Ces informations sont en général indiquées sur la pompe, mais demandez conseil à votre fournisseur.

Vasques

La diversité des pompes submersibles disponibles sur le marché et celles des contenants susceptibles d'être utilisés comme vasques ont donné lieu à une inventivité sans limite en matière de petits jardins aquatiques.

Il faut une alimentation électrique à proximité de la vasque et un récipient suffisamment grand pour permettre la circulation de l'eau et éviter les déperditions par évaporation.

Une fois installées, les vasques consomment peu d'eau et ne nécessitent qu'une occasionnelle remise à niveau. Contrairement aux bassins dont le bon fonctionnement repose sur l'équilibre biologique du milieu ou sur un bon filtrage, elles n'exigent que peu d'entretien et sont très peu onéreuses.

CI-DESSUS Les anciennes meules en pierre peuvent être reconverties en de très jolies fontaines.

À GAUCHE Cette fontaine originale et insolite placée sur des galets est formée de tuiles disposées en éventail autour du jet d'eau.

La fontaine de galets est un élément décoratif simple qui convient aux jardins aussi bien classiques que naturels. Elle peut occuper un espace très petit ou, au contraire, très grand, selon la taille du jardin. On peut en modifier l'aspect en changeant les galets de place ou en augmentant et en diminuant le niveau de l'eau dans le réservoir, ce qui fait aussi varier le bruit de l'eau retombant sur les cailloux.

Les fontaines murales

Les petits jardins de ville, les arrière-cours, les patios et les vérandas forment les meilleurs décors pour les fontaines murales, car la place y est souvent insuffisante pour installer un bassin central ou un jet d'eau. Parmi les différents dispositifs de fontaines décoratives que l'on trouve, l'eau jaillit souvent de la bouche d'un mascaron ou d'une gargouille. Spectaculaires, les fontaines murales doivent être choisies avec soin car elles ont tendance, même arrêtées, à prévaloir sur les autres éléments décoratifs. Une fontaine installée au bout d'une allée attire inévitablement le regard, surtout lorsqu'elle est en plein soleil et visible de la maison.

Fonctionnement de la fontaine

Comme pour tous les jeux d'eau, il faut un réservoir dans lequel la pompe puise l'eau nécessaire au jet. Il peut se présenter sous forme d'un bassin haut adossé à un mur et placé légèrement en dessous de la sortie de l'eau, ou d'un bassin bas au pied du mur. Préférez les bassins contenant une bonne réserve d'eau, pour ne pas avoir à lutter contre l'évaporation et les pertes quand l'eau gicle par-dessus bord. Ce type de réservoir, capable de contenir une grande quantité d'eau, est lourd et nécessite une structure de base solide.

La forme du bassin, en revanche, permet quelques fantaisies. On peut y installer une margelle pour s'asseoir et profiter de la fraîcheur et du bruit de l'eau. Construisez le bassin dans le même matériau que celui du mur contre lequel il est adossé pour donner un air plus authentique à l'ensemble.

Les fontaines murales sont souvent vendues en kit avec une petite pompe. Il ne reste plus qu'à visser la fontaine au mur et

À DROITE Ce masque de lion est monté sur un second mur construit devant le mur existant. Il dissimule ainsi les alimentations en eau et électricité.

Installation d'une fontaine murale

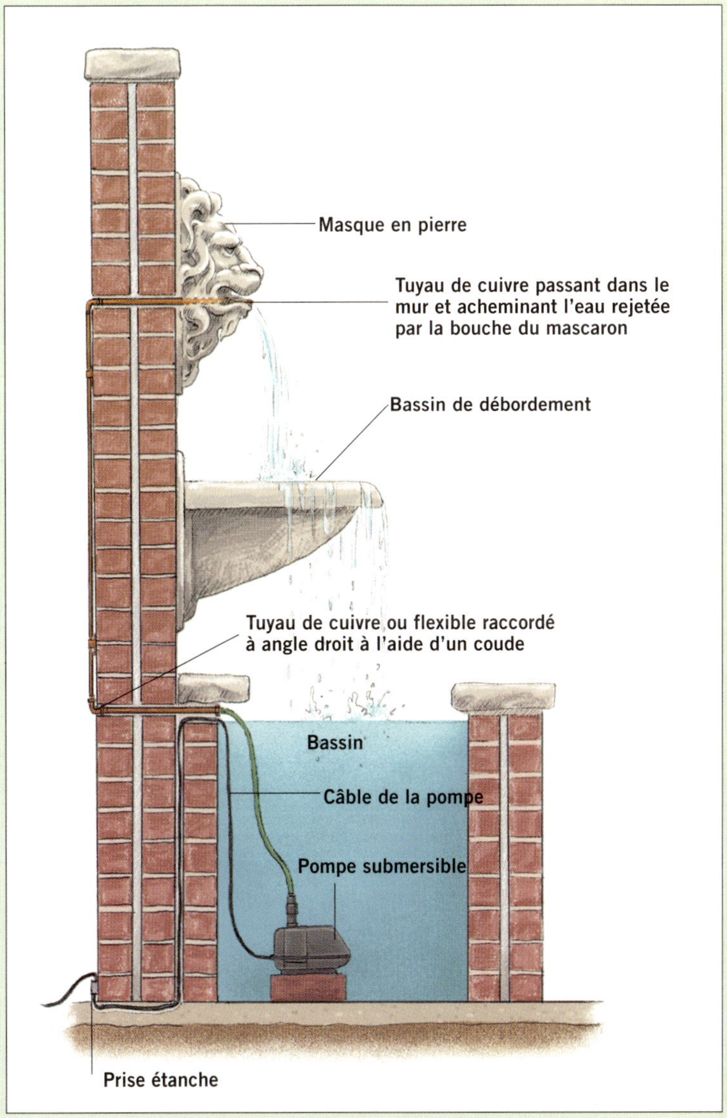

❶ Tracez l'emplacement du mascaron en pierre sur le mur et percez un trou au niveau de la bouche. Pour dissimuler le tuyau d'approvisionnement et le faire passer derrière le mur, percez un second trou à l'endroit du bassin inférieur, juste au-dessus de la surface de l'eau.

❷ Coupez un morceau de tuyau en cuivre traversant la bouche du masque et le mur. Mettez-le en place pour faire tenir provisoirement le mascaron. Laissez dépasser de 2,5 cm au moins de chaque côté du mur.

❸ Étalez une fine couche de mortier sur le dos du mascaron, faites-le glisser le long du tuyau de cuivre et collez-le sur le mur. Laissez ainsi jusqu'à ce que le mortier soit sec. Lorsqu'il est complètement sec, faites des essais de longueur de tuyau jusqu'à obtenir le jet le plus efficace.

❹ Fixez un coude à angle droit sur le tuyau de cuivre. Si vous utilisez du tuyau flexible, raccordez au coude la longueur nécessaire de flexible puis fixez à son extrémité un deuxième coude. Faites tenir les différents assemblages avec des colliers de serrage. Fixez au bout du second coude un tuyau de cuivre traversant l'épaisseur du mur au niveau du bassin inférieur et connectez-le à la pompe submersible placée dans le bassin. Si vous utilisez du tuyau de cuivre rigide, assemblez les tubes de cuivre entre eux avec des coudes. Fixez les différents tuyaux au mur à l'aide de pattes de fixation.

❺ Connectez la pompe submersible à l'alimentation électrique, puis testez le système pour en définir le débit. Faites les ajustements nécessaires.

à brancher la pompe sur une prise. Mais ces fontaines étant souvent de petite taille, elles paraîtront disproportionnées sur un grand mur.

Considérations techniques

La difficulté principale, lorsqu'on construit une fontaine murale de grande taille, consiste à trouver un moyen de dissimuler le tuyau raccordant la pompe d'alimentation à la bouche d'où sort le jet. Si le mur possède une cavité, percez des trous d'entrée et de sortie, puis dissimulez les tuyaux dans la cavité. Si vous pouvez glisser les tuyaux derrière le mur de la fontaine, reportez-vous à la page précédente.

Si aucune de ces possibilités n'est praticable, dissimulez le tuyau derrière un treillage garni de plantes. Vous pouvez aussi couper en deux un tuyau de drainage en terre cuite et le maçonner verticalement sur le mur entre le bassin et la sortie du jet. Rien ne vous empêche également de construire un faux mur devant le mur existant et de cacher les installations entre les deux. La construction d'un second mur permet d'envisager des modes de consolidation si le bassin est important. Ne montez jamais une fontaine sur le mur de la maison, vous risquez des infiltrations d'eau.

À DROITE Vous pouvez utiliser des grosses pierres dans les fontaines sur galets. Pour créer ce type de jet d'eau, achetez une pierre prépercée plutôt que d'essayer de la percer vous-même.

Installation d'une fontaine sur un lit de galets

❶ Choisissez un endroit visible depuis les fenêtres les plus utilisées de la maison. Nettoyez un emplacement de 1 à 1,20 m^2. Mesurez le diamètre et la profondeur du contenant en plastique (qui peut être une grande poubelle). Creusez un trou légèrement supérieur à ces dimensions.

❷ Encastrez le récipient dans le trou afin qu'il se trouve juste en dessous du niveau du sol. Vérifiez l'horizontalité des bords avec un niveau à bulle posé sur une planche en bois. Stabilisez le sol autour du bord en remplissant les espaces vides de terre et en tassant. Lorsque le réservoir est en place, créez dans le sol une dépression en forme de soucoupe de 7,5 à 10 cm de profondeur et d'un rayon de 1 à 1,20 m, tout autour du réservoir.

❸ Posez une bâche en polyéthylène sur la surface de la dépression. Faites tenir provisoirement avec de galets. Découpez au-dessus du réservoir un trou légèrement plus petit que la circonférence du réservoir.

❹ Placez une brique dans le fond du réservoir. Posez la pompe sur la brique pour empêcher les débris tombant au fond de l'eau de boucher le filtre de la pompe. Raccordez le tuyau à la pompe.

❺ Placez sur le dessus du réservoir un grillage en fil de fer galvanisé dont le diamètre est supérieur de 10 cm à celui du trou. Découpez un petit trou en son centre et faites passer le tuyau.

❻ Disposez des galets autour de la sortie du tuyau, puis sur l'ensemble du grillage. Si le tuyau est flexible, prenez soin de le maintenir à la verticale à l'aide des galets, afin que l'eau forme un joli jet. Si vous utilisez un tube rigide, le rôle des galets est moins important. Faites une installation provisoire à ce stade, car, si vous devez ajuster le débit de l'eau, il vous faudra déplacer à la fois les galets et le grillage. Remplissez partiellement le réservoir, mettez la pompe en route et jugez de l'effet produit.

❼ Lorsque vous êtes satisfait du débit de l'eau, remplissez le réservoir. Si le tuyau du jet est trop apparent, coupez-le à la bonne longueur, puis terminez l'organisation des galets sur le grillage selon l'effet que vous désirez produire. En créant un monticule par-dessus le tuyau de sortie, l'eau se disperse en plusieurs petits jets, en laissant le tuyau plus libre, il forme un jet plus haut, en gerbe. Finissez par couvrir tout le grillage d'un arrangement de galets.

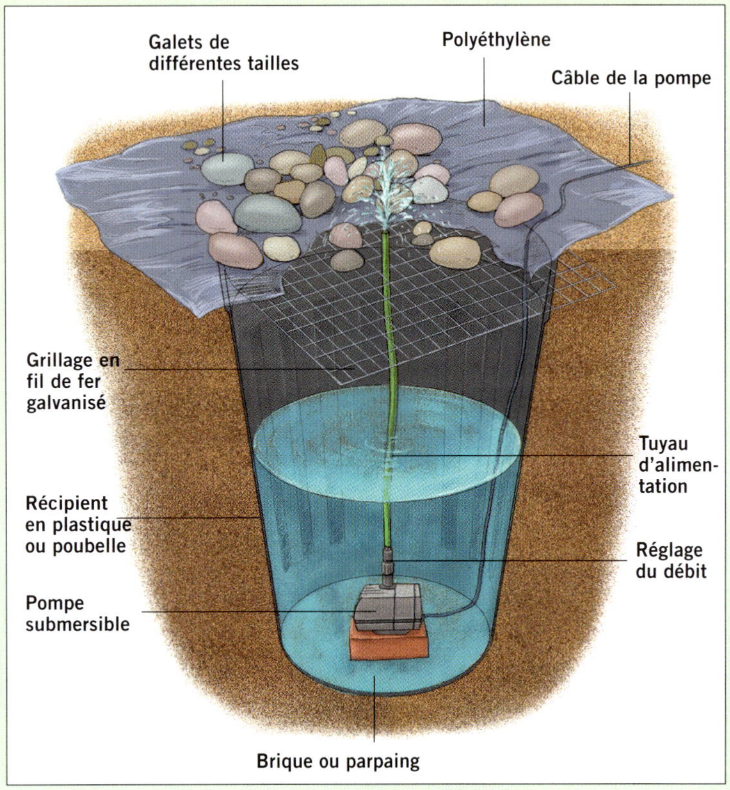

Installation d'une fontaine en ardoise

Fournitures et matériel

- **Un réservoir à eau en matière plastique d'environ 60 cm^2 et de 40 cm de profondeur**
- **Du béton**
- **Du sable**
- **Du liner en polyéthylène**
- **4 planches de contreplaqué ou de bois de coffrage, de 75 x 15 cm et de 18 mm d'épaisseur**
- **Des clous de 4 cm**
- **1 tube en acier galvanisé de 18 mm de diamètre et de 20 cm de long**
- **1 tube en acier galvanisé de 18 mm de diamètre et de 60 cm de long**
- **1 raccord en coude à 90° en cuivre ou en acier galvanisé de 18 mm de diamètre**
- **1 raccord pour métal à plastique**
- **Du tuyau flexible de 18 mm de diamètre**
- **Une pompe submersible (de préférence de 60 watts)**
- **Du grillage en fil de fer galvanisé à mailles de 2,5 cm**
- **Des ardoises**
- **Du mastic spécial extérieur**
- **Des galets**

❶ Creusez une tranchée allant de l'alimentation générale en électricité jusqu'à la pompe. (Utilisez une prise ou une boîte de dérivation étanches pour faire les raccords). Creusez un trou de 15 cm de profondeur avec une très légère pente vers l'intérieur dont la base mesure environ 1,20 x 1 m. À l'intérieur de ce trou, dans un angle, et à environ 15 cm des bords, creusez un autre trou de la taille du réservoir en plastique. Et à côté de ce deuxième trou, creusez-en un troisième de 15 cm de profondeur et d'environ 40 cm de côté. Encastrez le réservoir en plastique dans le second trou en le laissant dépasser d'environ 2,5 cm au-dessus de la surface du sol. Remplissez le troisième trou de béton pour former la base de la structure en ardoise. Lissez la surface du béton et laissez sécher.

❷ Tapissez la base et les parois du trou de 1,20 x 1 m d'une couche de sable d'environ 2,5 cm. Couvrez d'un liner en polyéthylène. Au-dessus du réservoir, découpez un trou dans le liner. Prévoyez 5 cm de liner dépassant au-dessus du réservoir. Pour la base de la fontaine : avec les planches en bois, fabriquez un coffrage parallélépipédique de 30 x 30 x 15 cm, à angles droits ou non. Percez un trou au milieu de l'un des côtés avec une mèche de 20 mm. Avec une scie, découpez un U de 2 cm de large en dessous du trou, ce qui vous permettra d'enlever facilement le coffrage lorsque le béton aura pris. Placez le coffrage sur la base en béton que vous avez coulée en 1. Tournez la découpe en U vers le bas et face au réservoir. Raccordez les deux extrémités du tube en métal avec un coude à 90°. Placez le tout dans le coffrage en faisant sortir du U la partie de tube la plus courte et en la plaçant au-dessus du réservoir. Remplissez le coffrage de béton. Assurez-vous que le tube de métal reste bien à la verticale. Laissez prendre le béton.

❸ Lorsque le béton est sec, enlevez le coffrage. Placez la pompe dans le réservoir et raccordez le tuyau en plastique au tube en métal. Branchez la pompe à l'alimentation électrique et placez le grillage en fil de fer au-dessus du réservoir. Percez les plaques d'ardoise en leur milieu avec une mèche de 20 mm. Installez la fontaine en glissant les plaques d'ardoise une à une sur le tube vertical. Faites tenir à l'aide de mastic spécial extérieur appliqué en couches généreuses.

❹ Tapissez la cuvette formée par le premier trou de galets et remplissez le réservoir d'eau. Mettez la pompe en marche et jugez de l'effet.

Canaux

Les canaux permettent de relier différents éléments aquatiques comme les bassins surélevés et les fontaines. Ils s'écoulent calmement, apportant fraîcheur et sérénité. Ils peuvent aussi attirer le regard du promeneur vers une sculpture, une urne ou tout autre élément décoratif. La largeur du canal dépendra des proportions du jardin, avec une préférence pour les canaux étroits plutôt que larges. Un canal de 30 cm de large sera du plus bel effet, surtout si l'on en accentue les lignes avec des plantes à tige droite et élancée, des haies ou des buissons taillés en topiaire.

Pour créer un environnement harmonieux, coordonnez les canaux et les bassins-canaux avec les murs et le dallage, et recherchez une ambiance sobre, sans végétation excessive. Partez à la découverte de nouveaux matériaux. Le béton est idéal, car il permet de construire des canaux peu profonds au profil strict. Les carreaux de céramique, avec ou sans motif, donnent un effet rafraîchissant et créent de subtils reflets.

Ce type de structure nécessite une conception et une exécution extrêmement soignées, ainsi qu'une attention particulière pour les proportions, le traitement des surfaces et les finitions. Le fond du canal doit être absolument uniforme pour que la profondeur de l'eau soit partout la même.

Canal en dalles de pavage

Au lieu de béton, vous pouvez opter pour une solution moins difficile et réaliser le fond du canal en dalles de pavage. Pour un canal court, des dalles de 90 x 60 x 5 cm placées côte à côte conviennent parfaitement. Posez un seul rang, ou bien deux, si le canal est plus large. Faites des joints étanches et passez une couche supplémentaire de ciment-joint sur l'ensemble de la surface et sur les parois pour les rendre étanches. Pour les parois, utilisez des briques ou des blocs de béton de 46 x 23 x 7,5 cm. Finissez par les bords, avec des dalles décoratives de 5 cm d'épaisseur, posées tout du long du canal. Si la longueur du canal est très importante, consolidez le joint en ajoutant des fibres de renforcement.

Conseils

- L'utilisation de fibres de renforcement dans le béton empêche l'apparition de fissures dans le fond et les parois du canal en cas de glissement de terrain.
- La méthode traditionnelle consistant à incorporer du grillage galvanisé dans la structure en béton permet également d'éviter les fissures, mais elle n'est pas extrêmement fiable.

PAGE CI-CONTRE, EN HAUT **Les petits jets d'eau placés à intervalles réguliers répondent aux jets des vasques superposées.**

PAGE CI-CONTRE, EN BAS **Cet ensemble de formes géométriques complexes et de plantations symétriques attire le regard vers le banc situé sous la pergola.**

Travaux d'excavation et de construction d'un canal

Fournitures et matériel

- **Des cannes de bambou et un cordeau**
- **Une bêche**
- **Une brouette**
- **Du sable fin**
- **Du film de polyéthylène épais**
- **Une planche en bois**
- **Un niveau à bulle**
- **Du sable de construction**
- **Du ciment**
- **Des fibres de renforcement**
- **Un poteau de bois de 5 x 5 x 60 cm pour tasser la terre**
- **Des briques simples**
- **Une truelle**
- **Du mortier prêt à utiliser**
- **Des briques de couronnement (ou pavés de brique)**
- **Une lisseuse de plâtrier**

❶ Choisissez un terrain bien plat et matérialisez la largeur et la longueur du canal. Creusez sur une profondeur de 15 cm pour le canal plus 5 cm pour la couche de sable fin formant la base. Ajoutez le sable puis tapissez l'ensemble de l'excavation avec du film de polyéthylène : il formera la base sur laquelle vous coulerez le béton.

❷ Vérifiez l'horizontalité des bords de la tranchée, en vous servant de la planche en bois et du niveau à bulle. Mélangez deux parts de sable de construction et une part de ciment pour obtenir le béton. Ajoutez les fibres de renforcement au cours du mélange en suivant les instructions du fabricant. Coulez sur le film en polyéthylène et tassez avec l'extrémité du poteau en bois.

Coupe d'un canal

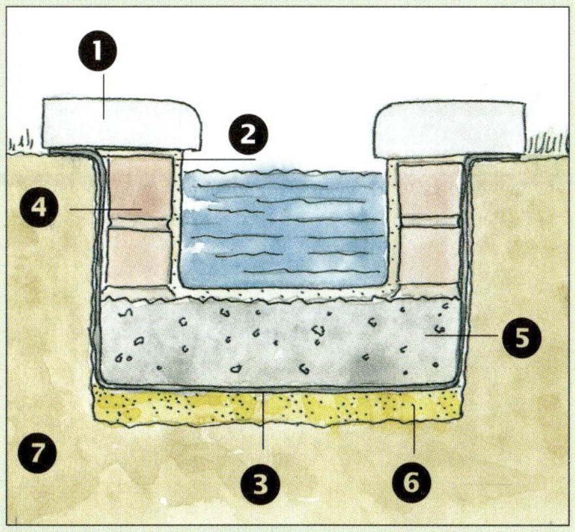

1. Briques de couronnement
2. Mélange de ciment et de fibres de renforcement
3. Film de polyéthylène formant une couche protectrice
4. Briques simples
5. Béton
6. Sable fin
7. Sol

3 Lorsque le béton est sec – comptez un ou deux jours –, montez les parois avec des briques simples assemblées au mortier. Si vous recouvrez l'ensemble de briques de couronnement, deux assises de briques suffisent. Vérifiez toujours l'horizontalité des assises au fur et à mesure que vous les montez.

4 Lorsque le mortier est sec, posez les briques de couronnement à angle droit sur les parois, légèrement en saillie au-dessus de l'eau (5 cm). Dès que le mortier des briques de couronnement est sec, tapissez l'intérieur du canal avec un mélange de ciment et de fibres de renforcement. Lissez à la lisseuse de plâtrier ou avec une petite taloche. Appliquez une couche de ciment de 5 mm sur les parois et deux couches de 5 mm sur le fond.

Gués et pas japonais

Les gués constituent une façon charmante de traverser un cours d'eau, ils invitent à flâner au milieu d'un ruisseau et à découvrir la vie aquatique. Ils ajoutent également de l'intérêt au plus petit ruisselet et relient agréablement plusieurs parties du jardin.

Ne les installez qu'en eau peu profonde et évitez les berges escarpées. Ils doivent être d'un usage facile, permettre de traverser confortablement, sans trop de précautions. En cas de doute, optez pour des pas rapprochés. Pensez à prévoir des fondations solides avant même de poser le liner du cours d'eau.

Les dalles

Les dalles permettent d'installer des gués très commodes. Préférez la pierre reconstituée pourvue d'une face rugueuse et antidérapante. Destinées en général aux jardins classiques et de forme carrée ou rectangulaire, elles existent, pour les jardins plus naturels, en tous formats, ronds ou irréguliers, mais toujours avec une face rugueuse. Les pas circulaires sont seyants dans les jardins d'inspiration moderne et répondent de façon spectaculaire au dessin des feuilles de nénuphar. Soyez attentif à la taille des dalles : leur surface doit permettre un passage confortable.

Les briques

Les briques permettent de construire des piliers soutenant les dalles du gué. Dans les bassins ne dépassant pas 60 cm de profondeur, des assises de quatre briques assemblées à angle droit permettent de créer des piliers sur lesquels vous placerez des dalles de 46 cm de côté. Aucune coupe n'est nécessaire et la dalle se trouve légèrement en surplomb au-dessus des briques. Lorsque la dernière assise de briques atteint la surface de l'eau, appliquez du mortier sur le pilier, posez la dalle, tapez pour la stabiliser et vérifiez son horizontalité avec un niveau à bulle.

Les blocs de pierre

Les gros blocs de pierre plats ou légèrement bombés conviennent aux jardins naturels et permettent de réaliser des gués traversant les ruisseaux ou les mares. Choisissez des pierres non poreuses, en granite – les pierres poreuses, en grès par exemple, s'effritent sous l'action des intempéries et attirent les algues glissantes. Si vous utilisez des pierres arrondies, faites en sorte que l'eau les recouvre partiellement et installez-les dans une partie étroite du cours d'eau, où elles auront l'air d'être arrivées naturellement. Placez-les au

CI-DESSUS Ces grosses pierres mènent d'une jetée en planches vers une autre. Les gués relient deux berges et permettent de découvrir les parties reculées d'un jardin.

À GAUCHE Ce cours d'eau très naturel, bordé de fleurs attirant les papillons, est traversé par un gué dans les mêmes pierres que le lit du ruisseau et les murets adjacents, ce qui unifie l'ensemble.

Les marais

Bien que ne ralliant pas tous les suffrages, une zone de marais près d'une mare attirant la faune aquatique permet de créer un ensemble très naturel pour les amoureux de la nature. Installez le marais en même temps que la mare et utilisez la même pièce de liner pour les deux.

Creusez un trou de 30 cm à côté de la mare. Les bords du marais seront à la même hauteur ou un peu plus haut que les berges de la mare. Seul le point de communication entre les deux sera plus bas. Tapissez le sol d'une couche de gravier grossier pour favoriser le drainage.

Installez le liner dans la mare et continuez dans la zone de marais. Repliez les bords de la même façon que pour la mare. Percez le liner par endroits et couvrez d'une couche de gravier pour empêcher les trous de se boucher.

Ajoutez une couche de bon fumier de ferme avant de remplir d'un mélange de terreau et d'humus.

CI-DESSUS À DROITE La plage de galets forme une transition progressive entre la pelouse et le bassin et offre une voie d'accès aux petits batraciens.

sommet d'une cascade, dans une eau peu profonde. En ruisselant à travers les pierres, l'eau animera le paysage. Faites reposer les pierres sur un lit de mortier, pour éviter qu'elles ne tombent dans l'eau. Si vous posez la pierre sur le sol naturel, elle ne sera stable que peu de temps, l'emplacement deviendra vite mou et boueux. Plus les pierres sont grandes, plus le gué est facile à franchir. Demandez de l'aide pour leur installation. Dans les mares tapissées de liner, placez des chutes de liner là où les pierres seront scellées au mortier. Lorsqu'elles seront installées, débarrassez-les régulièrement des algues avec une brosse en métal.

Le bois

Les pas en bois sont d'un joli effet, mais attention à l'entretien. Toute trace d'algues ou de viscosités doit être supprimée. Si vous installez des gros rondins dans un terrain marécageux, agrafez du grillage sur leur surface afin de réduire les risques de glissade. Des sections de tronc d'arbre en bois dur, scellées dans un lit de béton pour les empêcher de flotter, conviennent bien aux jardins de sous-bois et peuvent durer plusieurs années.

Les plages de galets

En transformant les bords d'une mare en plage ou en berge en pente douce, vous attirez la faune aquatique. L'accès à l'eau s'en trouve facilité, malgré les fluctuations importantes du niveau de l'eau entre l'été et l'hiver. Couvrez la plage de petits cailloux ou de galets ronds. Leur présence empêche la berge de devenir boueuse et l'eau de se troubler lorsque les oiseaux viennent s'y baigner et y boire.

Mélangez différentes tailles de galets pour donner à l'endroit un aspect naturel et authentique. Répartissez-les de telle sorte que les plus petits se trouvent sous l'eau et au bord, et les plus gros vers l'extérieur. Pour les empêcher de glisser au fond de l'eau, aménagez un muret de galets maçonné à l'endroit où la pente devient plus raide et l'eau plus profonde.

Les galets permettent de dissimuler le liner de façon très efficace et l'empêchent de se détériorer sous l'action des rayons ultraviolets. Protégez le liner des griffes des chiens en fixant définitivement en place à l'aide de béton les galets se trouvant sous l'eau.

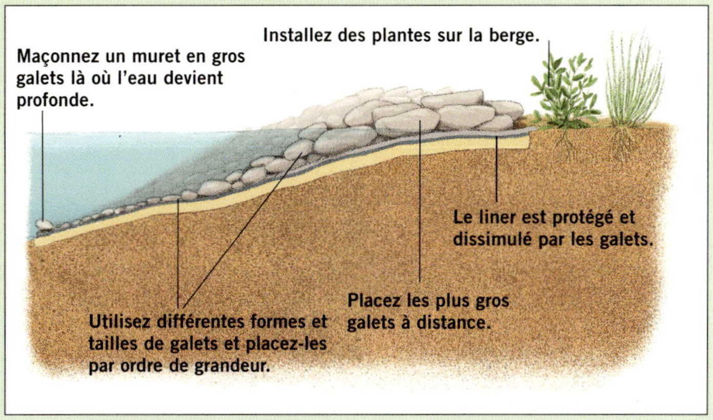

JEUX DE LUMIÈRE

Systèmes d'éclairage

La lumière peut transformer un jardin banal en un décor de théâtre, mettant en valeur ses traits les plus intéressants et laissant dans l'ombre ceux qui le sont moins. Des éclairages placés de façon judicieuse révéleront des aspects du jardin peu visibles la journée tels la silhouette d'un arbre, la texture de certains matériaux, le jeu des ombres sur un mur ou le tracé d'une allée. La lumière permet aussi de modifier les formes et l'espace. Un siège placé dans l'ombre face à une bordure de fleurs éclairée donnera une impression d'intimité, même si, dans la journée, ce même siège est abandonné au milieu d'une pelouse. Les lumières de couleur ajoutent aux objets une dimension supplémentaire qui les fait paraître plus grands et plus éloignés. Celles qui se reflètent dans l'eau donnent une profondeur insondable au plus petit des bassins.

CI-DESSUS Ici, un éclairage montant met en valeur certaines zones du jardin et des lumières descendent éclairer les marches.

La qualité de l'éclairage permet d'envoyer des messages clairs. La lumière crue d'une ampoule halogène signifie : « N'approchez pas, la maison est surveillée », alors qu'une lumière tamisée accueille les visiteurs et les invite à se diriger vers la porte d'entrée.

TYPES D'ÉCLAIRAGES

Les trois types d'éclairage sont les suivants : en 220 volts, en basse tension et solaire.

L'éclairage en 220 volts

Le branchement des éclairages en 220 volts se fait soit à partir d'une boîte de dérivation connectée au compteur général de la maison ou du garage, soit de façon autonome à partir d'un bornier et d'un coupe-circuit situé sur le compteur. Le choix dépend du nombre de points lumineux que vous souhaitez installer et de leur éloignement de la maison. Les systèmes élaborés, comportant un grand nombre de points lumineux, auront leur propre circuit électrique. Seul un professionnel peut en assurer l'installation, mais vous pouvez faire des économies en creusant les tranchées pour les câbles.

L'éclairage en basse tension

Les éclairages en basse tension sont reliés à une prise dans la maison, le garage ou un abri de jardin par l'intermédiaire d'un transformateur. Le transformateur réduit, avant son passage dans le jardin, le voltage entre l'alimentation en électricité et les appareils, ce qui supprime tout risque en cas de coupure de fil accidentelle. En raison du faible voltage, il est inutile d'enfouir les fils ou de les protéger par des conduits en PVC renforcé. Les transformateurs sont simples à poser et faciles à déplacer. Cette souplesse d'utilisation est l'un des grands avantages de la basse tension, qui permet d'illuminer différentes plantes et zones du jardin selon les saisons et les changements dans le jardin. Les systèmes à faible voltage utilisent des ampoules plus petites et donc des supports plus discrets, qui sont plus faciles à dissimuler. En revanche, on perd de la puissance avec la distance (la longueur de câble moyenne est de 30 m) et le nombre de points lumineux installés sur un même câble. C'est pourquoi il faut souvent plus d'un transformateur pour éclairer un jardin de taille courante.

L'énergie solaire

Les éclairages fonctionnant à l'énergie solaire captent l'énergie du soleil durant la journée et la stockent dans des batteries pour la restituer pendant la nuit. Ils sont faciles à installer, ne nécessitent que peu de connaissances en électricité et s'utilisent indépendamment de toute source d'approvisionnement. Leur utilisation est cependant limitée car ils ne permettent pas d'éclairer les grands jardins.

L'ÉCLAIRAGE SÉCURITÉ

Les éclairages décoratifs jouent également le rôle de système de sécurité, mais cela oblige à allumer quotidiennement les lumières le soir et à les éteindre le matin. C'est pourquoi il est préférable d'installer des éclairages sensibles à l'obscurité qui tombe ou qui se mettent en route à l'approche de visiteurs.

Il existe différents systèmes et divers styles, tout dépend de leur emplacement. Pour les entrées et les passages, choisissez des lumières douces qui illuminent la façade de la maison sans éblouir les visiteurs. Pour les allées longeant la maison, placez des appliques murales, des globes et des lanternes, qui éclairent les arrivants et diffusent une lumière efficace permettant de se déplacer sans danger.

Dans les grands jardins, aussi bien à l'avant qu'à l'arrière de la maison, installez un éclairage fonctionnel, diffusant un large faisceau.

Conseils pour un éclairage sécurité

Mal placé, ce type d'éclairage peut gêner les voisins, déclencher l'alarme de façon inutile ou rester inefficace à l'approche des visiteurs. Prenez le temps de réfléchir à la façon de le placer et de le régler pour le rendre opérationnel. On peut éviter le déclenchement intempestif des alarmes en réglant le détecteur infrarouge de sorte qu'il ne se mette en marche qu'à l'approche de personnes et non d'animaux domestiques. Attention à ne pas diriger le détecteur vers des chemins publics longeant la propriété – la sécurité ne doit se déclencher que lorsqu'un intrus pénètre dans une propriété privée.

Si le système est équipé d'un détecteur à distance, assurez-vous que la cellule ne se trouve pas à proximité d'un chauffage central ou de toute autre source de chaleur qui pourrait en activer le fonctionnement sans raison. Évitez les rayons lumineux directs, car la lumière halogène peut détraquer et détériorer la cellule photosensible, réduisant considérablement sa durée de vie.

Installation d'un éclairage en basse tension

1. Posez le transformateur à proximité d'une prise connectée au secteur, se trouvant à l'extérieur de la maison, dans le garage ou un abri de jardin, et protégée des intempéries.

2. Percez un trou dans le mur, dans l'angle inférieur d'une fenêtre ou d'une porte en bois pour faire passer le câble en basse tension dans le jardin. Scellez le câble avec du mastic ou du joint en silicone.

3. Lorsque le câble traverse une allée, enterrez-le pour l'empêcher de se déplacer et d'être piétiné. Dans les allées en herbe, creusez une fente à la bêche et poussez-y le câble. Sur les allées dallées, enlevez le nombre de dalles nécessaire, faites passer le fil dans un conduit et replacez les dalles.

Mise en place d'une applique murale formant système de sécurité

Ces instructions sont valables de façon générale. Consultez un manuel ou un électricien pour de plus amples renseignements. Ne procédez à aucun branchement électrique sans être absolument sûr de vous et demandez à un professionnel de faire les vérifications nécessaires avant la mise en route.

1. Coupez l'électricité au tableau général et enlevez le fusible du circuit de l'éclairage.

2. Montez l'applique et percez un trou dans le mur légèrement à droite ou à gauche, en dessous de l'applique. Faites passer le câble électrique dans la maison. Scellez avec du mastic pour empêcher l'humidité de pénétrer.

3. Localisez les fils reliés à l'alimentation générale les plus proches du câble de l'applique et fixez une boîte de dérivation sur un mur ou sur une poutre.

4. Sectionnez le câble de l'alimentation générale, dénudez les fils et raccordez respectivement les fils de l'alimentation neutre et terre sur la boîte de dérivation.

5. Choisissez un emplacement commode pour l'interrupteur, par exemple à proximité de la porte arrière de la maison, et tirez un câble jusqu'à la boîte de dérivation. Fixez un bout de ruban adhésif sur ce câble pour l'identifier.

6. Dénudez le câble partant de l'applique et raccordez le fil rouge à l'interrupteur, le fil vert et jaune à la terre et le fil bleu-gris au pôle neutre (voir schéma ci-contre).

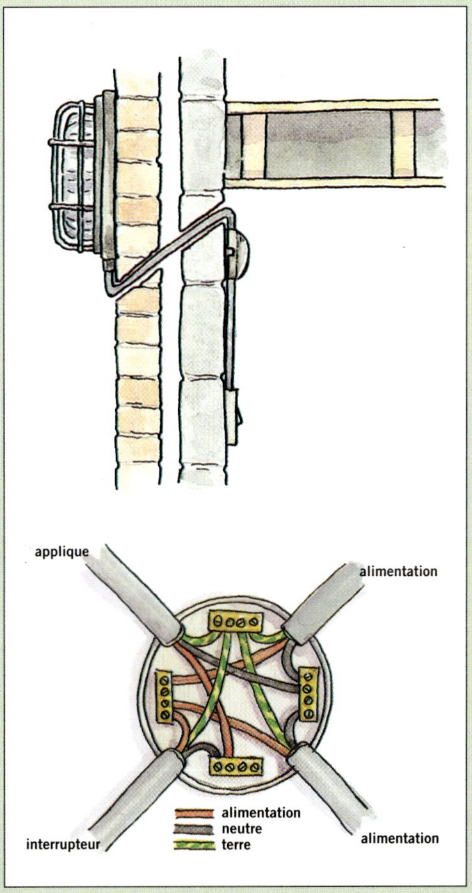

7. Vérifiez tous les branchements et fermez la boîte de dérivation. Replacez le fusible et rebranchez le disjoncteur.

CI-DESSUS En l'absence d'une installation électrique, bougies et torches diffusent une lumière agréable et créent une ambiance festive.

De nombreux systèmes de sécurité sont équipés de détecteurs à rayons infrarouges sensibles à la chaleur du corps. Ils déclenchent la lumière à l'approche de toute personne, ce qui suffit, en général, à décourager les intrus. Les cellules font partie intégrante du système d'éclairage ou sont indépendantes. Elles sont pourvues d'un dispositif qui évite leur déclenchement lors du passage d'un animal domestique ou lorsque le vent fait bouger les feuilles. Une cellule photosensible les empêche de se mettre en route dans la journée. Les cellules infrarouges indépendantes sont plus difficiles à installer, mais on peut les disposer dans plusieurs endroits du jardin, de telle sorte que la sécurité fonctionne à l'occasion de toute intrusion. Si vous optez pour ce type de dispositif, raccordez les différentes cellules à un circuit électrique autonome équipé d'un coupe-circuit, mais confiez-en l'installation à un professionnel. En revanche, il est possible de raccorder soi-même au circuit électrique de la maison les systèmes isolés (voir Mise en place d'une applique murale, p. 187).

Que vous choisissiez un éclairage fonctionnant en 220 volts, en basse tension ou une combinaison des deux, les possibilités de créer des atmosphères originales sont infinies. Pour obtenir le meilleur résultat, achetez l'équipement approprié et répartissez judicieusement les sources lumineuses, en tenant compte des aspects aussi bien fonctionnels qu'esthétiques. Souvenez-vous que vous installez un éclairage qui doit être agréable à utiliser et efficace, et que l'effet obtenu est aussi important que l'éclairage lui-même. On peut mettre en valeur un banc de jardin en l'illuminant par des spots – mais attention à ne pas en aveugler les occupants. De la même façon, il est déplaisant de dîner à une table mal éclairée où les ombres portées empêchent de voir le contenu de son assiette.

L'éclairage du jardin doit être modifiable. Les fils des spots placés dans les massifs et les bordures seront suffisamment longs pour être déplacés selon les saisons. L'éclairage est destiné à mettre en valeur le jardin et les changements qui s'y opèrent.

LE BON CHOIX

Les spots et les éclairages directs. Les spots sont simples et pratiques. Ils diffusent un rayon lumineux dans une certaine direction et permettent de mettre en valeur tel ou tel élément décoratif : sculpture, arbre, mur ou bordure de fleurs. Ils sont particulièrement efficaces dans les jardins ouverts à la visite où l'on peut éclairer un grand nombre d'éléments décoratifs à distance sans avoir à multiplier les sources lumineuses, et donc les installations complexes. En revanche, leur lumière est vive et les ombres projetées très sombres. Pour pallier ces inconvénients, utilisez des verres dépolis ou éclairez les marches et les bancs de façon indirecte en brisant le rayon lumineux sur un mur afin de diffuser la lumière.

Vous trouverez des spots prévus pour appliques murales, sur pied ou équipés de piquets que l'on plante dans le sol, dans le feuillage d'un buisson ou dans un pot sur une terrasse ou un patio.

Les éclairages directs sont similaires aux spots, mais ils possèdent un faisceau plus large et permettent d'éclairer les allées, les arrière-plans et les plates-bandes de fleurs.

Les éclairages indirects. Ils offrent de nombreuses possibilités et des effets esthétiques d'une grande sobriété ou au contraire spectaculaires. Disposez-les régulièrement le long d'un mur ou d'une volée de marches et créez un rythme qui met en valeur une symétrie ou la théâtralité d'une entrée.

Encastrés dans le gravier ou un plancher en bois, ils prennent une allure magique et invitent à marcher dans un halo de lumière. Couvrez-les d'une fine couche de gravier ou de verre dépoli, pour diffuser la lumière et ajouter au mystère, ou faites serpenter la lumière le long d'une allée ; les possibilités sont innombrables.

L'installation dans une allée de gravier est relativement facile. Enterrez le fil profondément pour éviter de le piétiner

CI-DESSOUS Ici, les abat-jour permettent de créer un éclairage directionnel et de souligner le tracé de l'allée sans éblouir les passants.

Les lumières de couleur

La couleur et la qualité de la lumière diffusée par les différents systèmes d'éclairage dépendent du type d'ampoule utilisé. On distingue les ampoules halogènes, dont la lumière vive et blanche permet d'éclairer et de mettre parfaitement en valeur les éléments décoratifs ; et les ampoules au tungstène, qui produisent une lumière d'ambiance, jaune et douce. Les lampes au mercure diffusent une lumière froide et glauque. Pour un résultat satisfaisant, il est préférable d'en confier la répartition à un paysagiste.

Les filtres de couleur conviennent aux ambiances de fête et aux éléments aquatiques. Utilisez-les avec parcimonie car ils ont tendance à modifier les couleurs et à estomper les nuances. Le feuillage vert des arbres apparaîtra au mieux uniformément monochrome et, au pis, noir.

CI-DESSUS Disposez les lumières indirectes dans les endroits peu fréquentés de la terrasse, car elles deviennent brûlantes et donc dangereuses.

de le casser ou de trébucher. L'encastrement de lumières indirectes dans les murs, les marches, les planchers ou les patios est plus difficile, car il faut prévoir leur logement ainsi que les saignées pour les fils.

Le faisceau des lumières indirectes peut être montant, descendant, ou directionnel : vers une allée ou des marches, par exemple. La lampe peut être équipée d'un verre dépoli et encastrée dans une allée.

Les éclairages sur bornes. Il s'agit d'éclairages montés sur des bornes ou des piquets, et dirigés vers le bas pour permettre d'illuminer les allées, les marches et les entrées. Ils jouent un rôle à la fois fonctionnel et esthétique et sont très efficaces le long des allées menant vers une entrée. Faites attention, néanmoins, ils prennent très facilement une allure d'éclairage municipal parmi les massifs ou les bordures. Si vous recherchez un design minimaliste, les bornes en métal sont souvent intéressantes et peuvent faire partie du projet d'ensemble.

Les éclairages aquatiques. L'installation d'un dispositif combinant à la fois l'électricité et l'eau est, en principe, extrêmement dangereuse, c'est pourquoi, à moins de vous équiper en basse tension, mieux vaut faire appel à un professionnel.

Il s'agit en général de spots étanches et submersibles que l'on fixe sur une pierre au fond de l'eau. Les mares plus profondes peuvent être équipées d'éclairages flottant au ras de l'eau, dont le câble d'alimentation est également fixé sur une pierre au fond de l'eau.

Les guirlandes lumineuses. Elles ne sont pas réservées aux seules fêtes de fin d'année ! Décorez un arbre avec une guirlande lumineuse, ou accrochez-la au-dessus d'une table pour donner un air de fête et une atmosphère féerique. En hiver, une guirlande enroulée autour des branches d'un arbre mettra en valeur sa silhouette. Préférez la lumière blanche pour le quotidien et les ampoules de couleur pour les jours de fête. Vous trouverez une grande variété de guirlandes : en fils plus ou moins longs, en filet ou équipées de lumignons décoratifs.

L'éclairage sous un plancher

Créez une ambiance intéressante à l'aide d'un éclairage dissimulé sous un plancher ou un caillebotis et dont le faisceau traverse les lattes. Respectez les mesures de sécurité habituelles. Installez les points lumineux aux changements de niveau ou sur les bords, afin de les rendre apparents.

Placez-les judicieusement et avec parcimonie car tout excès peut gâcher l'effet recherché. Limitez-vous aux zones que vous souhaitez mettre en valeur.

EFFETS DE LUMIÈRE

Les techniques ci-dessous vous aideront à installer les éclairages dans votre jardin de façon judicieuse et pour le meilleur résultat.

Les différents effets

L'éclairage rasant met en valeur les détails : la texture d'un mur, l'écorce d'un arbre, un appareillage de brique ou de pierre. Le rayon de lumière, en effleurant les points à souligner, les met en relief et crée des ombres. Plus la lumière est proche de l'objet à éclairer, plus les ombres s'allongent et plus l'effet est spectaculaire. Avant de la fixer définitivement, déplacez la source lumineuse afin de déterminer le meilleur angle et d'obtenir le résultat recherché. Optez pour des appliques murales ou des lampes sur pied équipées de capots à inclinaison variable permettant de diriger le faisceau.

L'éclairage descendant permet de créer des atmosphères mais aussi de faire toute la lumière sur le coin repas. Placez les spots sur un mur, dans ou au-dessus d'un arbre afin que le faisceau lumineux traverse le feuillage et se disperse en créant des motifs sur le sol. Pour les arbres à feuillage dense, branchez les lampes sur le courant en 220 volts pour avoir suffisamment de puissance.

L'éclairage d'ambiance est utilisé pour illuminer une plante au feuillage dense ou pour créer une toile de fond lumineuse. Il consiste à diriger le faisceau lumineux d'un spot à travers une pelouse ou un massif en les baignant d'une lumière diffuse. C'est une technique simple, mais efficace, car, la nuit, elle met en perspective le jardin, et en situation les éléments décoratifs illuminés.

CI-DESSUS Les lumières montantes dissimulées dans la plate-bande mettent en valeur les silhouettes des graminées et projettent leur ombre sur les murs.

CI-DESSOUS L'accent lumineux mis sur l'arbre, entouré d'un appareillage de pavés concentrique, provient d'un éclairage montant.

Effets de lumière

À faisceau large

Montant

Descendant

Effet silhouette

Rasant

Direct

CI-DESSUS **Le reflet calme de ce bassin éclairé par-dessous est en harmonie avec l'atmosphère japonaise du jardin.**

Il permet d'éclairer les marches et les allées. Placez les éclairages de façon judicieuse pour les empêcher d'éblouir les visiteurs. Préférez les faisceaux larges et/ou les spots.

L'éclairage direct permet d'illuminer une sculpture, une urne ou une fontaine par le haut ou sur le côté. Attention, en éclairant une statue, de ne pas créer des ombres qui en déforment les traits et les rendent méconnaissables. Si nécessaire, utilisez plusieurs sources lumineuses ou dirigez-les à partir des coins plus obscurs pour réduire les ombres.

L'effet silhouette permet de mettre en valeur les branches tordues d'un arbre ou encore les formes de certaines feuilles. Placez la source lumineuse derrière les objets à éclairer pour projeter leur ombre sur un mur. Préférez les spots et éclairages directs.

L'éclairage montant sert à éclairer les bâtiments en dirigeant la lumière vers le haut. Il accentue la texture d'un appareillage et renvoie la lumière vers le bas. On peut ainsi éclairer les allées et les rendre plus visibles la nuit. Placé sous un arbre, il met en valeur les parties que le soleil n'atteint jamais, comme le tronc, les branches basses et l'envers des feuilles, et donne une vision différente de celle de la journée.

L'éclairage descendant de faible intensité est un éclairage fonctionnel qui suit le cours des allées et des marches sans éblouir. Il permet d'effleurer les bâtiments et de mettre en valeur un élément décoratif en le baignant de lumière. Placé à une certaine hauteur, il autorise l'éclairage de zones importantes, mais attention de ne pas créer un éclairage trop cru.

CI-DESSOUS **L'eau jaillissant avec force de cette fontaine de conception moderne est mise en valeur pendant la nuit par un éclairage placé sous l'eau.**

Effet d'ombre chinoise

Éclairage d'un bassin

L'éclairage du bassin met en valeur l'eau ou les éléments décoratifs qui en font partie : plantes ou sculptures installées sur le bord dont l'image se reflète dans l'eau. Ce type d'effet est plus efficace dans les eaux tranquilles dont la surface est lisse.

Utilisez des lumières d'ambiance pour rehausser l'éclat de l'eau ou des lumières étanches submersibles. Ces dernières conviennent également pour les cascades et accentuent le mouvement de l'eau. Éclairez les cascades et chutes d'eau par le bas et réalisez des effets saisissants. Attention, lors de l'utilisation d'éclairage sous l'eau, de ne pas orienter le faisceau lumineux en direction des infrastructures comme la pompe.

Pour créer une illusion de profondeur, aménagez une lumière rasante qui effleure la surface de l'eau sans en dévoiler le fond.

LE COIN DES ENFANTS

Aires de jeux

Les enfants sont souvent ceux qui apprécient et profitent le plus du jardin ; aussi lors de sa conception, vous faut-il tenir compte de leurs désirs et de leurs besoins. Toute tentative de créer – et de conserver – un jardin avec une pelouse impeccable et des massifs de fleurs parfaits sera vouée à l'échec si l'on ignore ce besoin fondamental des enfants de jouer et de gambader. Le secret de la réussite en ce domaine consiste à répondre à l'attente des enfants avant d'exaucer les souhaits des adultes. Les enfants se contentent en général des choses les plus simples : un espace suffisamment grand pour courir et jouer, et un coin secret dans les buissons pour construire des mondes imaginaires. Installez portiques et bacs à sable en pensant à ce qui convient aux enfants plutôt qu'au seul aspect esthétique et à l'allure générale du jardin.

Jardiniers en herbe

Communiquez le virus du jardinage à vos enfants en leur réservant un petit coin du jardin : un bout de potager, de plate-bande ou de massif, ou même une grande jardinière. Aidez-les à faire germer des graines, encouragez-les à les arroser et à prendre soin de certaines plantes.

Pour susciter et maintenir leur intérêt, choisissez des plantes aux couleurs vives et à croissance rapide, comme les tournesols, les pois de senteur et les capucines (ils ont tous des grosses graines faciles à manipuler par les petits doigts). Les herbes aromatiques comme le persil ou le basilic ainsi que les salades sont également faciles à faire pousser et donneront aux enfants l'occasion de faire de délicieux repas avec leur propre récolte.

À GAUCHE Assurez-vous que le portique soit installé sur une surface plane et confortable, à proximité de la maison, afin de pouvoir surveiller les jeux des enfants.

Au bout de quelques années, les enfants délaissent le jardin : prévoyez donc, dès leur installation, la transformation des aires de jeux en éléments décoratifs. Le bac à sable deviendra bassin, le portique en bois, pavillon d'été ou arche couverte de plantes grimpantes. La cabane au fond du jardin trouvera une destination nouvelle en abritant les vélos ou les outils.

Petits, les enfants parcourent la terrasse en tricycle ou à vélo, lorsqu'ils sont plus grands, il suffit d'ajouter des poteaux et un toit pour obtenir une pergola ombragée qui accueille la famille et les amis au cours des journées estivales et pour les dîners à la fraîche.

Protection des plantes

Un jardin dédié aux jeunes enfants exige quelques précautions élémentaires. Avant tout, abandonnez l'idée de cultiver des espèces particulièrement fragiles et attendez que les enfants soient plus grands, car ils provoqueront inévitablement des accidents : votre amour des plantes délicates est incompatible avec leur présence, et votre tension les empêchera de jouer librement.

Séparez l'aire de jeux des espaces plantés, et sacrifiez une partie du jardin à la liberté des enfants et à votre sérénité.

Installation d'une aire de jeux

Au moment de concevoir le jardin, choisissez de consacrer aux enfants une aire de jeux séparée et fermée ou de leur laisser une entière liberté dans tout le jardin. Dans un petit jardin, le choix est limité et la solution de la liberté paraît évidente : intégrez les espaces de jeux au schéma d'ensemble. Dans les grands jardins, l'installation d'une zone séparée est plus facile. Toute aire de jeux, même séparée, doit être visible de la maison ou de la terrasse. Une clôture ou une haie basse donnent aux enfants un sentiment de sécurité et les laissent à portée de la vigilance des adultes.

La clôture du jardin doit être sûre, non seulement pour empêcher les enfants de sortir mais aussi pour éviter aux intrus de pénétrer.

Revêtements et précautions

Le gravier est dangereux et, quand les enfants tombent, ils se blessent plus sérieusement. De surcroît, il est difficile de faire rouler les petites voitures dans les cailloux ! Les revêtements spéciaux pour terrains de jeux sont onéreux. Le béton est relativement pratique mais dur. Les morceaux d'écorce permettent de créer une surface souple et agréable, adaptée à l'atmosphère du jardin. Vérifiez régulièrement son épaisseur (au moins 5 cm), et rajoutez-en si nécessaire.

Une pelouse rustique forme le revêtement idéal. Achetez des mélanges spéciaux *(Festuca, Agrostis, Poa annua),* résistants aux piétinements fréquents. N'espérez pas échapper à l'inévitable espace dégarni et aux réparations annuelles. Lorsque les enfants seront grands, ces inconvénients disparaîtront.

Apprenez aux enfants dès leur plus jeune âge à ne pas cueillir et manger les baies et fruits du jardin sans vous consulter auparavant. Évitez absolument les plantes vénéneuses et irritantes, ainsi que celles munies d'épines importantes.

Pour passer d'un niveau à un autre, créez des pentes plutôt que des marches et entourez les terrasses surélevées de solides balustrades. Placez une rangée de bacs à fleurs devant les balustrades pour empêcher les enfants d'approcher.

CI-DESSUS Ce bac à sable, installé sur la terrasse, sera transformé plus tard en bassin.

CI-DESSOUS Le portique et le toboggan sont dissimulés derrière un rideau de bambous, les enfants ont ainsi l'impression de jouer dans un coin secret.

Construisez des marches confortables, larges et antidérapantes.

Les possibilités de jeux pour les enfants sont illimitées : tourniquet, labyrinthe, tunnel, bac à sable, balançoire, cachettes et cabanes... Votre choix dépendra de votre budget et de la place disponible. Assurez-vous de la solidité des différents équipements et vérifiez-les régulièrement. Le meilleur moyen d'éviter les accidents est de surveiller étroitement les plus jeunes enfants : prenez soin de ne jamais les perdre de vue, et placez des sièges à proximité du terrain de jeux pour vous détendre tout en profitant de leur présence. En organisant des activités communes, vous apprendrez aux enfants à respecter le jardin et à le considérer comme un prolongement de la maison et un lieu sûr et agréable.

Mesures de sécurité

À bien des égards, le jardin doit fournir un espace de jeux idéal et présenter toutes les garanties de sécurité : définissez clairement l'espace et les équipements consacrés aux enfants et faites en sorte de ne jamais perdre les plus petits de vue. Installez des portillons d'accès sous lesquels les enfants ne peuvent pas se glisser et qu'ils ne peuvent pas non plus enjamber. Équipez-les de loquets de sécurité impossibles à manipuler par les petits. Lorsque les enfants prennent possession d'un petit jardin, ils occupent rapidement tout l'espace. Aidez-les à définir des aires de jeux précises, installez des revêtements adéquats et évitez ainsi tous les problèmes liés aux chutes. Le seul but est bien sûr de trouver ce qui convient le mieux aux enfants.

Jeux et portiques

La construction d'équipements pour les enfants est une entreprise très gratifiante, car elle rallie en général avec enthousiasme tous les suffrages. Les balançoires et bacs à sable sont les plus appréciés, car ils sont simples à installer et se marient aisément au style du jardin.

CI-DESSUS Ce portique en bois s'harmonise parfaitement avec la clôture du jardin.

Balançoires

Les balançoires font toujours plaisir, et il est très facile d'en construire une. Pour ne prendre aucun risque, montez un portique, solide et parfaitement maçonné dans le sol. Vous pouvez aussi acheter un portique tout fait, qui sera conforme aux normes de sécurité en vigueur. Montez-le en suivant scrupuleusement les instructions du fabricant. Installez-le à une hauteur convenant à la plupart des enfants. Certaines balançoires sont « évolutives » et suivent les enfants au fur et à mesure qu'ils grandissent. Dans le cas où un arbre du jardin posséderait des branches horizontales particulièrement solides, achetez un modèle de balançoire à suspendre. Et si vous connaissez les différents nœuds, utilisez un vieux pneu ou une planche en bois et fabriquez une balançoire.

La balançoire de base

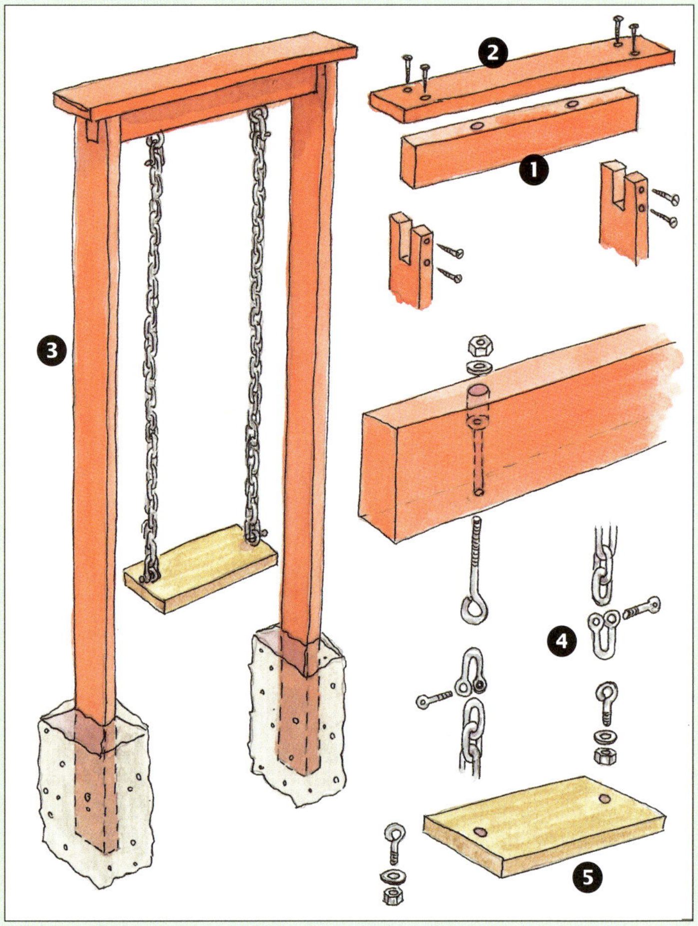

Les portiques du commerce sont souvent chers et leurs couleurs vives ne s'harmonisent pas toujours avec le style du jardin. Construisez vous-même un portique simple et peu onéreux en assemblant des poteaux solides maçonnés dans le sol, une traverse, et un siège suspendu à deux chaînes. Placez votre portique sur une surface engazonnée ou tapissée d'écorce pour amortir les chutes éventuelles. Traitez toutes les parties en bois contre le pourrissement. Nettoyez et remplacez régulièrement les chaînes et contrôlez les différents raccords.

1. Traverse : longueur : 1,15 m ; section : 100 x 50 mm.

2. Recouvrement en bois tendre (permet de dissimuler les écrous et protège la traverse) : longueur : 1,45 m ; section : 225 x 50 mm.

3. Montants en bois tendre : longueur : 2,75 m ; section : 225 x 50 mm ; écartement : 1,05 m ; épaisseur du socle en béton : 60 cm.

4. Chaînes en métal galvanisé fixées à l'aide de pitons et d'étriers vissés sur la traverse et la planche en bois.

5. Siège en bois tendre : longueur : 60 cm ; section 150 x 50 mm.

Portiques de jeux

Les enfants adorent escalader et grimper. Ils aiment prendre des risques. Offrez-leur la possibilité de mettre à l'épreuve, sans danger, leur force et leur adresse, en construisant un portique. Dans le commerce, vous trouverez des portiques en métal ou en bois et des modules à assembler de différentes façons. Certains sont équipés de ponts, de passages, de tunnels et de toboggans. Optez pour une taille et un style adaptés à votre jardin ainsi qu'à l'âge et aux capacités des enfants. N'oubliez pas que les chutes sont inévitables. Vous pouvez fixer un filet de sécurité sous les équipements les plus dangereux, mais limitez-en plutôt la hauteur et la complexité tout en les rendant aussi intéressants que possible. Installez le portique sur une surface plane, stable, en vous entourant d'un maximum de précautions.

En dehors des portiques, vous pouvez bricoler ou acheter dans le commerce un certain nombre d'autres structures de jeux pour les enfants : wigwams ou châteaux forts en bois, que l'on peut monter et démonter

Construction d'une balançoire

❶ Tracez l'emplacement de la traverse sur les montants à l'aide d'une équerre.

❷ Sciez les deux côtés de l'encoche, et enlevez le morceau de bois à l'aide d'un ciseau à bois et d'un maillet.

❸ Percez dans la traverse, à 30 cm des extrémités, deux trous dans lesquels vous fixerez les pitons. Creusez une légère cuvette au sommet de chaque trou pour y glisser les rondelles et les écrous des boulons qui fixeront les pitons sur la traverse. Traitez le bois avec une lasure spéciale.

❹ Maintenez l'écartement entre les montants à l'aide d'entretoises pendant que vous assemblez la traverse aux montants. Découpez le siège et percez des trous espacés de 55 cm dans lesquels vous fixerez les pitons qui tiendront les chaînes.

❺ Encastrez la traverse dans les encoches des montants à l'aide de colle à bois forte, puis maintenez-la en place avec deux vis en métal galvanisé.

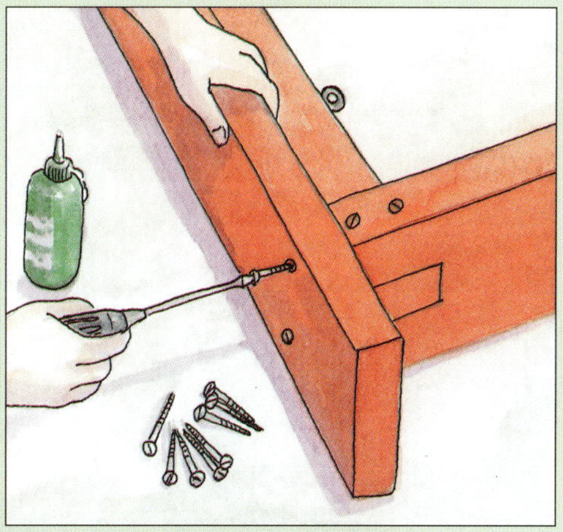

❻ Fixez les pitons sur la traverse à l'aide de rondelles et d'écrous et sciez les portions de boulon qui dépassent. Collez et vissez le recouvrement en place. Attachez les chaînes aux pitons se trouvant sur la traverse avec des étriers.

CI-DESSUS La sauge et la lavande forment un écran léger devant le bac à sable tout en séparant l'aire de jeux du reste du jardin.

rapidement. Ces derniers sont en général relativement onéreux, mais ils procurent des heures de plaisir, et peuvent jouer le rôle de cabanes secrètes où les enfants s'amusent à se cacher. Les tentes et les structures gonflables ainsi que les bacs à sable amovibles trouvent leur place dans les petits jardins.

Cabanes de jeux

Tous les enfants adorent les cabanes cachées où ils peuvent créer leur propre monde. Construisez un abri en rameaux de saule, en panneaux de bois léger ou même en branchages ramassés dans le jardin. Une méthode simple consiste à construire un cadre en cannes de bambou et à le couvrir de plantes grimpantes à croissance rapide, comme les pois de senteur. Mais la cabane qui recueille tous les suffrages est sans conteste la maison miniature. On en trouve dans le commerce en matière plastique souvent peu esthétique. Avec un peu d'imagination, vous pouvez la construire vous-même ou même transformer un petit abri de jardin.

Décidez d'abord de sa taille, puis matérialisez son emplacement au sol. Supprimez la surface de sol arable et remplacez-la par de la blocaille. Posez un plancher en bois pour obtenir une surface plane. Ensuite, découpez les panneaux latéraux et le fond de la maison. Faites-les tenir en place à l'aide de bâtons. Ajoutez des pièces de bois transversales pour maintenir l'ensemble. Sur la façade avant de la maison, découpez une ouverture. Installez une porte à battant ou simplement amovible.

Ajoutez la façade aux parties latérales et découpez le toit. Montez le toit et faites-le tenir à l'aide d'un poteau central. Peignez le tout et faites les finitions. Pour ajouter du charme supplémentaire, découpez des fenêtres, garnissez de rideaux, multipliez les portes et entourez d'une clôture basse. Une solution économique consiste à transformer un abri de jardin en maisonnette pour les enfants. Ajoutez des rideaux et peignez-le de couleurs vives. Lorsque les enfants auront grandi et déserté le jardin et ses plaisirs, vous pourrez le récupérer et y ranger de nouveau vos outils.

Reconversion d'un bac à sable en bassin

Au moment d'installer un bac à sable pour les enfants, pensez aux moyens de le reconvertir en bassin. Construisez des fondations, en commençant par une couche de blocaille recouverte de sable. Posez des dalles en béton sur le sable, vous pourrez les enlever au moment de la construction du bassin. Montez des murs formés de quatre assises de briques et faites tenir le liner souple à l'aide d'une couche de béton appliquée sur le muret. Choisissez un emplacement convenant aux deux usages.

Atterrissage en douceur !

Sur les terrains de jeux où les enfants grimpent et sautent, les chutes sont fréquentes : couvrez le sol de morceaux d'écorce, qui sont assez souples et amortissent les chocs, mais sachez que, depuis une certaine hauteur, les chutes provoquent inévitablement plaies et bosses. Un atterrissage en douceur permettra néanmoins de les atténuer. Passez le râteau de temps en temps, et complétez avec des écorces fraîches lorsque son épaisseur est inférieure à 5 cm.

1 Pour installer une couche d'écorce, matérialisez l'emplacement puis creusez le sol sur une profondeur de 7 cm environ.

2 Tapissez d'une couche de polyéthylène épais et percez des trous pour le drainage. Vous pouvez aussi tapisser d'un film empêchant la pousse des mauvaises herbes.

3 Installez une couche d'écorce de 5 cm d'épaisseur sur la bâche en polyéthylène et tassez bien. Ratissez et complétez si nécessaire.

Les campements dans les buissons

De la même façon qu'ils adorent les cabanes et les maisons miniatures, les enfants prennent beaucoup de plaisir à se cacher dans des campements aménagés dans les buissons. Réservez une partie du jardin à ce type d'activité, de préférence loin de la maison, dissimulée dans un sous-bois. Peu d'espace est nécessaire, mais les buissons doivent être denses. Les massifs de rhododendrons forment une cachette naturelle idéale.

CI-DESSOUS Dans cet amusant petit jardin, un enfant a planté des tournesols, des herbes aromatiques, des légumes et un étonnant épouvantail.

Laissez les enfants installer leur campement eux-mêmes, mais aidez-les en taillant quelques arbustes pour créer un lieu fermé. Comme il faut un certain temps aux buissons pour grandir, pensez à organiser ce type de structure au moment des plantations, la cachette sera d'autant plus naturelle. Replantez des arbustes dans les emplacements vides lorsque les enfants auront abandonné le campement.

Bacs à sable

Le bac à sable est toujours très prisé des petits. Des générations d'enfants y ont édifié des châteaux. Prévoyez de construire le bac à sable de sorte à pouvoir le transformer en bassin quand les enfants auront grandi. Si vous pouvez exercer une surveillance constante, associez au bac à sable une pataugeoire en matière plastique, en pierre ou en bois. Pensez au meilleur emplacement à la fois pour le bac à sable et pour le futur bassin. Les bacs amovibles trouvent leur place dans la plupart des jardins, mais choisissez un modèle avec couvercle pour empêcher les chats d'y pénétrer.

Un bac à sable entouré de murets offre un lieu de repos sympathique. Creusez l'emplacement du bac à sable sur une profondeur de 30 cm. Construisez des murets de 25 cm de haut et de large sur des fondations en béton. Prévoyez une couche de drainage de 5 cm d'épaisseur constituée de pierres et de briques cassées. Posez des dalles sur la blocaille, puis une couche de 15 cm de sable de jeu. Lorsque vous reconvertirez le bac à sable en bassin, ajoutez une couche de sable tassé sur la blocaille pour lier l'ensemble et protéger le liner. Faites passer le liner par-dessus les murets, faites tenir avec des briques et scellez au mortier. Ajoutez de l'eau et des plantes pour achever votre bassin.

CI-DESSUS Pour le plus grand bonheur des enfants, convertissez un abri de jardin en maisonnette.

3 kg
1 litre
FRESH FRUIT
FARM SHOP
APPLES & PEARS

OUTILS ET TECHNIQUES

Outils de jardinage

De bons outils de jardinage sont indispensables. Choisissez-les avec soin, sélectionnez les tailles et les modèles adaptés à vos besoins. Entretenez-les correctement pour qu'ils vous restent fidèles très longtemps.

Bien qu'une bonne bêche ou une fourche soient relativement onéreuses, un entretien scrupuleux prolongera leur durée de vie et garantira leur bon fonctionnement. N'achetez que des outils dont la taille et les dimensions s'adaptent parfaitement à vos besoins. Chaque outil doit remplir avec efficacité sa tâche. Pensez à la fréquence à laquelle vous allez utiliser chacun d'eux avant d'opter pour une qualité et un prix précis.

Pour les garder longtemps, nettoyez-les bien après chaque usage avec un chiffon gras. Aiguisez régulièrement les outils de coupe et de taille. En hiver, rangez tous les outils dans un lieu sec, après les avoir soigneusement nettoyés et graissés.

Les bêches

On trouve dans le commerce des bêches ayant des longueurs de manche et des tailles de lame variables. La bêche standard mesure environ 29 x 19 cm, les bêches pour femmes mesurent 25 x 16 cm et les bêches pour bordures, 23 x 14 cm. Optez pour celle que vous tenez confortablement en main en sachant qu'une taille intermédiaire rend plus aisés les bêchages difficiles. Les manches équipés d'une poignée facilitent l'effet de levier. La poignée s'emboîte sur le manche à l'aide d'un tube métallique solide fixé avec des rivets. La lame est quelquefois équipée dans sa partie supérieure d'une semelle en acier qui permet d'appuyer avec le pied et de l'enfoncer sans difficulté dans le sol.

Les lames en acier inoxydable coûtent beaucoup plus cher que celles en métal forgé, mais leur durée de vie est infiniment plus longue et leur pénétration au sol, plus aisée.
Utilisations. Elles sont indispensables pour creuser et réaliser des tranchées. La lame permet de déterrer les mauvaises herbes avant de commencer les plantations.

Enfoncez la bêche droit dans le sol, afin de la faire pénétrer sur toute sa hauteur et de retourner une bonne motte de terre. La bêche permet également de planter les arbres et les arbustes ainsi que de mélanger le compost.

Les fourches-bêches

Elles ont les mêmes utilisations que les bêches classiques et sont fabriquées de façon similaire. Les quatre dents des fourches-bêches à usage multiple sont de section carrée alors que celles des fourches à pommes de terre sont plates pour éviter d'endommager les tubercules au moment du ramassage. Les deux principaux formats de fourches-bêches sont : 30 x 19 cm et 23 x 14 cm. Elles existent en acier inoxydable et en métal forgé.
Utilisations. La fourche-bêche est plus facile à utiliser en sol lourd que la bêche classique, mais elle ne permet pas d'enlever les mauvaises herbes. Elle sert à casser les mottes dures et à travailler la terre avant de semer et de planter. On utilise la petite fourche-bêche pour bordures pour travailler le sol parmi les plantes herbacées et les arbustes. Avec les

Manches et poignées

Vous trouverez des outils dont les manches sont fabriqués dans divers matériaux : bois, métal ou plastique. Le bois est le plus courant et le plus durable. Vérifiez qu'il s'agit de bois dur, à grain serré et qu'il a été taillé dans le sens du fil. Choisissez un manche lisse qui ne fera pas d'échardes.

Les manches en polypropylène sont légers mais solides. Les outils légers comme les râteaux et les binettes sont souvent équipés de manches en tube d'aluminium gainé de plastique. Les trois matériaux rendent de bons services s'ils sont bien entretenus.

Les bêches et les fourches ont des poignées en forme de D ou de T. Essayez les deux et choisissez celle qui vous semble le plus ergonomique.

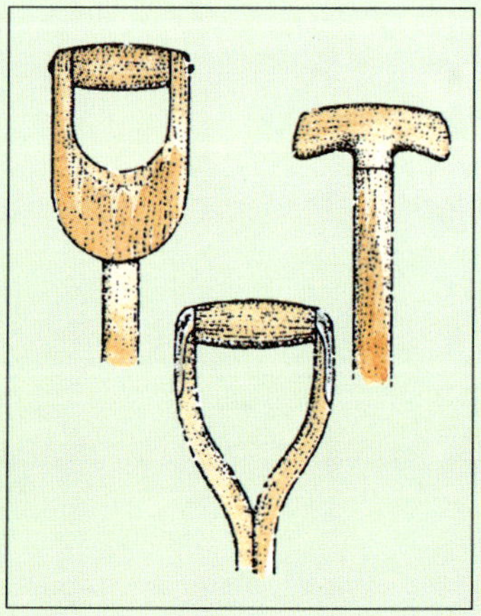

plus grandes, on étale le compost et le fumier. Les deux permettent d'aérer les pelouses.

Les petites fourches à main

Elles sont de la taille d'une truelle, portent trois ou quatre dents et ressemblent aux fourches-bêches.

Utilisations. La petite fourche est irremplaçable pour installer les jeunes plants, travailler les plantations denses, comme les plantes alpines dans les jardins de rocaille, et enlever les mauvaises herbes.

Les râteaux

Les râteaux courants ont une tête de 30 cm de long, équipée de dents de 5 cm. Le manche en bois lisse permet un mouvement de va-et-vient aisé et mesure environ 1,50 m. Les râteaux en bois plus grands servent à ramasser les feuilles, l'herbe et les débris qui se collent entre les dents des râteaux métalliques. Mais ils s'usent plus facilement.

Utilisations. Les râteaux sont essentiellement destinés à niveler la terre qui a été préalablement retournée et cassée à l'aide d'une fourche. Bien qu'ils permettent aussi de rendre la texture de la terre plus fine, leur utilisation excessive a tendance à faire croûter la terre. Déplacez le râteau d'un mouvement régulier, d'avant en arrière, puis de façon perpendiculaire, pour obtenir un fini impeccable.

Les binettes

Il existe différents types de binettes, les principaux étant la binette hollandaise et la binette à tracer les sillons. Les deux possèdent un manche de 1,50 m et sont équipées de lames en acier inoxydable ou en métal forgé. La lame de la binette hollandaise est en forme de fer à cheval dont les extrémités sont réunies par une lame plate de 10 à 12,5 cm conçue pour racler le sol presque horizontalement. La lame rectangulaire ou semi-circulaire de la binette à tracer les sillons est de taille similaire et forme un angle droit avec le manche. Elle permet de sarcler les mauvaises herbes en donnant un mouvement sec.

Utilisations. La binette hollandaise est l'un des outils de désherbage les plus efficaces. On exerce un mouvement d'arrière en avant tout en marchant à reculons, ce qui permet de couper les mauvaises herbes au niveau de la racine sans pour autant piétiner la terre qui vient d'être travaillée. On laisse sécher les mauvaises herbes sur le sol. La binette hollandaise permet également de décroûter superficiellement le sol.

Le jardinier pousse doucement la binette à creuser les sillons devant lui ou gratte le sol pour enlever les mauvaises herbes. Ce type de binette, bien qu'elle oblige à marcher sur les parties travaillées, est plus facile à utiliser dans les plantations denses que la binette hollandaise. Les deux binettes servent à creuser des sillons le long d'un cordeau tendu entre deux piquets. Elles permettent aussi de butter les pommes de terre, les poireaux et les céleris.

Les transplantoirs

Ce sont des outils indispensables. En général, leur manche est en bois ou en polypropylène et mesure 10 à 15 cm de long. Les manches plus longs sont relativement inconfortables. Préférez les transplantoirs ayant une lame en acier inoxydable plutôt qu'en métal forgé, car ils sont plus faciles à utiliser et ne rouillent pas.

Utilisations. Ils s'utilisent comme une pelle, pour déplacer la terre ou pour creuser, selon le désir du jardinier. Pour planter : commencez par creuser un trou, enlevez la terre et installez le plant, puis remettez la terre et appuyez avec les mains autour des racines. Utilisez un transplantoir pour planter les vivaces, les annuelles, les légumes et les bulbes.

Les brouettes

Dans les grands jardins et les potagers, la brouette permet d'économiser du temps et de l'énergie. Avant de l'acheter, vérifiez toujours la façon dont on peut y répartir les charges : il faut y placer un maximum d'objets à transporter au-dessus des roues pour que leur poids soit supporté par la brouette et non par celui qui l'actionne. Dans le commerce, vous trouverez des brouettes avec de grosses roues en caoutchouc, qui sont plus maniables en terrain mou. Les petites brouettes à deux roues sont plus faciles à charger, à décharger et à pousser que les brouettes à une seule roue. Les modèles avec gros pneu sont parfaits lorsque le sol est meuble. Choisissez une brouette suffisamment grande mais pas trop lourde.

Utilisations. Les brouettes permettent de transporter le compost, les amendements naturels, la terre, les sacs d'engrais, etc., à l'intérieur du jardin. Rangez la brouette debout et à l'abri lorsque vous ne l'utilisez pas.

Appareils électriques

Il existe des appareils électriques pour tous les besoins. La perceuse électrique est devenue un outil indispensable et beaucoup d'autres appareils facilitent les travaux de bricolage et donnent des résultats plus précis que les outils mécaniques. Séparez les fonctions et achetez plusieurs machines plutôt qu'une seule, à usage multiple, équipée de nombreux accessoires.

Tout outil conçu pour une fonction particulière possède des variations de vitesse adéquates afin de le rendre plus facile à utiliser. Pour les travaux particuliers, comme le dressage du bois, louez l'appareil dans un magasin spécialisé.

Les perceuses électriques

Un certain nombre d'entre elles sont à percussion, ce qui permet de percer des trous dans les maçonneries épaisses, le bois et les métaux légers. La percussion consiste à transmettre une série de chocs à un matériau pour en faciliter le perçage. On peut utiliser indifféremment la fonction percussion ou non.

Les perceuses simples sont en général à deux vitesses, mais il est important d'avoir plusieurs possibilités, qui sont en général commandées par une gâchette. En actionnant la gâchette, on modifie la vitesse, en partant du minimum (indispensable pour attaquer un trou) jusqu'au maximum (qui est variable suivant les modèles).

Certaines perceuses sont équipées d'une marche arrière, utile pour le serrage et le desserrage des vis. Les perceuses comptent un certain nombre d'accessoires : tournevis, disques à poncer, brosses métalliques permettant d'éliminer la rouille.

Sécurité

Lorsque vous vous servez d'un appareil électrique branché sur du courant en 220 volts, utilisez toujours un coupe-circuit. Il coupe le courant en une fraction de seconde en cas de surcharge ou de faux contact. Après réparation de la panne électrique, la remise en marche de l'appareil est immédiate.

Les perceuses à percussion puissantes servent aux travaux de maçonnerie importants, mais elles sont de grande taille, ne possèdent qu'une seule vitesse et sont chères. Louez-les en cas de besoin. Les perceuses sans fil sont pratiques, faciles à utiliser et conviennent bien pour les travaux en extérieur.
En revanche, elles sont moins puissantes que les perceuses à fil.

La perceuse et ses accessoires

1. Perceuse
2. Meule et disques de ponçage de grades différents
3. Brosse métallique pour éliminer la rouille
4. Foret pour les ouvrages en maçonnerie
5. Mèches de diamètres différents
6. Perceuse et visseuse sans fil
7. Manche pour tournevis et accessoires
8. Fraise

Les scies électriques

Les scies sauteuses servent à couper le bois et les planches. Les scies circulaires de bonne qualité ont une denture double et une petite soufflerie qui élimine la sciure au fur et à mesure. Les scies à ruban permettent de tracer des courbes en tournant la planche autour de la lame sans avoir à déplacer la machine tout entière. Les scies circulaires servent à couper des lignes droites dans les planches et pièces de bois. Leur usage n'est pas aussi varié que celui des scies sauteuses et elles sont moins sûres. On peut y adapter différentes sortes de lames.

Les ponceuses électriques

Les ponceuses à disque sont des accessoires des perceuses. On fixe le papier de verre sur un disque ou, pour une meilleure finition, sur une meule en carborundum.

Les ponceuses vibrantes sont très efficaces. Elles sont équipées d'un patin rectangulaire auquel on fixe le papier de verre, qui effectue des mouvements de vibration courts et rapides. En exerçant avec les deux mains une pression régulière, on obtient un fini lisse et parfait.

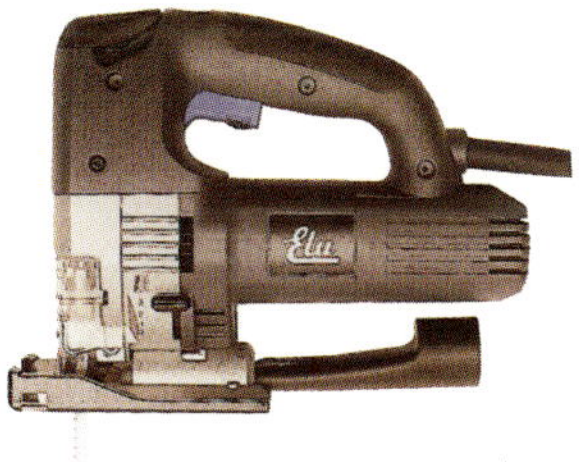

Scie sauteuse

Outil à main pour les découpes incurvées.

Scie circulaire

Outil d'usage très courant, ici il s'agit de la version sans fil.

Scie égoïne

Équipée d'un va-et-vient qui permet également de poncer les détails.

Décapeur à air chaud

Il remplace le chalumeau et permet de ramollir et de décaper les anciennes peintures. On l'utilise pour rénover le mobilier de jardin. La température de l'air est très élevée et peut provoquer des brûlures, soyez donc prudent lors de son utilisation.

Ponceuse vibrante

Ponceuse à patin rectangulaire, largement remplacée par la ponceuse rotative.

Ponceuse vibrante rotative

Pour un travail parfaitement lisse et uniforme.

Ponceuse à ruban

Pour poncer rapidement de grandes surfaces.

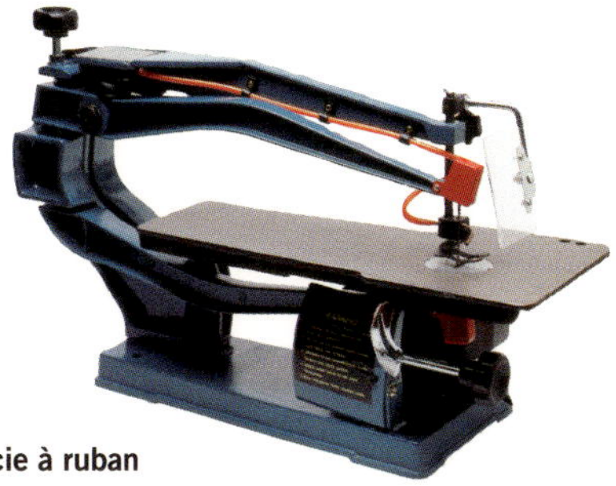

Scie à ruban

Possède des lames très fines et permet de réaliser des courbes.

Équipement particulier

L'utilisation de matériel professionnel facilite l'exécution d'un grand nombre de tâches de jardinage et de bricolage. Vous pouvez le louer dans des magasins spécialisés. Tenez compte du coût de la livraison.

Pour les projets de grande envergure, achetez le gros équipement du type bétonnière ou échafaudage réglable. Comparez les prix du commerce avec ceux de loueurs professionnels. Pensez au fait que vous pourrez sûrement revendre le matériel dans de bonnes conditions lorsque vous aurez fini les travaux.

Si vous utilisez du gros matériel pour la première fois, faites-vous conseiller par des professionnels avant de commencer, en insistant bien sur l'aspect sécuritaire.

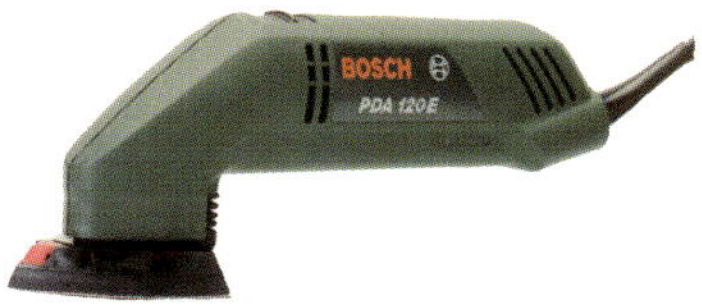

Ponceuse pour détails et finitions

Pour poncer les petites surfaces et les formes compliquées.

Rabot électrique

Sert à dresser les surfaces étroites.

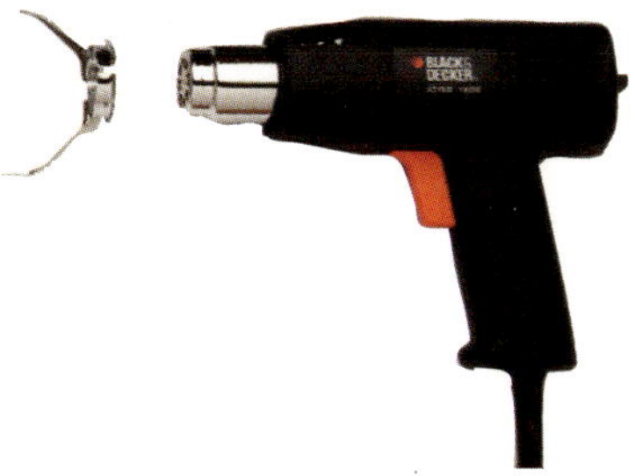

Décapeur à air chaud avec grattoir

Outil moins dangereux que le chalumeau pour décoller la peinture.

Outils pour le travail du bois

Les bons outils facilitent toujours le travail et garantissent les meilleurs résultats. Certains d'entre eux sont chers, mais évaluez leur coût d'achat, comparez-le au prix du travail d'un artisan et appréciez les économies que vous pouvez faire. Achetez des outils de bonne qualité et entretenez-les avec soin, vous les garderez ainsi toute votre vie.

De façon générale, évitez d'acheter des kits de bricolage, ils contiennent souvent des outils dont vous n'aurez jamais besoin. Opérez une sélection judicieuse, préférez les outils de bonne qualité convenant au travail que vous envisagez. Pour les transporter, rangez vos outils dans un sac souple, moins encombrant que les boîtes à outils en bois, métal ou plastique.

Mesures de sécurité

- Tenez les outils de coupe à distance. Dans la mesure du possible, fixez la pièce dans un étau de façon à avoir les mains libres pour travailler.
- Débranchez les appareils électriques lorsqu'ils sont inutilisés. Rangez-les hors de portée des enfants. Portez des vêtements protecteurs si nécessaire.

Liste des outils

Table de travail
Pliante pour se ranger plus facilement après usage.

Scie égoïne
Scie à lame rigide munie d'une poignée pour les petits travaux.

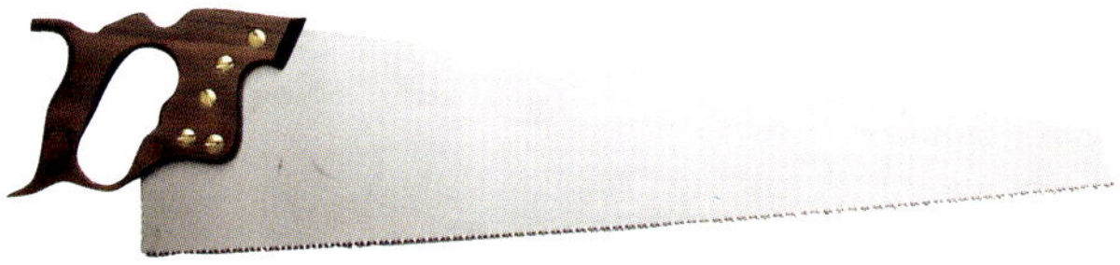

Scie à refendre
Elle permet de scier le bois dans le sens du fil.

Scie à tronçonner
Scie à lame longue pour les bois durs.

Équerre de charpentier
Utile pour le traçage et le contrôle des angles dans les travaux nécessitant de la précision.

Niveau à bulle
Il est en général en aluminium et permet de contrôler l'horizontalité.

Scie à tenons
Elle mesure environ 30 cm, sa lame rigide permet de tailler les tenons.

Règle métallique graduée
Un instrument de mesure de base.

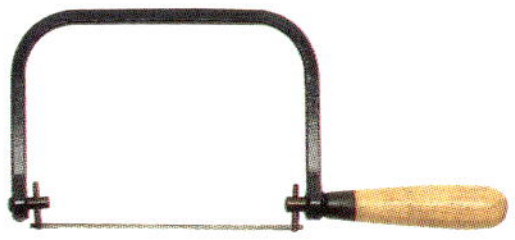

Scie à découper
Pour découper les formes arrondies.

Marteau de charpentier
Marteau à panne double équipée d'un arrache-clou permettant à la fois d'enfoncer et d'arracher les clous.

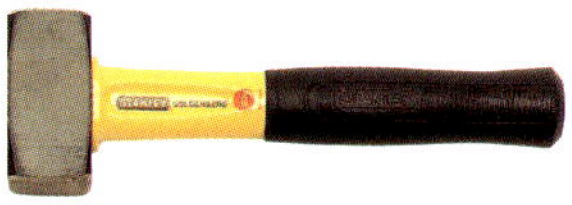

Massette
Indispensable pour les assemblages. Avec un ciseau, elle permet d'éliminer les traces de colle entre deux pièces.

Maillet en caoutchouc
Marteau plus souple qui permet de réaliser les assemblages délicats.

Martelet
Utilisé pour planter les clous et exécuter les petits travaux.

Tournevis

Outil équipé d'une poignée permettant de visser et dévisser.

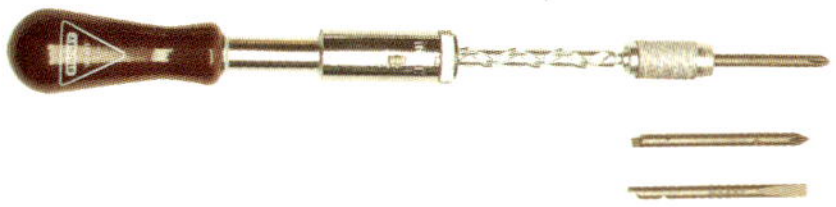

Tournevis à pompe

Pour visser et dévisser en actionnant une pompe.

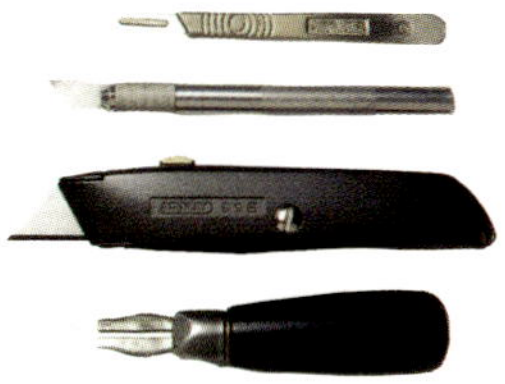

Cutters

Utiles pour tous les travaux de découpe.

Perceuse électrique sans fil

Pour percer des trous, visser et dévisser.

Vilebrequin

Outil manuel de perçage composé d'une manivelle et d'un porte-mèche à clé de serrage.

Vrille à manivelle

Outil de perçage à main actionné à l'aide d'une manivelle.

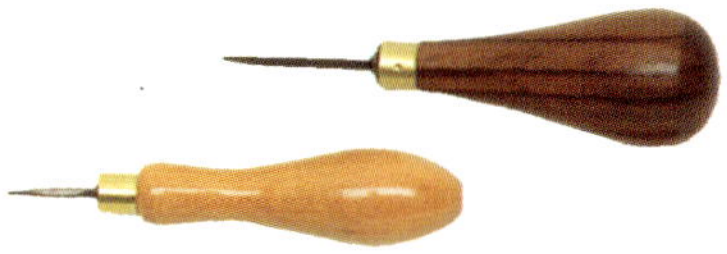

Poinçons

Les poinçons à lame cylindrique ou carrée servent à percer, couper et découper.
Ils permettent aussi de mettre en place les vis des gonds et des charnières.

Pistolet à colle

Il distribue de la colle fondue et sert en menuiserie et en décoration pour la pose de revêtements, moulures, ornements, etc.

Rabot métallique

Rabot tous usages, modèle indispensable si l'on ne possède qu'un seul rabot.

Rabot-racloir

Pour les finitions et lisser les surfaces.

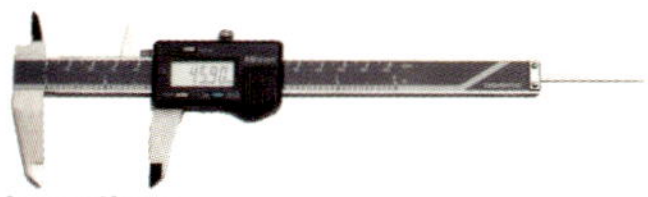

Pied à coulisse

Règle graduée munie d'un bec perpendiculaire fixe et d'un autre déplaçable. Il sert à mesurer les diamètres et les épaisseurs.

Ciseau

Outil à lame plate terminée en biseau tranchant.

Ciseau à briques

Ciseau large équipé d'une virole, utilisé avec un maillet.

Râpe

Outil servant à façonner les pièces de bois.

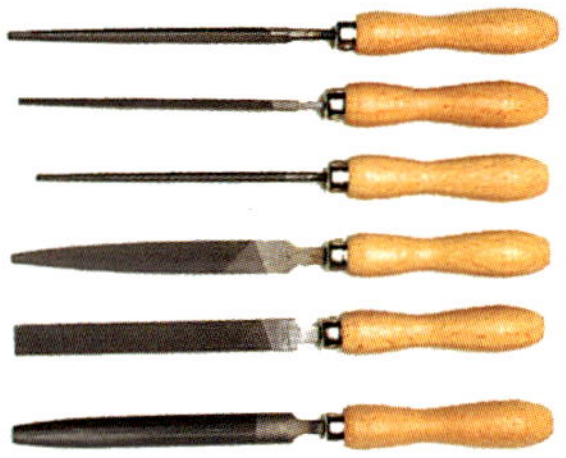

Râpes et limes

Pour façonner et travailler les finitions.

Serre-joint

Pour serrer deux pièces l'une contre l'autre.

Entretien des outils

Nettoyez les outils après utilisation. Frottez-les avec un chiffon gras pour les empêcher de rouiller. Ne laissez pas les outils aiguisés en contact les uns avec les autres, cela provoque l'émoussement des lames.

Travail du bois

Sous bien des aspects, le bois est un matériau idéal pour le mobilier de jardin. Son apparence et ses propriétés naturelles s'harmonisent parfaitement avec son environnement. C'est un matériau chaleureux et facile à travailler : seuls quelques outils simples sont nécessaires. Enfin, le bois est solide, peut prendre toutes sortes de formes et est relativement bon marché.

Le bon choix

Le bois se divise en plusieurs catégories, le résultat obtenu dépend de la catégorie choisie, en termes aussi bien d'apparence que de solidité et de durabilité. La qualité du bois détermine également son prix. La différence est énorme entre l'achat de quelques piquets en bois chez un marchand local et celui de planches en bois dur d'excellente qualité. Vous pouvez réduire les coûts en achetant du bois d'occasion, mais attention aux vieux clous et autres pièces métalliques qui risquent de détériorer vos outils et vous feront finalement perdre le bénéfice fait à l'achat. Le choix du bois dépend aussi de sa destination. Un plancher ou un caillebotis exigent une qualité de bois supérieure à celle du bac à compost, qui pourra être facilement remplacé en cas de pourrissement. De la même façon, la qualité de bois utilisé pour la construction d'une arche rustique ne sera pas la même que celle d'une structure classique.

En cas d'hésitation et avant de vous décider définitivement, commencez par flâner dans les jardineries et chez les marchands de matériaux. Renseignez-vous sur les essences disponibles et sur leur prix.

Vérifiez soigneusement le bois avant de l'acheter, soyez vigilant et évitez les bois fendus, déformés ou gauchis. Les nœuds sont inévitables et peuvent devenir un élément décoratif – évitez cependant les nœuds morts (ceux qui sont entourés d'un cercle noir), car ils risquent de se détacher, de former un trou et de fragiliser le bois.

Les piquets et poteaux d'équarrissage

Leur utilisation est limitée dans le jardin, car ils ne peuvent servir qu'aux constructions rustiques. Leur surface irrégulière les rend impropres à la réalisation d'éléments classiques et formels. Un piquet légèrement déformé soutenant un treillage peut donner à l'ensemble un aspect gauche et maladroit peu esthétique. En revanche, les piquets et poteaux en bois d'œuvre conviennent parfaitement aux ambiances campagnardes et rustiques. Il est très difficile de retravailler avec des outils une pièce de bois impeccablement taillée pour lui donner l'apparence irrégulière et naturelle que possède le bois d'œuvre à l'origine. D'autre part, les imperfections de fabrication sont moins visibles sur les poteaux d'équarrissage, et les petites incompétences en matière de bricolage, moins repérables.

Enlevez toujours l'écorce avant de commencer à travailler. Elle donne un certain charme aux poteaux, mais l'eau et les insectes se logent rapidement en dessous et attaquent le bois. Faites les assemblages avec des chevilles en bois ou des clous en acier galvanisé plutôt qu'avec des vis.

Les bois tendres

La structure cellulaire des bois tendres est différente de celle des bois durs (les bois tendres ne sont pas forcément plus tendres que les bois durs, le balsa, par exemple, est considéré comme un bois dur). Les bois tendres poussent plus vite et sont moins onéreux, mais ils se détériorent aussi plus rapidement. Ils sont faciles à travailler, et donc fort appréciés pour la construction des abris de jardin, des pavillons d'été, des tonnelles, des pergolas et des arches. Ils sont plus faciles à trouver : la plupart des planches et pièces en bois que l'on vend dans les jardineries, les magasins de bricolage et chez les marchands de matériaux sont en bois tendre.

On distingue deux finitions pour le bois : les bois premiers et les bois seconds. Les bois

Les bois tendres

Mélèze

Larix decidua

Bois magnifique pour les réalisations en extérieur. Arbre très haut permettant de tailler de belles planches larges. On l'emploie pour les clôtures, les abris, les planchers aussi bien en intérieur qu'en extérieur. Contrairement aux pins et aux épicéas, qui sont persistants, les mélèzes sont des arbres à feuillage caduc.

Sapin de Douglas

Pseudotsuga taxifolia

Arbre gigantesque dépassant souvent 28 m et fréquemment de couleur rouge. Sa circonférence énorme permet de nombreux usages, des constructions extérieures aux finitions intérieures. C'est un bois résistant et imperméable.

Pin sylvestre

Pinus sylvestris

Espèce abondante en Europe de l'Ouest. Son bois permet de faire du mobilier et des éléments de construction intérieure. Le bois d'été, à croissance rapide, est plus tendre que le bois d'hiver, à croissance lente. Sa couleur change sous l'effet des rayons ultraviolets, ce qui peut donner des résultats peu esthétiques en cas d'exposition inégale.

premiers sont simplement sciés et leur surface grossière porte souvent des échardes. Les bois seconds ont été dressés à la dégauchisseuse et leur surface est lisse. Ils sont plus faciles à travailler mais aussi beaucoup plus onéreux. Les bois premiers servent à la construction des parties non visibles et des chevrons des charpentes.

Pour les parties visibles, préférez les bois seconds. Les mesures des bois premiers sont exactes, alors que celles des bois seconds sont légèrement inférieures, car on ne prend pas en compte la partie rabotée : pour les bois premiers, 50 mm représentent effectivement 50 mm, alors que, pour les bois seconds, 50 mm représentent 46 mm ou même moins. Soyez vigilant en prenant les mesures.

Les bois durs

On utilise peu les bois durs au jardin, d'une part parce qu'ils sont chers et d'autre part parce qu'ils ne sont pas indispensables. Pour leur durabilité et leur aspect esthétique, les bois durs l'emportent haut la main sur les tendres, mais, en contrepartie, leur prix est souvent prohibitif. On les utilise essentiellement pour les planchers, surtout lorsque leurs usagers ont tendance à marcher pieds nus. Ils forment rarement des échardes et sont donc moins dangereux. Un plancher tout entier en bois dur sera extrêmement onéreux et on préférera utiliser le bois dur pour le mobilier. Le mobilier de jardin en teck ou en chêne sera incontestablement plus beau et plus durable.

Les bois de placage

Le bois ne sert pas uniquement à la fabrication de piquets et de poteaux, mais il permet également de réaliser des revêtements. Le bois de placage est formé de bandes minces et fines avec lesquelles on peut habiller les abris et pavillons d'été ou les clôtures. Les bandes sont biseautées à une extrémité, c'est-à-dire finement effilées de telle sorte qu'on peut les faire se chevaucher sans créer d'épaisseur supplémentaire. On utilise en général ce type de revêtement en bandes horizontales pour habiller les abris de jardin et en bandes verticales pour réaliser des clôtures.

On peut aussi réaliser des revêtements en panneaux de bois reconstitué. Ils sont formés de couches minces de bois

Les bois durs

Acajou

Eucalyptus marginata

On l'utilise pour les ponts, les traverses de chemin de fer, les planchers et toutes les structures où sa solidité est mise à l'épreuve. Grâce à sa couleur rouge uniforme, on en fait du mobilier, mais son grain manque quelquefois de finesse.

Wengé

Millettia laurentii

Lorsqu'il est dressé et lisse, le bois de wengé change de couleur sous l'effet des rayons ultraviolets et passe du jaune paille au presque noir. C'est un bois relativement dense qui remplace admirablement le bois de rose. Ses veines sont très régulières et rectilignes. Il est fragile et fait facilement des éclats.

Chêne pédonculé

Quercus robur

C'est un arbre massif dont le bois dense et dur est considéré comme l'un des meilleurs pour fabriquer du mobilier.

Teck

Tectona grandis

Ce bois sécrète une huile qui lui permet de résister à des conditions extrêmes. Il est difficile à dégraisser, car il devient poisseux. Il est très agréable à travailler, bien que la qualité de son grain émousse les outils. Imputrescible, c'est un excellent bois d'extérieur propre à la réalisation de mobilier de qualité inégalable.

Orme champêtre

Ulmus procera

Un champignon parasitaire détruit malheureusement les ormes en Europe. Pourtant, le bois d'orme est solide, résistant au temps et apprécié en décoration pour son veinage qui forme des motifs intéressants.

Chêne blanc d'Amérique

Quercus alba

Il est considéré comme un bois solide et résistant. La taille de l'arbre permet la réalisation de planches larges et longues, mais elles contiennent souvent de l'aubier. Ses caractéristiques en font un bois plus utilitaire que décoratif.

– contreplaqué ou aggloméré formé de particules compressées et collées.
On utilise ce type de bois en intérieur (pour les planchers des habitations, par exemple) ou pour les toits, que l'on recouvre ensuite d'un morceau de feutre pour les isoler.
En extérieur, pour la réalisation de parois et façades, il doit impérativement être traité contre les intempéries sous peine de se dégrader très rapidement.

Les bois reconstitués

Ils représentent une alternative peu onéreuse aux bois naturels, particulièrement pour la construction de mobilier ou de panneaux. Malgré leur vulnérabilité aux intempéries, on peut les utiliser dans les pavillons d'été, les cabanes pour les enfants, pour le mobilier installé dans les parties abritées.
Il en existe cinq catégories principales.
Le latté Il s'agit d'un panneau de bois pris entre deux parements plaqués. Le panneau intérieur mesure en général 20 mm d'épaisseur. L'ensemble forme une planche robuste qui peut néanmoins être sujette à des défauts de collage.
L'aggloméré Il est constitué de particules de bois collées à l'aide d'une résine synthétique, puis pressées. On en trouve plusieurs épaisseurs sur le marché. Les plus minces ont tendance à se gauchir sous le poids.
Il est conseillé d'habiller le chant avec du bois, du plastique ou du métal, car son aspect est disgracieux et a tendance à s'effriter.
Panneau de fibres (Isorel) Il est composé de pulpe de bois pressée formant des panneaux fins et denses. Il a tendance à se gauchir sous le poids.
Le médium Il est de conception récente et d'utilisation très souple. Formé de fibres de bois compressées, c'est une alternative à l'aggloméré et à l'Isorel. Il est conseillé d'utiliser un masque pour le travailler, car sa poussière est nocive si on la respire longtemps.
Le contreplaqué C'est un panneau de minces couches de bois de même épaisseur, collées sous pression. Lorsque les panneaux ont été mal séchés, ils ont tendance à se déformer.
La recherche de panneaux parfaitement plans est souvent un casse-tête, c'est pourquoi de nombreux magasins de bricolage optent pour le médium.

Le travail du bois

Lorsque le bois présente des défauts, évitez l'utilisation de reboucheur ou de mastic, ils se rétractent au fil du temps et forment une cuvette par rapport à la surface de la planche. Privilégiez toujours les pâtes à bois de même nature que le bois utilisé pour les réparations.

Réalisation d'un assemblage

❶ À l'aide d'une scie, faites des entailles verticales de la profondeur totale de la découpe. Pour les joints larges, faites plusieurs entailles verticales, séparées par une largeur de ciseau.

❷ Découpez le bois à l'aide d'un ciseau à bois. Travaillez de part et d'autre de la découpe en inclinant le ciseau légèrement vers le haut.

Les différents assemblages

Assemblage à mi-bois

C'est la méthode la plus simple. Essayez de faire en sorte que l'assemblage se trouve sur un montant.

Assemblage à entaille à mi-bois

Utilisez cette méthode simple pour assembler solidement deux pièces de bois. Chaque entaille est de même largeur et de profondeur égale à la moitié de l'épaisseur totale de la pièce de bois. On recourt aussi à cet assemblage pour les angles et les côtés. Le calcul des entailles se fait toujours de la même façon.

Tenon et mortaise

C'est un assemblage solide utilisé pour la construction des charpentes. Il est formé d'un évidement rectangulaire, la mortaise, pratiqué dans l'une des pièces. La seconde partie de l'assemblage est équipée d'un tenon qui loge exactement dans la cavité de la mortaise.

Assemblages à l'aide de clous

1 Pour faciliter la pénétration des clous dans la pièce de bois, placez un poids ou une masse à l'opposé de l'impact pour absorber le choc.

2 Pour empêcher la pièce de bois d'éclater lorsque vous enfoncez un clou à l'une de ses extrémités, percez un premier trou avec une perceuse électrique.

Assemblages

Dans le jardin, assemblez les pièces de bois le plus simplement possible. Seule la construction de mobilier en bois de qualité nécessite des compétences supplémentaires et de solides assemblages. Utilisez le même type de joints pour les pièces rondes (par exemple les piquets et les poteaux) et pour les planches. Ne vous servez que des clous en acier inoxydable. Prenez soin de tailler les encoches de façon précise afin qu'elles coïncident exactement. Lors de la construction de certaines structures, comme les clôtures, des assemblages solides à tenon et mortaise sont indispensables.

Fixations mécaniques

Vous trouverez une grande variété de fixations dans les magasins de bricolage. Comme les matériaux risquent de souffrir des intempéries dans le jardin, choisissez-en qui ne rouillent pas : du fer galvanisé ou de l'acier inoxydable. Les clous et les vis sont les fixations les plus courantes, mais préférez les boulons pour assembler les grosses pièces de bois. Les marchands de fournitures pour bateaux vendent beaucoup d'accessoires et de fixations inoxydables.

Découper et tailler

On découpe le bois avec une scie mécanique ou électrique. Assurez-vous que le bois repose fermement sur un établi ou des tréteaux, et fixez-le avec des serre-joints. Marquez l'emplacement de la découpe au crayon, ne coupez pas au hasard. Coupez à l'extérieur de la ligne de crayon. Taillez les assemblages avec une scie et un ciseau à bois. Pensez à aiguiser vos outils pour qu'ils coupent bien. Si le bois est grossier ou trop épais, redressez-le avec un rabot mécanique ou électrique.

Protection contre la pluie

Pour empêcher l'eau de pénétrer dans le grain du bois et lui éviter de pourrir, taillez le poteau de telle sorte que l'eau s'écoule (1) ou protégez-le par un recouvrement en bois ou en plomb (2).

Le vissage

Creusez un trou pour guider la vis et faites une cuvette pour contenir la tête de la vis.

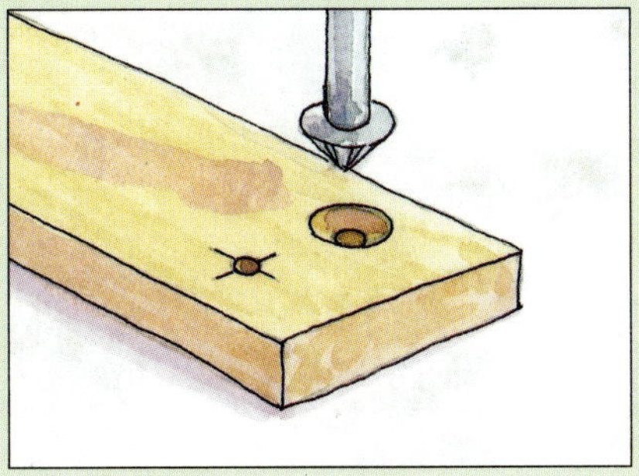

Protection des poteaux

Toutes les pièces de bois doivent être traitées contre l'humidité et la destruction par les insectes. Évitez d'utiliser de la créosote, car elle est toxique pour les plantes. Traitez avec une lasure les parties se trouvant au-dessus du sol. La partie se trouvant au ras du sol est la plus fragile. Percez un trou de 1 cm de diamètre, légèrement en pente, et fabriquez une cheville pénétrant dans la cavité. Retirez la cheville une fois par an, versez un fongicide-insecticide dans l'orifice puis remettez la cheville en place. Le produit pénétrera lentement dans le bois et le protégera.

Peintures et lasures

Quelques connaissances de base en matière de peintures et de lasures sont indispensables avant d'entreprendre la fabrication ou la réfection de mobilier de jardin, ou même d'exécuter tous travaux de décoration.

Les peintures spéciales

Certaines peintures permettent d'obtenir des finitions soignées pour le mobilier de jardin, les décors et les accessoires. Les unes sont indiquées pour le métal, d'autres pour le verre ou la céramique. Le minium, utilisé en protection antirouille et pour protéger le bois, a récemment été supplanté par d'autres produits ou procédés extrêmement efficaces, dont la phosphatation.

CI-DESSUS Ici, le banc et la table ont été décorés avec une peinture bleu mat que l'on protégera par une couche de vernis pour extérieur.

À GAUCHE Cette clôture bleue forme un contraste charmant avec les pots en terre cuite et les plantes vertes.

Les peintures

Les peintures disponibles dans le commerce sont soit à l'eau, soit glycérophtaliques. Il existe une grande variété de peintures, à base de lait, d'huile de lin ou de pigments naturels. Certains magasins spécialisés et boutiques de décoration vendent des peintures à la chaux et des badigeons qui donnent des résultats particulièrement intéressants en raison de leur aspect doux et satiné. On les utilise en général sur des supports qui doivent respirer.

Les peintures à l'eau

Elles sont faciles à utiliser. On trouve actuellement des peintures à l'eau brillantes, dont les avantages sont évidents. Les fabricants assurent que leur résistance aux intempéries et à la lumière ainsi que leur durabilité sont équivalentes à celles des peintures à l'huile. Les apprêts et sous-couches acryliques sont les peintures solubles à l'eau le plus souvent utilisées. Elles sont faciles à appliquer et sèchent rapidement.

Les nouvelles générations de peintures acryliques, solubles à l'eau et disponibles dans des centaines de coloris, sont parmi les plus efficaces. Elles sont mates ou satinées, utilisables telles quelles ou en mélange, et sont une véritable aubaine pour les consommateurs. Bien qu'en général les fabricants conseillent de les utiliser uniquement en intérieur, il suffit de les protéger par un vernis spécial extérieur.

Les peintures à l'huile

Les peintures à l'huile modernes sont brillantes ou satinées, et il existe une petite sélection de finitions mates. Les pinceaux et les taches se nettoient au white-spirit ou à l'essence de térébenthine. Pour en faciliter l'utilisation, certaines de ces peintures ont subi un traitement anticoulures. Les couleurs disponibles sont très variées et, bien que ces peintures sèchent plus lentement que celles à l'eau, les satinées ont la propriété de sécher étonnamment vite. Appliquez-les de préférence sur une sous-couche.

À GAUCHE On frottera d'abord les chaises en bois dur au papier de verre, car toute trace de vernis empêche la lasure de pénétrer.

Lasures

On peut diviser les lasures en trois catégories : les peintures ou traitements pour clôtures, les lasures transparentes, et les lasures opaques. La plupart des lasures contiennent des produits qui traitent et protègent le bois. Assurez-vous que celle qui vous intéressse est conçue pour l'extérieur. Le choix des coloris des peintures pour clôtures est assez limité. On trouve des teintes qui mettent en valeur celles du bois ou des couleurs classiques. Elles sont en général à l'eau et faciles à utiliser.

Les lasures transparentes sont à l'eau ou glycérophtaliques. On utilise celles à l'eau pour les bois premiers et seconds. Elles ont tendance à souligner le grain des bois lisses. Pour obtenir une pénétration maximale et une finition parfaite, appliquez les lasures uniquement sur du bois sec. Les lasures glycérophtaliques pénètrent mieux dans le bois, donnent une couleur plus intense et sèchent très rapidement. Prenez soin d'appliquer la lasure uniformément, sans quoi vous obtiendrez des irrégularités disgracieuses.

Des progrès récents ont permis de mettre au point des lasures opaques glycérophtaliques. On les mélange facilement pour obtenir une grande variété de coloris. Elles sont adaptées aux bois lisses, conviennent aussi bien à l'intérieur qu'à l'extérieur, ont un excellent pouvoir couvrant et des coloris très stables.

Mesures de sécurité

Avant d'appliquer les lasures et les vernis sur de grandes surfaces de bois, comme les planchers et caillebotis, lisez soigneusement les instructions figurant sur la boîte ou le mode d'emploi. Un grand nombre de ces produits sont volatils et dégagent des vapeurs désagréables, voire nocives. Ne fumez, ne mangez ni ne buvez en appliquant ces produits. Si vous travaillez dans un lieu fermé, faites en sorte qu'il soit correctement ventilé. Si vous êtes particulièrement sensible ou allergique, portez un masque et des lunettes de protection. N'appliquez ni lasure ni vernis si vous avez des difficultés respiratoires.

Évitez tout contact des produits avec la peau et tenez-les hors de portée des enfants.

Appliquez les produits pendant la journée pour pouvoir ouvrir les fenêtres et aérer. La lumière du jour donne aussi un meilleur aperçu de l'effet recherché.

Techniques de vieillissement

Les couleurs et les patines des objets anciens ont un charme certain, qu'il est possible d'obtenir par des moyens artificiels. Le bois peint exposé aux éléments extérieurs acquiert une teinte et une texture qui ont peu de points communs avec son état d'origine. La pierre, les tuiles, les briques et la terre cuite se couvrent de mousse et de lichen, et perdent leur couleur au fil du temps.

Les treillages et les clôtures neufs ont souvent des teintes dures, qu'un simple badigeon permet d'adoucir et de rendre moins agressives. Le badigeon est facile à réaliser, pensez à vous munir de bouts de bois pour faire des essais. Sachez que, lorsque le badigeon sera sec, sa teinte sera plus foncée qu'au moment de son application.

Remplissez à moitié une cuvette d'eau, ajoutez un produit de protection transparent, puis une petite quantité de peinture acrylique blanche et mélangez bien. Mettez aussi un peu de peinture acrylique noire et une pointe de peinture bleue. Mélangez bien jusqu'à ce que l'ensemble soit homogène. Le badigeon a une couleur grise très liquide et, lorsqu'on l'applique sur du bois, il n'en modifie pas énormément la couleur. Lorsque le badigeon est sec, il atténue l'aspect rustique du bois neuf et lui donne une patine plus naturelle. La couleur s'adoucira encore au fil du temps lorsque le bois vieillira lui-même.

En appliquant un traitement similaire aux pots en terre cuite, vous leur donnerez une belle patine et un air ancien. L'effet sera plus naturel si vous peignez d'abord le pot avec du blanc largement dilué à l'eau. Laissez sécher, puis appliquez une deuxième couche, plus discrète, de gris foncé également dilué. Vous obtiendrez un aspect épongé.

Installations électriques

Les installations électriques peuvent modifier aussi bien l'aspect du jardin que la façon de l'utiliser. D'un point de vue esthétique, l'électricité fait fonctionner les pompes des bassins, des fontaines, des cascades et des chutes d'eau, elle crée le mouvement, introduit l'animation sonore, met en lumière les éléments qui passent inaperçus dans la journée et éclaire les dîners.

D'un point de vue pratique, les installations électriques permettent d'alimenter les filtres des bassins, les éclairages, les systèmes de sécurité, le chauffage des serres et des germoirs, ainsi que sources et piscines. Les tondeuses, aspirateurs de feuilles, les cisailles et débroussailleuses électriques sont plus faciles et plus rapides à utiliser. Branchez-les sur une prise extérieure et évitez les fils longs et encombrants qui partent de la maison.

Les prises de courant extérieures ont l'avantage de pouvoir servir pour tous les travaux de bricolage qui nécessitent de l'espace, dégagent de la poussière et risquent de salir l'intérieur de la maison.

L'alimentation en électricité

Il existe trois types d'alimentation en électricité : le courant en 220 volts, le courant en basse tension, et l'énergie solaire.

L'énergie solaire est fournie par des capteurs qui transforment l'énergie du soleil en électricité basse tension par l'intermédiaire de cellules photoélectriques. Les petits bassins et les éclairages nocturnes peuvent fonctionner au solaire, car l'énergie accumulée pendant la journée est stockée dans des batteries. Les technologies liées au solaire progressent constamment, mais elles restent relativement neuves et onéreuses. De plus, dans les régions tempérées où l'ensoleillement est aléatoire, l'équipement reste peu fiable, surtout en hiver. C'est en revanche une énergie totalement gratuite, qui n'exige rien de plus qu'une place au soleil.

Le courant en basse tension

Les équipements en basse tension sont connectés au courant en 220 volts. Un transformateur réduit la tension et l'intensité du courant à 12 volts avant son passage dans les appareils. L'installation est simple : le transformateur est branché sur une prise de 13 ampères se trouvant dans la maison, un abri de jardin ou le garage, et des câbles transportent le courant jusqu'au bassin et aux ampoules. Il n'est pas nécessaire d'enfouir les câbles, qui peuvent courir sur le sol. Ne les placez pourtant pas en travers des allées, où ils peuvent provoquer des chutes, ou sur des surfaces dures et dallées, où l'on peut les piétiner.

Les pompes en basse tension ont une capacité allant de 400 litres à l'heure pour les petites fontaines à 9 000 litres à l'heure pour les fontaines plus importantes. Toutes les pompes sont submersibles et on les place en dessous du niveau de l'eau en prévoyant une longueur de câble suffisante pour éviter aux joints de se déformer ou de se détériorer si la pompe bouge au fond de l'eau.

Il existe une grande variété d'éclairages en basse tension, depuis ceux sur pied pour les allées et les escaliers jusqu'aux spots submersibles pour les bassins. Ils sont faciles à utiliser et à installer, sont bon marché et permettent de créer des effets spectaculaires. Leur seul inconvénient réside dans le fait que la distance entre le transformateur et la source lumineuse entraîne une perte d'énergie – essayez de limiter cet écart à environ 30 m. Il en va de même pour la multiplication des sources lumineuses sur un seul câble, c'est pourquoi plusieurs transformateurs sont quelquefois nécessaires pour éclairer un jardin.

Installation d'une prise de courant extérieure

Il existe deux façons de connecter les prises de courant extérieures : sur un branchement existant dans la maison ou le garage ou sur un circuit autonome réservé au jardin.

Les branchements sur le circuit général de la maison nécessitent la création de dérivations. Dans ce cas, placez la prise à proximité du circuit pour éviter les extensions trop importantes et équipez-la d'un coupe-circuit – qui peut être intégré à la prise ou se trouver sur le tableau général. **Ne tirez aucun fil et ne faites aucun branchement si vous n'êtes pas absolument sûr de ce que vous faites.** Si vous installez vous-même des prises extérieures, faites-les vérifier par un électricien avant de réaliser les branchements définitifs.

Connectez les prises très éloignées de l'installation générale et les installations nécessitant un grand nombre de prises sur un circuit électrique autonome.

Dans ce cas, adressez-vous à un professionnel, mais vous pouvez réaliser des économies en creusant les tranchées vous-même (voir p. 215, Pose des câbles).

Tous les branchements et prises extérieurs doivent être étanches et équipés d'un couvercle protecteur empêchant l'humidité de pénétrer en cas de non-utilisation (photo ci-contre).

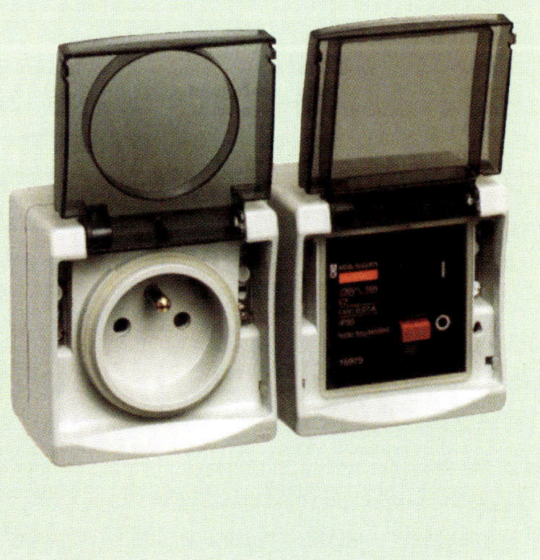

Fixez-les sur des murs ou des poteaux en bois, à bonne distance du sol, pour éviter les éclaboussures.

Pose des câbles

Pour poser les câbles d'une installation en 220 volts, choisissez la meilleure époque, c'est-à-dire avant les plantations, car les tranchées que vous aurez à creuser traverseront inévitablement les massifs, plates-bandes et allées. Lorsque les fils électriques passent sous des surfaces en dur, protégez-les par des conduits en plastique, que vous pourrez facilement déplacer en cas d'erreur.

Dans un jardin déjà installé, fixez les câbles sur les murs et les clôtures afin d'éviter les travaux de terrassement sur les terrasses et patios. Utilisez du câble gainé ou protégez systématiquement les câbles électriques passant sur le sol en les enfermant dans un conduit en plastique dur.

Gardez un plan des installations et du passage des câbles en cas de réparation ou pour les transmettre aux nouveaux propriétaires le cas échéant.

❶ Tracez une tranchée de 30 cm de large entre la maison et les points d'éclairage, l'emplacement de la pompe ou les prises de courant. Si possible, faites courir les câbles le long d'une allée, d'un chemin ou d'une clôture pour ne pas empiéter sur les plantations et les tenir éloignés des endroits cultivés.

❷ Creusez sur une profondeur de 50 cm, tapissez le fond d'une couche de sable de construction sur lequel reposera le câble.

❸ Posez le câble sur le sable, en faisant des boucles aux emplacements des éclairages, pompes et prises de courant. Faites tenir à l'aide de clips de fixation. L'installation est ainsi prête pour les branchements qui seront effectués par un électricien professionnel.

❹ Lorsque tous les branchements sont effectués, protégez tous les câbles d'une couche de tuiles ou de pierres plates avant de les recouvrir de terre. Comme précaution supplémentaire, vous pouvez poser sur les tuiles un ruban adhésif noir et jaune qui vous avertira de la présence des fils si vous creusez à cet endroit.

Types de câbles

Il existe trois types de câbles électriques que l'on peut poser dans un jardin : le câble électrique gainé, le câble armé ou blindé, et le câble en PVC. Le choix dépend de la façon dont on le pose.

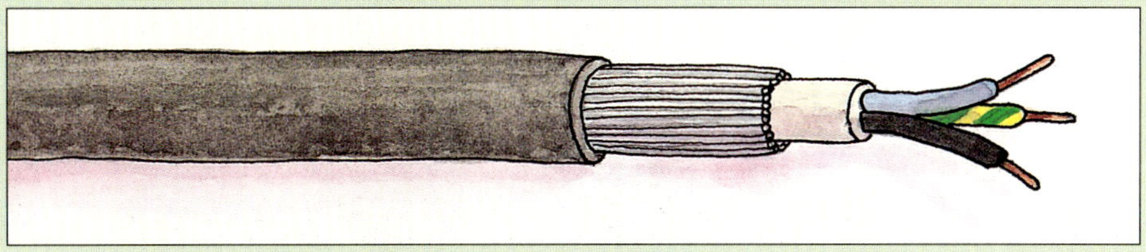

Le câble électrique gainé (ci-dessus) est un câble ordinaire formé de deux ou trois fils réunis dans une gaine de bourrage entourée d'un revêtement protecteur puis d'une gaine externe en PVC. Ce type de câble ne nécessite pas de protection supplémentaire lorsqu'il est enseveli, mais il est cher et les branchements aux câbles en PVC exigent des boîtes de dérivation spéciales.

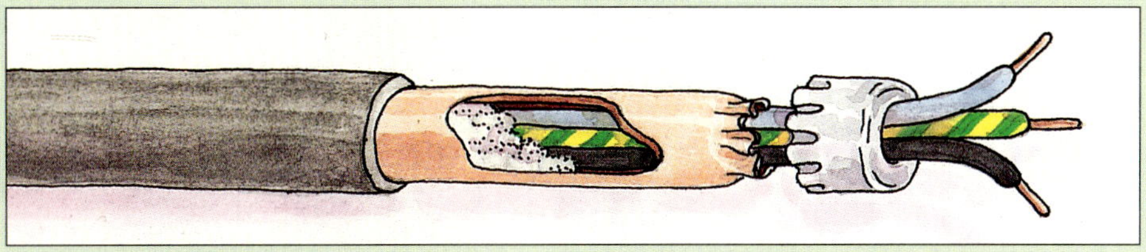

Le câble armé ou blindé (ci-dessus) possède un bourrage formé d'oxyde de magnésium entouré d'un tube en cuivre. Ce type de câble peut être enseveli dans le sol sans protection supplémentaire, mais il exige des boîtes de dérivation spéciales et coûte cher.

Le câble en PVC est le plus économique pour effectuer les branchements. Mais il ne possède pas de protection et doit donc être glissé dans des conduits en plastique rigides. Il existe différents raccords permettant de connecter les conduits. Sous les allées et surfaces dallées, noyez les conduits dans le béton et incorporez-les dans les murs ou les clôtures pour alimenter les prises et les éclairages. Ne faites aucun branchement entre les fils à l'intérieur des conduits. Si vous ensevelissez le conduit sous des surfaces plantées, protégez-le d'une couche de tuiles ou de pierres plates.

Le courant en 220 volts

C'est le type d'alimentation le plus simple qui permet de fournir le courant aux prises, éclairages, systèmes d'irrigation et jacuzzi. Onéreux, il nécessite un équipement autonome ainsi qu'une borne équipée d'un coupe-circuit se déclenchant à partir de 30 milliampères placée sur le tableau de distribution général. Les coupe-circuits forment un système de sécurité qui coupe automatiquement le courant en cas de modification de son intensité, et cela avant que toute personne actionnant un appareil défectueux ne reçoive une décharge électrique. **Toute installation électrique extérieure importante doit impérativement être effectuée par un électricien.**

Vous pouvez cependant faire des économies en creusant vous-même les tranchées qui recevront les câbles, puis en les refermant lorsque l'installation sera achevée (voir Pose des câbles, ci-contre). Vous pouvez aussi planifier soigneusement toutes les installations présentes et futures afin d'éviter des dépenses supplémentaires et des travaux de terrassement ultérieurs.

Plomberie

Un robinet extérieur permet d'arroser le jardin, de remplir le bassin ou de nettoyer la voiture beaucoup plus facilement que si l'on doit brancher le tuyau sur le robinet de la cuisine et passer par la fenêtre. De plus, aucune connaissance en matière de soudure n'est indispensable pour son installation.

Le branchement des installations extérieures se fait à l'aide de tuyaux de cuivre de 15 mm de diamètre qui transportent l'eau à partir du circuit de distribution général de la maison, alimenté soit à partir d'un réservoir dans les combles soit par une colonne montante. Pour plus de facilité, placez le robinet extérieur aussi près que possible du point de l'alimentation principale et non loin du robinet d'arrêt, ce qui permet de couper tous les circuits de distribution en même temps.

Toutes les installations extérieures doivent être équipées d'une valve antirefoulement empêchant les eaux usées de refouler dans les canalisations, et ainsi de les polluer. Ajoutez aussi un purgeur pour vider les canalisations en cas de nécessité, notamment en hiver lorsqu'il y a un risque de gel.

Assemblage par raccord à compression

Les raccords à compression sont des systèmes simples formés de deux écrous et d'une rondelle en métal tendre avec lesquels on réalise des raccords du type robinet d'arrêt, robinet simple, purgeur et coudes sur des tuyaux de cuivre sans l'aide de soudures. À chaque point de raccord entre le tuyau de cuivre et les différents accessoires permettant de faire fonctionner l'installation, on place deux écrous qui écrasent le joint et rendent le raccord étanche. Les raccords à compression sont très faciles à installer.

Note : si vous habitez une maison ancienne où les tuyaux sont en plomb, demandez à un plombier de faire les raccords.

Installation d'un collecteur d'eau de pluie

L'eau est un élément précieux. Un compteur mesure la consommation effective d'eau de la maison et du jardin, c'est pourquoi il est

Attention au gel

En gelant, l'eau augmente de volume. Lorsqu'il fait très froid, l'eau emprisonnée dans les tuyaux risque de les faire éclater. Pour éviter cela, fermez le robinet d'arrêt de l'eau, ouvrez tous les autres robinets et videz les canalisations. Videz aussi les tuyaux d'arrosage en plastique. Isolez avec un calorifuge toute la tuyauterie se trouvant au-dessus de la surface du sol et dans les bâtiments non chauffés.

Installation d'une dérivation

1. Faites une marque sur le tuyau allant de la gouttière au drain à la hauteur de l'entrée du collecteur d'eau de pluie.

2. Coupez le tuyau en deux à cet endroit et installez la dérivation.

3. Fixez un tuyau entre le collecteur d'eau de pluie et la dérivation et remettez en place le tuyau menant au drain.

Assemblage par raccord à compression

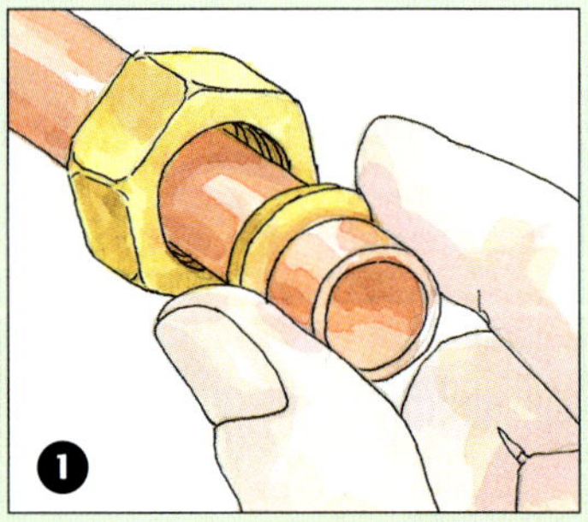
1

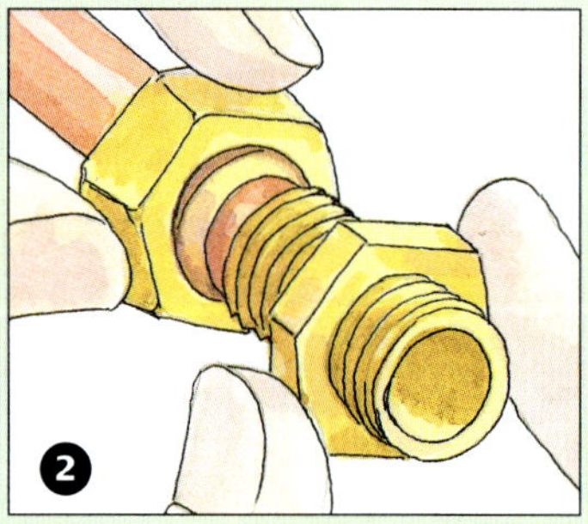
2

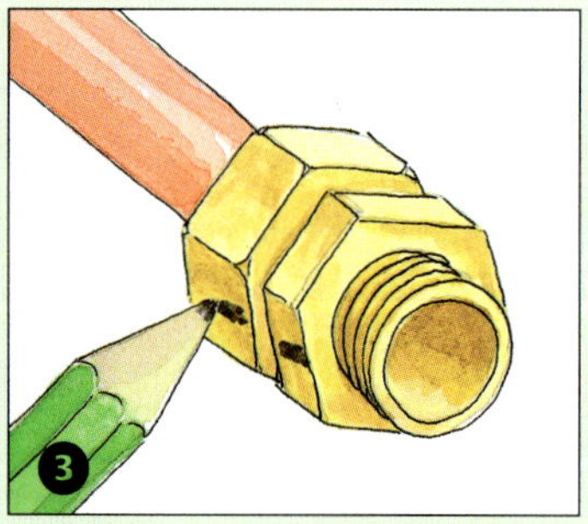
3

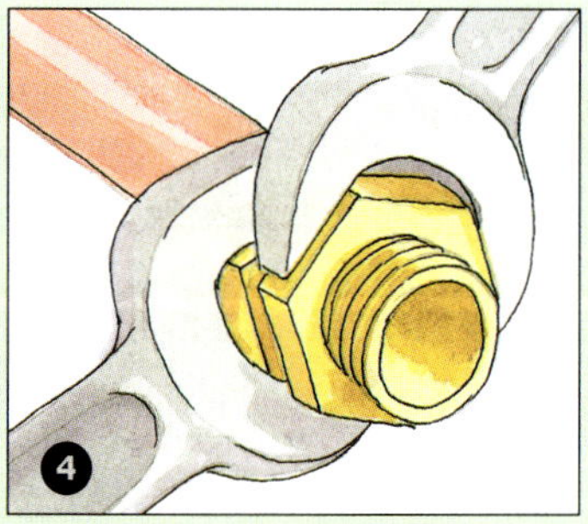
4

1. Coupez net le tuyau de cuivre et enlevez les barbes avec une lime. Dévissez l'écrou et faites-le glisser sur le tuyau de cuivre, puis faites glisser de la même façon la rondelle ou le joint (si une extrémité du raccord est plus longue que l'autre, la partie la plus longue doit se trouver face à l'écrou).

2. Glissez le tuyau de cuivre doucement dans le raccord en exerçant un léger mouvement de rotation. Prenez soin de bien encastrer les deux parties. Glissez la rondelle en place puis vissez l'écrou en le serrant à la main.

3. Marquez l'emplacement de l'écrou au crayon.

4. Tenez l'écrou avec une clé plate et le raccord avec une seconde clé plate. Faites un tour complet en vous servant de la marque au crayon comme guide. Si, lorsque l'eau est branchée, vous constatez une légère faiblesse dans le serrage, redonnez un quart de tour.

Note : si le raccord est trop serré, il y a un risque de fuite. Dans ce cas, videz les tuyaux, dévissez le raccord et enlevez la rondelle avec une petite scie à métaux. Vérifiez que l'installation n'est pas endommagée. Sinon, remettez une rondelle et resserrez le raccord. Dans le cas où le contact entre le tuyau et le raccord serait défectueux, donnez quelques tours de ruban de Téflon avant de serrer les écrous.

Installation d'un robinet extérieur

❶ Coupez l'arrivée d'eau générale et videz complètement les tuyauteries grâce au purgeur – qui se trouve en général au-dessus du robinet d'arrêt. Ouvrez le robinet de la cuisine.

❷ Marquez l'emplacement du futur robinet sur le mur intérieur et extérieur. Vérifiez qu'aucune autre installation (électricité, gaz, drains, etc.) ne gêne les travaux.

❸ Percez un trou dans le mur au-dessus de l'emplacement du futur robinet et insérez un conduit en plastique (que vous trouverez au rayon plomberie) d'une longueur égale à l'épaisseur du mur. Il recevra le tuyau de cuivre et facilitera la détection des fuites tout en empêchant l'eau d'imprégner le mur.

❹ Fixez un raccord en T sur l'installation principale, puis un tuyau de 10 cm sur la branche verticale du T menant au robinet.

❺ Fixez un robinet d'arrêt sur le tuyau de façon à pouvoir arrêter l'eau si nécessaire. Puis remettez un bout de tuyau.

❻ Placez ensuite une valve antirefoulement, puis un autre bout de tuyau et enfin le purgeur.

❼ Faites passer le tuyau dans le conduit installé dans le mur. Vissez le robinet en place et connectez-le au tuyau.

❽ Entourez la partie filetée du robinet de ruban de Téflon (ruban isolant qui permet de jointoyer et de rendre étanche) avant de la visser sur la partie fixe.

❾ Ouvrez l'eau et contrôlez les fuites éventuelles.

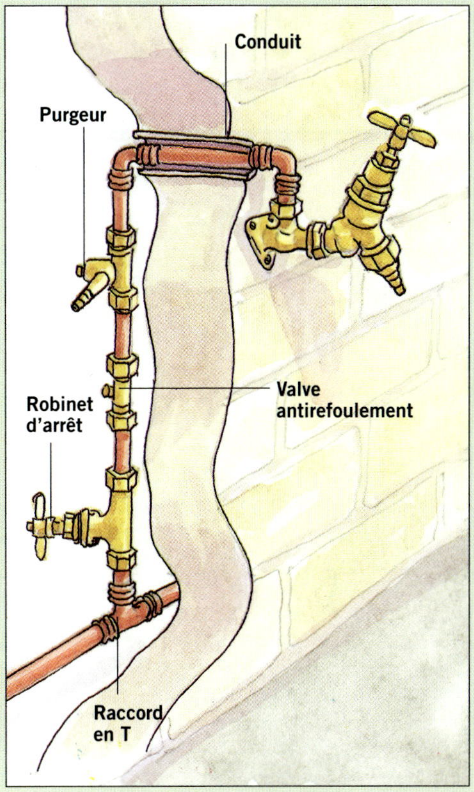

CI-DESSUS Ce robinet en forme d'écureuil ajoute une note rustique discrète et pleine de charme à un jardin campagnard.

intéressant d'un point de vue financier aussi bien qu'environnemental de collecter l'eau de pluie. La méthode la plus simple consiste à installer un collecteur d'eau sous les gouttières de la maison et de la serre.

Choisissez un contenant équipé d'un robinet et d'un couvercle pour empêcher les insectes d'y pénétrer. Installez-le sur un socle en brique pour faciliter l'accès au robinet et le remplissage de l'arrosoir. Évitez de mettre un tuyau allant tout droit de la gouttière au collecteur, car, lorsque ce dernier est plein, l'eau risque de déborder et de couler le long de la façade de la maison. Pour y remédier, installez un tuyau raccordé à un drain ou une dérivation dans la gouttière elle-même.

Système de trop-plein

Si la serre est éloignée de tout équipement d'arrosage extérieur, prévoyez un système d'irrigation par trop-plein. Il évitera l'installation d'un robinet supplémentaire ou la mise en place et le rangement de tuyaux d'arrosage interminables.

Équipez-vous d'un collecteur d'eau de pluie, sur lequel vous branchez un tuyau allant jusqu'à la serre. Si la base du collecteur se trouve à 60 cm au moins au-dessus du niveau du sol de la serre, l'eau coulera depuis le collecteur et pourra irriguer les plantations se trouvant dans la serre et vous pourrez remplir un arrosoir pour celles qui se trouvent en hauteur. Pour couper l'eau, accrochez le tuyau à une hauteur supérieure à celle de l'eau se trouvant dans le collecteur.

C'est un système extrêmement simple. Vous pouvez raccorder le collecteur à la gouttière de la serre ou à celle de la maison et faire courir le tuyau le long d'une haie ou d'une clôture pour le dissimuler aux regards. Vous pouvez placer le collecteur partout dans le jardin, masqué par une haie ou un groupe d'arbustes, à condition de le remplir régulièrement. Si la serre est au bas d'une pente alors que le collecteur est au sommet, fixez un robinet au bout du tuyau afin de régler le débit de l'eau.

L'eau de pluie

L'eau de pluie est idéale pour les plantes en pots, les azalées, camélias et bruyères, car elle est moins calcaire que celle du robinet. L'eau de pluie, qui contient des spores de champignons en suspension susceptibles d'attaquer et de détruire les graines, ne doit être utilisée que lorsque les plantes ont fait des feuilles.

Glossaire

Assise Chacune des rangées horizontales de briques posées au même niveau et composant un rang homogène.

Blocaille Pierres sans formes précises de format moyen utilisées en blocage ou comme granulat.

Boutisse Brique dont la petite face forme parement à la surface d'un mur.

Butyle Élastomère de synthèse utilisé pour la fabrication des bâches.

Caillebotis Panneau à claire-voie constitué de lattes de bois assemblées et supportées par des solives.

Chaises d'implantation Bâtis formé de lattes en bois clouées sur des piquets et reliées par des cordeaux que l'on dispose autour d'un bâtiment à construire pour matérialiser l'implantation de ses fondations.

Chaperon Couronnement d'un mur ou d'un muret favorisant l'écoulement des eaux de pluie de part et d'autre ou d'un seul côté.

Châssis froid Cadre en bois, brique ou verre non chauffé, équipé d'un couvercle à charnières en verre ou en plastique, dans lequel on fait les semis par temps froid.

Ciseau Terme désignant divers outils utilisés en charpenterie, menuiserie et maçonnerie, formés d'un manche et d'une lame plate terminée en biseau.

Cloche Protection en forme de cloche en verre ou en polyéthylène que l'on pose sur les jeunes plants ou les récoltes fragiles pour les protéger du froid.

Contremarche Petite paroi verticale entre deux marches consécutives d'un escalier.

Couche arable Couche de terre superficielle.

Coupe-circuit Dispositif de protection électrique chargé d'interrompre le passage du courant dès que celui-ci dépasse la valeur nominale prévue.

Damer Tasser le sol par pilonnage pour le rendre compact.

Double bêchage Opération qui consiste à ameublir le sol en creusant en deux temps, sans mélanger les couches de terre de nature différente.

Drainage Action de collecter les eaux en excès dans le sol ou un mur pour les évacuer à l'aide de drains.

Éboulis Amas de roches et de pierres en pente douce, composant les jardins de rocaille et formant un drainage efficace.

Giron Surface horizontale d'une marche et sa profondeur. On dit aussi le pas.

Granulat Constituant inerte d'un mortier ou d'un béton : pierres, gravillons, sable, liège, polystyrène expansé, etc.

Humus Produit résultant de la décomposition de matières organiques.

Lasure Produit d'imprégnation et de revêtement permettant de protéger les ouvrages en bois exposés aux intempéries.

Limande Règle plate et longue qu'utilisent les menuisiers.

Liner Bâche plastique en forme de vaste poche étanche et souple, constituant le revêtement intérieur des bassins.

Lisseuse Taloche légère à lame semi-rigide pour l'étalement et l'égalisation des mortiers et enduits.

Maillet Marteau de bois utilisé pour frapper les outils manuels tels que les ciseaux.

Mastic Matériau pâteux utilisé pour obturer des joints ou des fissures ou rendre étanches des assemblages.

Mulch Déchets provenant de la tonte des gazons. Le mulching est synonyme de paillage.

Nez Partie d'une marche légèrement en saillie sur la contremarche.

Niveau à bulle Instrument de contrôle de l'horizontalité indiquée par une fiole contenant de l'eau.

Onglet Façon de coupe diagonale de pièces de bois à 45°. L'assemblage à onglet est l'assemblage de deux pièces coupées à 45°.

Opus incertum Dallage formé d'éléments aux contours irréguliers assemblés au gré de leurs formes.

Panneresse Brique dont la plus grande face est disposée en parement.

Pergola Structure inerte formée d'un treillage et de poteaux portant des plantes grimpantes.

Pesticide Substance chimique permettant de détruire les insectes nuisibles.

Piquet de référence Piquet en bois servant de jalon de repère.

Plastifiant Adjuvant des bétons et mortiers destiné à améliorer leur plasticité.

Platoir Taloche souple d'application et de lissage des enduits.

Puisard Puits fermé à parois grossièrement maçonnées rempli de caillasse et de sable servant à absorber les eaux de pluie.

Raccord à compression Raccord formé d'une tige filetée, de boulons et d'une rondelle permettant de faire des raccords en plomberie sans soudure.

Scie sauteuse Petite scie fine permettant de découper des arrondis.

Semelle filante Socle continu en béton qui compose l'assise d'un mur.

Solive Longue pièce de bois composant l'ossature rigide d'un plancher.

Taloche Planchette de bois munie d'un manche utilisée pour transporter et appliquer les enduits. Le terme désigne souvent également les lisseuses et les platoirs.

Terreau Produit riche en humus provenant de la décomposition de matières organiques. Il est utilisé comme matériau de base dans les substrats et les amendements.

Tesselle Petite pièce carrée entrant dans la composition d'une mosaïque.

Tonnelle Structure inerte en général couverte de plantes grimpantes et abritant un siège.

Topographie Discipline s'occupant des levés de terrain et de leur représentation graphique.

Treillage Ensemble de fines lattes de bois ou plastique, assemblées en un réseau maillé utilisé dans la décoration des jardins.

Vivace Plante qui vit plusieurs années et fructifie plusieurs fois.

Index

Les nombres en *italique* renvoient aux illustrations.

Crédits photographiques

1re de couverture : en haut : Eric Crichton ; en bas : John Glover
4e de couverture : Garden Picture Library/Juliette Wade

B & B Photographs 146 centre droite.
Eric Crichton/Daily Telegraph RHS Chelsea 92/Design : Elizabeth Bank Associates 181 haut,/Mrs Una Carr, Avon National Garden Scheme 29 haut droite,/Neil Collett Esq, Warwickshire National Garden Scheme 22 bas gauche,/Mrs Daphne Foulsham, I/C of National Garden Scheme, Surrey 158,/RHS Hampton Court 2000/Design : Gabrielle Pape & Isabelle Van Groeningen 'Go Organic' 59, /Chiffchaffs – Mr & Mrs KR Potts, Dorset National Garden Scheme 55 haut droite,/Private Garden 13 bas droite, 32 haut droite, 56 haut gauche, 62 droite, 134 bas gauche, 176 haut, 200-201,/RHS Chelsea '89 196,/RHS Chelsea '92 164,/RHS Chelsea '93 (small gardens) 17 bas droite,/RHS Chelsea '97 125,/RHS Hampton Court '94 122 bas gauche,/RHS Chelsea '99/Design : Alan Sargent 'Deckscapes' 49, /Sissinghurst National Trust 114 haut droite,/Barnsley House, Rosemary Verey 129 bas droite.
DIY Photo Library 36 haut, 53 bas centre, 53 bas droite, 141, 142 bas gauche, 142 bas centre.
Garden Picture Library/David Askham 81,/Lynne Brotchie 137,/Brian Carter 217,/Bob Challinor 72,/Eric Crichton 86-87, /John Glover 85, 130 gauche,/Juliet Greene/Chris Gregory : 'Where Lovers Meet', Chelsea Flower Show, 1999 74,/Juliet Greene/Design : Pamela Woods 116,/Juliet Greene/ Design : Robin Williams 'Sights, Sounds & Senses Gdn' Hampton Court 1997 128 haut droite,/Marijke Heuff/Priona Gardens 140 haut droite, /Michael Howes 144 bas gauche, 214,/Ann Kelley 194,/Lamontagne 47, /Gary Rogers 182 haut, 184-185,/Alec Scaresbrook 35,/Alec Scaresbrook/ Ironhorse Studios 160 haut,/Ron Sutherland 146 bas gauche, 178,/Ron Sutherland/Anne Mollo Garden 108,/Ron Sutherland /Design : Anthony Paul 190 bas droite,/Ron Sutherland/Design : Duane Paul Design Team 52,/Ron Sutherland/Design : Murray Collins 45 haut,/Ron Sutherland/ Mike Paul's Garden 156-157,/Brigitte Thomas 107 bas gauche,/Brigitte Thomas/Design : Chevalier & Frinault 159 haut,/Juliette Wade 128 bas gauche, 138 haut gauche, 175 haut.
John Glover 4, 42, 54, 159 bas droite, 168 gauche, 171, 183,/Design : Julian Dowle 166/Design : Chris Jacobson 28-29 bas centre,/Janis Ridley 175 bas droite, /Design : Peter Styles 172,/Chelsea 2000/Design : Robin Templat Williams 106 haut droite,/Design : Alan Titchmarsh 199 droite,/ Design : Mark Walker 129 gauche,/Design : Claire Whitehouse 58 haut,/Design : Jane Fearnley-Wittingstall 143,/Wollerton Old Hall 16.
Octopus Publishing Group Ltd. 30 bas gauche, 37 haut, 71, 92 gauche, 106 bas gauche,/Paul Barker 45 bas droite,/Mark Bolton 10 gauche, 10 centre, 13 gauche, 31 bas gauche, 33 bas gauche, 38, 51 bas gauche, 51 bas centre, 51 bas droite, 94, 147 bas gauche, 147 bas centre gauche, 147 bas centre droite, 147 bas droite, 148 centre gauche, 148 centre droite, 148 bas centre, 148 bas droite, 160 bas gauche, 188 droite, 191 bas droite, 202 gauche, 202 droite, 202 centre, 203 gauche, 203 droite, 203 centre,/Design : Cannington College 79, 84 bas centre,/Design : Naila Green, Pecorama, Devon 40 droite, 55 bas droite, 60, 61, 76, /Design : Ellie Hawkins 33 bas centre, 176 bas,/Design : John Labrum 33 bas droite, 58 bas,/Lady Farm, Somerset 62 gauche,/Design : Jane Reeves 188 haut gauche,/Design : Jo Singleton, Sailmakers Cottage, Devon 95,/Colin Bowling/Paul Forrester 205, 206, 207, 208, 209, 210,/Paul Forrester 204,/Jerry Harpur/Bob Flowerdew 89 bas gauche,/Neil Holmes 63,/Di Lewis 99 haut centre, 99 haut droite, 99 bas droite, 120, 121 haut centre,/Clive Nichols 90,/Malcolm Robertson 69,/Stephen Robson 57 haut gauche,/Mark Winwood 24 bas gauche, 32 bas droite, 92 droite, 119 haut droite,/Steve Wooster 17 haut gauche, 25 bas gauche, 55 bas gauche, 84 bas gauche, 96, 97 haut, 134 haut droite,/Polly Wreford 97 bas gauche, 121 bas, 129 haut droite, 129 centre droite,/Mel Yates 1, 97 bas droite, 98 haut centre, 98 haut droite, 98 centre, 100 haut centre, 100 haut droite, 100 centre, 101 haut centre, 101 centre, 101 centre droite, 101 bas gauche, 102 centre gauche, 102 centre, 102 bas, 103 haut gauche, 103 haut droite, 103 centre gauche, 103 centre droite, 103 bas droite, 104, 109 bas, 112, 118 haut, 118 bas gauche, 118 bas centre, 118 bas droite, 119 bas gauche, 119 bas droite, 121 haut droite, 151 haut droite, 151 centre droite, 151 bas droite, 152 gauche, 152 droite, 152 centre, 153 haut gauche, 153 bas gauche, 153 bas droite, 154, 155, 179 haut centre, 179 haut droite, 179 centre droite, 179 bas droite, 212 bas gauche, 213 haut gauche, 213 bas centre, 213 bas droite.
Harpur Garden Library 111,/Barnsley House, Glo 15 haut gauche,/Design : Mary Effron, California 22 haut droite,/Design : Simon Fraser, London 162,/Design : Edwina Von Gal, NYC, USA 192-193, /Design : Sonny Garcia, San Francisco, USA 186,/Design : Luciano Giubbilei, Kensington 50, 53 haut,/Design : Bunny Guinness/RHS Chelsea 1997 110,/Marcus Harpur, Barnardos, Essex 31 haut droite,/Marcus Harpur/Design : Jean M. Clark, Suffolk 167,/Marcus Harpur/Design : Marney Hall, RHS Chelsea 1998 182 bas,/Iden Croft, Staplehurst, Kent 33 haut droite,/Design : Deborah Kellany, Norfolk 66 haut droite,/Lambeth Palace, London 24 haut droite,/Design : Arabella Lennox-Boyd, London 28 bas gauche,/Design : Steve Lorton, Seattle, WA 26-27,/Design : Christopher Masson, London 3,/Design : Jim Matsuo, LA, CA, USA 41, 122-123 haut centre,/Design : Keeyla Meadows, Berkeley, California 30 haut droite,/Design : Ryl Nowell, Sussex 198,/Park Farm, Essex 138 bas droite, /Design : Jason Payne, London 117,/Design : Roger Platts, RHS Chelsea Show 20 bas,/Design : Lisette Pleasance, London 14,/Design : John Plummer 67,/RHS Chelsea Show 48,/Design : Mark Rios, LA, CA, USA 109 haut,/Design : Judith Sharpe, London 8-9,/Sun House, Suffolk 177, /Design : Barbara Thomas, Seattle, WA 25 haut droite,/Design : J Tripp & P Masson, New Zealand 132,/Cary Wolinsky, Norwell, Mass. 140 gauche, /Design : Peter Wooster, USA 150.
Andrew Lawson 15 bas droite, 40 gauche, 56 bas centre, 64-65, 68, 82, 88, 89 haut droite, 91, 142 haut droite, 168 droite,/Arrow Cottage, Hereford 174,/Design : Jonathan Baillie 66 centre gauche,/RHS Chelsea Flower Show 2000. Berkshire College of Agriculture 191 haut,/Bosvigo House, Cornwall 20 haut,/RHS Chelsea 1999. The Very Interesting Landscape Co. Design : Paul Dyer 173,/Hampton Court Flower Show 2000 32 haut gauche,/Design : Penelope Hobhouse 6, 107, 126-127,/Design : Margot Knox 75,/Design : Ryl Nowell, Wilderness Farm 44,/Old Rectory, Sudborough 29 haut gauche,/Sticky Wicket, Dorchester, Dorset 135,/Hampton Court Flower Show 1999. Still Water & Dreams. Design : Jane Sweetser 114 centre gauche,/Wollerton Old Hall, Shropshire 181 bas.
Marshalls (www.marshalls.co.uk) 37 centre, 37 centre droite, 37 bas centre, 37 bas droite.
S & O Mathews 133.
Clive Nichols Photography/Design : Jonathan Baillie 140 centre droite,/Design : Rachel Fletcher 120 haut gauche,/Lighting by Garden and Security Lighting 189 haut, 189 bas
/Design : Bunny Guinness, DGAA Homelife Garden, Chelsea 97 153 haut droite,/The Nichols Garden, Reading 130 droite, 144 haut droite,/Save the Children Garden, Chelsea 1991 195 haut,/Design : Paul Thompson & Trevyn McDowell 190 gauche.
Derek St Romaine/Design : Barbara Segall 195 bas,/Design : David Stevens, Hampton Court 1998 199 gauche.
Schneider Electric/D.R. 214.

Achevé d'imprimer : décembre 2001
Dépôt légal en France : janvier 2002
Dépôt légal en Belgique : D-2002-0621-17

Imprimé en Chine
Printed in China